KB205309

52주 일터와 일상의 신실함을 위한

말씀묵상

Meditation in the Workplace

저자 이효재

도서출판사 TOBIA

52주 일터와 일상의 신실함을 위한

말씀묵상

Meditation in the Workplace

1판 1쇄: 2018년 12월 24일

저자: 이효재
편집: 강신덕
디자인: 오인표
홍보/마케팅: 김일권 지동혁
펴낸이: 오세동
펴낸곳: 도서출판 토비아
등록: 426-93-00242
주소: 04041) 서울특별시 마포구 와우산로 73(홍익빌딩 4층)
T 02-738-2082 F 02-738-2083

ISBN: 979-11-89299-06-4

52주 일터와 일상의 신실함을 위한

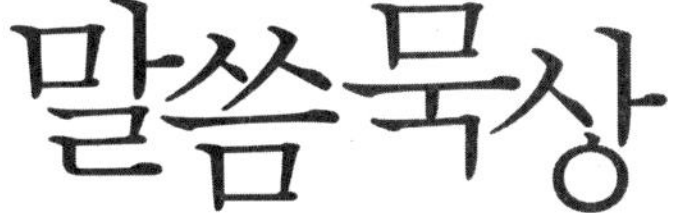

Meditation in the Workplace

저자 이효재

도서출판사 TOBIA

CONTENTS

서 문

일상과 일터의 신실함을 위한 말씀묵상을 시작하며

그리스도인들에게 일은 사랑입니다. 타자를 위해 존재하도록 부르심을 받은 그리스도인은 일터에서 하는 일을 통해 세상에 선한 영향력을 끼치는 사람입니다. 예수님은 우리가 이런 사람이 되게 하시려고 하늘 보좌를 버리고 세상에 오셔서 십자가에 죽으시고 부활하셨습니다.

그리스도인은 이웃을 사랑하기 위해 일합니다. 내 이웃이 누군지는 상관없습니다. 그 누구이든지 내가 이웃이 되어주는 것만이 내게 상관이 있습니다.

우리의 사랑은 결코 낙관적이지 않습니다. 사랑을 갈망하는 세상은 아이러니컬하게도 우리의 사랑을 방해하고 거부합니다. 우리의 사랑이 세상의 추악한 속내를 적나라하게 드러내기 때문입니다. 그리스도인은 자기 자신과 그리고 세상과 싸우면서 세상을 사랑하고 섬깁니다.

우리의 사랑이 가장 절실하게 필요한 곳이 매일 생존경쟁에 시달리는 삭막한 일터입니다. 일터에는 돈보다 먼저 사람이 있습니다. 우리가 일터에서 만나는 사람들은 내 유익을 위한 수단이 아니라 내 사랑의 대상입니다. 나도 그들의 사랑이 필요합니다.

사랑은 우리의 본성이 아닙니다. 그리스도의 본성입니다. 우리는 그리스도의 십자가에서 사랑이 무엇인지 배웁니다. 사랑의 첫 걸음은 어색하고 연약하고 부족하지만, 그리스도의 장성한 분량에 이르기까지 우리의 사랑은 지속적으로 자랍니다.

묵상은 사랑을 자라게 하는 자양분입니다. 묵상은 하나님의 말씀 앞에서 모든 상념을 물리치고 내 자신을 세우고 오늘 필요한 지혜를 얻기 위해 자청하는 거룩한 고독(solitude)입니다. 지속적인 묵상은 우리의 사랑을 강하게 합니다.

묵상하며 사랑의 힘을 얻으시기 바랍니다. 묵상하며 하나님이 나를 얼마나 사랑하시는지 먼저 깨닫기 바랍니다. 내가 사랑받고 있음을 알면 나도 담대하게 사랑할 수 있습니다.

이 묵상 글은 매주 월~금요일을 한 단위로 일터와 관련된 52개 단위로 일터와 관련된 주제로 구성됐습니다. 대체적으로 교회력의 주제를 따라가지만 일터의 맥락을 벗어나지 않습니다.

출근길에 혹은 근무 중 잠시 틈을 내서 말씀을 읽고 묵상 글을 따라 읽으며 짧지만 강렬하게 기도하면 됩니다. 묵상은 말씀을 만나는 사건입니다. 짧은 시간에 깊이 만나기를 바랍니다.

여러분들의 존재가 일터에 축복이 되기를 바랍니다. 묵상하십시오. 기도하십시오. 사랑하십시오.

2018년 12월
홍대 앞 토비아에서
이효재 목사

일러두기

1. 이 책은 한 주간 일터의 일상을 살아가는 그리스도인을 위한 묵상집입니다.

2. 일터와 일상에서 신실하게 묵상하며 살아가기를 원하는 그리스도인은 이 책을 통하여 52주(1년)의 묵상시간을 갖습니다.

3. 주어진 52주는 교회의 교회력과 시즌에 비추어 일상을 살아가는 그리스도인들에게 유익한 주제 카테고리들로 구성되어 있습니다.

4. 이 책으로 묵상하는 그리스도인은 월요일부터 금요일까지 매주 5회 일상이 시작되는 시점부터 마치는 시점 사이 특별한 시간을 구별하여 말씀으로 기도하고 삶을 묵상하는 시간을 갖습니다.

5. 일상과 일터에서 배우자 그리고 가족들 혹은 일터의 동역자들과 더불어 함께 묵상하셔도 좋습니다. 단 두세 사람이 함께 묵상할 경우 꼭 나눔의 시간을 추가하여 갖습니다.

6. 이 책을 중심으로 한 주간 동안 묵상을 한 후 주일에는 출석하고 있는 교회의 형제와 자매들과 더불어 피드백하는 시간을 갖는 것이 좋습니다. 어떤 형식으로든 공동체가 묵상한 내용을 함께 나누는 것이 좋습니다.

7. 이 묵상집과 더불어 (일터신앙)(이효재 지음)을 함께 읽으시기 바랍니다. 교회 혹은 일터에서는 52주 묵상이 진행되는 기간 내에 (일터신앙워크북)(이효재 지음)을 나눌 수 있는 별도의 교육과 훈련시간을 가지시기 바랍니다.
   *일터신앙워크북 활용에 관하여 터치바이블선교회(02-738-2082)로 문의하시기 바랍니다.

52주 일터와 일상의 신실함을 위한

말씀묵상

Meditation in the Workplace

창조와 소명

하나님, 모든 것의 시작

태초에 하나님이 천지를 창조하시니라 (창세기 1:1)

원래 하늘과 땅은 존재하지 않았습니다. 세상은 없었습니다. 존재하는 것은 오직 영원하신 하나님뿐이었습니다. 그런데 어느 시점에 시간과 공간과 물질이 있는 세상이 생겼습니다. 이 시점이 태초(레쉬트·beginning)입니다. 태초 이전부터 계신 하나님이 태초에 하늘과 땅, 곧 세상을 만드셨습니다. 이 세상을 시작하신 하나님은 지금도 세상을 감싸고 계십니다. 세상은 그 근원이신 하나님을 떠나 존재할 수 없습니다.

우리 손으로 만들어내는 모든 것들도 하나님 없이 존재할 수 없습니다. 우리 일터와 노동 또한 하나님 안에 있습니다. 우리가 믿든 말든 지금도 하나님 통치 아래 유지되고 있습니다. 우리가 존재한다는 자체가 하나님 은혜입니다. 감사합니다. 새해 첫날, 모든 것을 시작하신 하나님을 마음의 눈으로 응시합니다. 시작하신 이가 마지막 날까지 함께 하시겠지요. 그분의 세상에서 일하는 우리 두 손에 좋은 열매가 가득하기를 간구합니다.

Prayer 창조의 하나님, 이 세상에서 지금도 살아계신 하나님을 만나는 은혜를 내려주소서.

일상의 노동, 생명의 예배

여호와 하나님이 땅의 흙으로 사람을 지으시고 생기를 그 코에 불어넣으시니 사람이 생령이 되니라 (창세기 2:7)

사람은 땅의 흙으로 만들어졌습니다. 흙에서 나서 흙으로 돌아갑니다. 사람은 흙입니다. 그러나 하나님은 코에 생명의 바람을 불어넣어 흙덩어리를 살아있는 생명체로 만들었습니다. 우리의 생명은 오직 하나님으로부터 왔습니다. 생명이신 하나님은 자기 생명을 나눠줄 생명체들을 만드셨습니다. 생명은 단순히 존재함이 아니라 움직이고 사랑하고 기뻐하는 것입니다. 예수님은 이 생명을 풍성하게 주기 위해 이곳에 오셔서 함께 하시고 자기 몸을 내어주셨습니다.

그리스도를 통해 하나님의 생명을 회복한 우리는 평화와 기쁨과 안식 가운데 하나님을 예배합니다. 하나님은 자신이 창조한 세상을 잘 다스리고 돌보라고 사람을 최고의 생명체로 만드셨습니다. 그래서 우리는 매일 직장에 나가 하나님이 창조하신 모든 생명체들이 생명을 마음껏 누릴 수 있도록 일합니다. 우리 일은 매일 하나님께 몸으로 드리는 예배입니다. 하나님은 내 몸으로 타인의 생명을 풍성하게 하는 사랑을 예배로 받으십니다. 일상의 노동은 생명에 대한 봉사이며 하나님에 대한 예배입니다.

Prayer 창조의 하나님, 내 몸을 통해 세상을 생명으로 충만하게 하소서.

하나님의 지혜, 피조물의 자리

내가 땅의 기초를 놓을 때에 네가 어디 있었느냐 네가 깨달았거든 말할지니라 (욥기 38:4)

졸지에 최악의 고난을 당한 동방의 의인 욥은 하나님께 원망을 쏟아놓았습니다. "도대체 내가 무슨 잘못을 했기에 이런 벌을 주십니까?" 불의한 자는 멀쩡한데...욥의 원망은 일견 타당해 보이기도 합니다. 그런데 하나님이 그에게 묻습니다. "내가 세상을 창조할 때 네가 어디 있었느냐?"라는 질문은 "나는 하나님이고 너는 피조물이다"라는 사실을 잊지 말라는 경고입니다. 피조물이 이해할 수 없는 하나님의 지혜가 이 세상을 이끌고 있습니다. 내가 피조물의 자리로 돌아가야 이 신비가 보입니다.

세상에는 인간이 이해하는 원리들만 있는 것이 아닙니다. 그 원리들은 더 큰 지혜의 일부분일 뿐, 하나님 은혜가 세상을 지탱하고 있습니다. 지극히 이기적인 인간은 세상을 지탱할 능력이 없습니다. 우리 일터를 실제적으로 운용하는 원리는 우리 능력이 아니라 하나님의 지혜와 은혜입니다. 겸손하게 피조물의 자리에서야 깨달을 수 있습니다. 일터에서 그분의 지혜와 은혜를 볼 수 있는 자리는 창조주 하나님을 믿고 기도하는 자리입니다.

Prayer 창조의 하나님, 바쁘고 힘든 일과 중에 내 원래 자리를 겸손히 지키게 하소서.

하나님의 창조, 사랑의 물결

여호와의 지으심을 받고 그가 다스리는 모든 곳에 있는 너희여 여호와를 송축하라 내 영혼아 여호와를 송축하라 (시편 103:22)

창조주이신 여호와는 선하고 인자하신 하나님입니다. 우리를 만들었을 뿐 아니라 보호하고 인도해주시는 하나님입니다. 그분은 우리를 사랑하기 위해 창조하셨습니다. 우리가 창조되기 전에 먹고 살 식량을 미리 마련해놓으신 것(창세기 1:11-12)이 증거입니다. 이처럼 하나님이 창조하신 세상은 헤아릴 수 없는 하나님의 사랑을 담고 있습니다. 원래 세상은 아무런 감흥도 의미도 없는 무감각한 곳이 아니라, 사랑의 물결이 넘실거리는 곳으로 만들어졌습니다.

창조 이야기는 세상을 향한 하나님의 사랑 고백입니다. 이러한 세상에서 우리는 창조주 하나님을 감사함으로 소리 높여 송축합니다. 우리는 함께 지음 받은 이웃들을 사랑함으로써 창조주에 대한 믿음을 드러냅니다. 창조주 하나님을 믿는 우리에게 일터는 비록 우리의 죄로 많이 훼손되었음에도 불구하고 잔인한 동물의 왕국이 아니라 사랑이 교환되는 곳입니다. 경쟁을 피할 수는 없더라도 일터에서 만나는 사람들을 위해 기도하고 도닥거려주고 축복합시다. 이렇게 사랑함으로써 우리는 창조주를 송축합니다.

Prayer 창조의 하나님, 오늘도 치열한 일터에서 이웃을 사랑함으로 하나님의 이름을 송축하게 하소서.

안식, 일하는 목적

하나님이 그가 하시던 일을 일곱째 날에 마치시니 그가 하시던 모든 일을 그치고 일곱째 날에 안식하시니라 (창세기 2:2)

하나님은 여섯째 날이 아니라 일곱째 날에 창조 사역을 마치셨습니다. 하나님이 일곱째 날에 하신 일은 모든 일을 중단하고 안식하는 것이었습니다. 창조의 마지막은 안식이었습니다. 안식은 창조의 목적입니다. 세상은 하나님과 함께 안식하기 위해 창조되었습니다. 세상은 오직 창조주 하나님 안에서만 안식을 누릴 수 있습니다. 수고하고 무거운 짐 진 자들을 향해 "내가 너희를 쉬게 하리라"는 예수님의 속삭임이 들리는 듯합니다.

여섯째 날에 창조된 남자와 여자가 맞이한 첫 날은 안식하는 날이었습니다. 사람은 일하기 전에 먼저 하나님 안에서 하나님과 함께 안식을 누렸습니다. 안식은 하나님 예배입니다. 한 주는 일하는 월요일이 아니라 쉬는 일요일에 시작됩니다. 사람이 창조된 궁극적 목적은 바쁘게 일하는 것이 아니라 일을 중단하고 안식을 누리는 데에 있습니다. 하나님 안에서 안식을 누리면 우리는 깨닫습니다. 왜 일해야 하고 어떻게 일해야 하는지를. 예배자는 주기적으로 일을 중단함으로써 하나님이 주신 일의 의미를 깊이 묵상하고 실천합니다.

Prayer 창조의 하나님, 바쁜 일상에서 예배자로 살기 위해 일을 중단할 수 있는 믿음과 용기를 주소서.

땅이 혼돈하고 공허하며

땅이 혼돈하고 공허하며 흑암이 깊음 위에 있고 하나님의 영은 수면 위에 운행하시니라 (창세기 1:2)

하나님이 창조하신 세상은 아름답고 생명력이 풍성합니다. 그러나 지금 세상은 불안하고 어둡습니다. 일상에서 선한 힘 보다 악한 힘이 더 크게 보이기도 합니다. 사실 창조 이전부터 이 땅에는 악의 힘이 깊었습니다. 혼돈, 공허, 어둠에 싸인 땅. 악의 힘은 이 땅의 역사를 수시로 지배했습니다. 매일 치열하게 일하며 살아남아야 하는 일터에서 우리는 어렵지 않게 악의 힘을 만납니다. 하나님이 창조하신 세상에서 악은 떠나지 않고 끈질기게 남아서 우리를 힘들게 합니다. 교묘하게, 적나라하게. 우리는 악한 힘에 숱한 상처를 입습니다.

세상은 그렇지만 우리는 기억해야 합니다. 태고 시절부터 하나님의 영이 어둠의 땅을 휘감고 있었다는 사실을. 마치 독수리가 큰 날개로 새끼들을 감싸듯. 궁극적으로 하나님의 선한 영이신 성령이 악을 지배합니다. 오늘도 성령은 우리를 악에서 보호해주십니다. 출근길이 피곤하고 괴롭습니까? 직장 입구에서 기다리시는 성령과 함께 들어가세요. 악을 이기는 창조의 영이 어떤 활약을 펼치실지 기대하십시오.

Prayer 창조의 하나님, 오늘도 죄로 오염된 세상에서 세상의 선함을 보는 영적 지혜를 주소서.

죄 아래 있는 세상에서

그러면 어떠하냐 우리는 나으냐 결코 아니라 유대인이나 헬라인이나 다 죄 아래에 있다고 우리가 이미 선언하였느니라 (로마서 3:9)

죄 아래 있는 우리. 성경은 모든 사람이 죄의 힘 아래 있다고 선포합니다. 많은 이들이 이 '사실'을 모르거나 인정하지 않습니다. 법을 지키며 도덕적으로 산다고 자신합니다. 그런데 누구를 위해서? 결국 자기 자신입니다. 성경은 인간이 아무리 선을 행하여도 죄 아래 있다고 규정합니다. 죄인에게 두드러진 특징은 자신의 유익만을 추구하는 이기심입니다. 왜 일하는지 물어보면, 십중팔구 "(내가) 먹고 살기 위해"라고 대답합니다. 이 대답은 인문학적 관점에서는 문제없을지라도 성경적 관점에서는 일하면서 죄짓는다는 말과 같습니다.

사도 바울은 "사랑은 자기의 유익을 구하지 않는다(고린도전서 13:5)"고 했습니다. 거듭난 영혼들은 우선적으로 자기를 위해 일하지 않습니다. 죄 아래 있는 인간들의 세상에서 사랑은 순교와 같습니다. 그리스도인들은 믿지 않는 사람들이 요구하는 깊은 내면의 소리를 들어야 합니다. "당신들만은 제발 우리처럼 살지 말아 달라." 이 소리가 영혼에 크게 들립니까? 듣는다면 여기에 응답하는 것이 오늘 우리가 해야 할 일입니다.

Prayer 창조의 하나님, 거듭난 우리 영혼이 죄 아래 있는 사람들을 사랑하는 방식으로 일하게 하소서.

수고해야 먹고 사는 현실

아담에게 이르시되 네가 네 아내의 말을 듣고 내가 네게 먹지 말라 한 나무의 열매를 먹었은 즉 땅은 너로 말미암아 저주를 받고 너는 네 평생에 수고하여야 그 소산을 먹으리라 (창세기 3:17)

어떤 직업이든지 일해서 먹고 살기가 참 힘듭니다. 내 생각대로 하면 잘 될 것 같은데 호락호락 되지 않습니다. 이리저리 부딪히고, 거부당하고, 인정받지 못하고, 저평가 받고, 불신당하는 경험들이 출근길을 무겁게 합니다. 우리 일터는 평생 땀 흘리며 수고해야 먹고 살 수 있는 고통스러운 세상입니다.

성경은 그 이유를 첫 사람 아담의 죄에서 찾습니다. 하나님은 아담의 죄에 대한 대응으로 땅을 저주합니다. 땅은 원래 노동하는 인간에게 풍성한 열매를 내어주도록 창조됐습니다. 그러나 아담이 타락한 뒤에 땅은 가시덤불과 엉겅퀴를 냅니다. 선하게 창조된 땅이 인간에겐 저주의 땅이 되었습니다. 땅은 이제 인간에게 호락호락 먹을 것을 내어주지 않습니다. 어찌 보면 하나님의 은혜입니다. 타락한 인간이 무한 노동으로 스스로 하나님이 되지 못하도록 막는 하나님의 지혜입니다. 일에 지쳐 피곤할 때, 짜증내기 보다는 욕심을 버리라는 하나님의 경고로 겸손히 받아들이면 좋겠습니다.

Prayer 창조의 하나님, 땀 흘리고 수고하는 일상에서 탐욕을 억누르는 지혜를 얻게 하소서.

노동은 헛되고 허무하다?

일평생 근심하며 수고하는 것이 슬픔뿐이라 그의 마음이 밤에도 쉬지 못하나니 이것도 헛되도다 (전도서 2:23)

'우리가 일해서 먹고 사는 것'은 하나님의 뜻입니다. 그러나 '우리가 일해야만 먹고 살 수 있다'고 생각하면, 이는 노예적 강박관념입니다. 지혜로운 전도자는 이 두 가지 생각의 차이를 예리하게 구별할 줄 알았습니다. 열심히 일해서 재산을 모아 다 내가 소유하고 쓰겠다는 꿈은 허망합니다. 자신이 뿌린 수고의 열매 대부분을 다른 사람들이 사용하게 될 것이기 때문입니다. 에리히 프롬의 말이 맞습니다. 스스로 신이 되어 삶을 책임져야 하는 현대인은 끝없는 소유욕으로 존재의 기쁨을 잃어버리고 시시프스(Sisyphus)처럼 평생 일만 하다 끝납니다.

전도자는 해결책을 제시합니다. "사람에게는 먹고 마시고 일에서 기쁨을 찾는 것보다 더 좋은 것은 없는데, 이는 하나님의 손에서 나오는 것이로다.(전도서 2:24)" 하나님이 나와 이웃이 함께 먹고 마시며 살라고 일거리를 주셨다고 믿으면, 우리의 일은 허무하지 않고 기쁘게 된다는 말씀입니다. 우리는 하나님 안에서 일의 진정한 의미와 기쁨을 발견합니다. 여전히 근심과 수고와 슬픔과 불면의 나날을 보내고 있나요? 모든 것은 하나님이 주셨고 모든 것이 다 내 것은 아니라고 생각하면 일이 더 재밌어질 텐데요.

Prayer 창조의 하나님, 오늘 나에게 일을 주신 뜻을 기억하며 편안한 마음으로 일하게 하소서.

남들처럼 욕망해도 될까?

그러므로 땅에 있는 지체를 죽이라 곧 음란과 부정과 사욕과 악한 정욕과 탐심이니 탐심은 우상 숭배니라 (골로새서 3:5)

우리도 남들처럼 연봉 인상과 승진을 욕망하면 안 될까요? 일터 그리스도인들은 종종 이런 질문을 던집니다. 참 어려운 질문입니다. 많은 직장인들의 소망이 이 두 가지에 걸려 있기에 말입니다. 정당한 평가에 따른 연봉 인상과 승진이라면 무슨 문제가 있겠습니까? 정직한 노동의 수고에 주어지는 정의로운 열매라면 승진은 하나님 앞에서 자랑스럽겠지요.

하지만 경쟁에서 동료를 꺾고 인정받고 싶은 마음이라면, 승진은 탐심입니다. 탐심은 자신을 위해 무엇인가를 욕망하고 시기하는 마음이고 우상 숭배입니다. 우상은 인간이 자기 욕망을 채우기 위해 만든 신입니다. 그 끝은 파멸입니다. 타인 위에 올라서고자 하는 욕망은 '자연스런 인간 심리'라는 가면을 쓴 탐심일 뿐입니다. 끈질기게 우리 마음에 스며드는 악성 바이러스입니다. 그리스도처럼 타인들을 먼저 배려하기 보다는 탐심으로 드리는 기도는 우상 숭배의 증거입니다. 많은 그리스도인들이 우상 숭배자라는 루드비히 포이에르바흐의 비난이 공감되는 요즘, 그리스도를 닮기 위한 기도로 우리 자신을 깨끗하게 해야겠습니다.

Prayer 창조의 하나님, 일터에서 승진보다 사랑을 위해 먼저 기도하게 하소서.

나, 하나님의 형상

하나님이 자기 형상 곧 하나님의 형상대로 사람을 창조하시되 남자와 여자를 창조하시고 (창세기 1:27)

아침에 서둘러 집을 나서기 전, 일터에 들어가기 전, 그리고 일하는 중간에 잠시 질문하고 생각해봅시다. “일하는 나는 누구인가?” 이 질문을 통해 우리 자신의 정체성을 확인하지 않으면 정신없이 돌아가는 일터에서 우리는 쉽게 길을 잃어버립니다.

성경의 첫 페이지는 내가 ‘하나님의 형상’이라고 선언합니다. 하나님의 지상 대리인이라는 뜻입니다. 세상에서 별 볼 일 없는 사람은 없습니다. 우리는 하나님의 나라와 의를 위해 하나님 대신 일터로 보냄을 받았습니다. 하나님은 우리를 일터로 보내 세상을 대리 통치하십니다. 세상은 우리가 어떻게 하느냐에 달려있습니다. 전능하신 하나님이 왜 그런 결정을 하셨는지 잘 모르겠지만, 이 결정에는 끝까지 우리와 함께 하겠다는 하나님의 의지가 담겨 있습니다.

우리가 일터에 들어갈 때, 하나님은 우리와 함께 들어가십니다. 하나님은 우리가 일하는 내내 우리 뒤에서 지켜보십니다. 지혜와 능력이 부족하다고 느낄 때마다 뒤에 계신 하나님께 얼마든지 도움을 요청하고 받을 수 있습니다. 일하는 나는 하나님의 형상입니다.

Prayer 창조의 하나님, 냉혹한 현실에서 그 나라와 의를 구하는 하나님의 형상으로 일하게 하소서.

나, 하나님의 제사장

여호와 하나님이 그 사람을 이끌어 에덴동산에 두어 그것을 경작하며 지키게 하시고 (창세기 2:15)

주일에 교회에서 예배드리던 우리가 주중에 일터로 출근하면 마음의 자세가 달라지는 경우가 있습니다. 교회에서는 하나님께 겸손한 자세로 예배드리지만, 일터에서는 고압적 혹은 기회주의적 자세로 일하기도 합니다. 표리부동한 이원론적 삶입니다. 영혼이 곤고해집니다.

하나님이 아담에게 에덴동산을 경작하고 지키게 하셨습니다. 능동형이 아니라 사역형 구문을 사용한 이 문장에 아담의 정체성이 새겨져 있습니다. '경작하다(히브리어 아바드)'와 '지키다(히브리어 샤마르)'라는 동사가 구약성경에서 함께 사용되면 동사의 주어는 항상 제사장입니다. 아담은 에덴동산이라는 일터에서 생명의 양식을 세상에 공급하고 악으로부터 세상을 지키는 제사장이었으며, 아담의 후예인 우리들도 각자의 일터에서 제사장입니다.

제사장은 자신을 위해 일하는 사람이 아닙니다. 우리는 아담처럼 세상을 위한 하나님의 제사장으로, 하나님을 위한 세상의 제사장으로 일합니다. 제사장은 자신의 역할에 충실할 때 하늘의 복을 받습니다. 나는 교회에서나 일터에서나 하나님과 세상을 위한 제사장입니다.

Prayer 창조의 하나님, 오늘도 일터 제사장으로 경작하고 지키는 일을 하게 하소서.

나, 여호와를 경외하는 자

여호와를 경외하는 것이 지식의 근본이거늘 미련한 자는 지혜와 훈계를 멸시하느니라 (잠언 1:7)

출근할 때에는 영혼을 집에 두고 가야 한다는 말을 듣습니다. 돈을 벌 수 있다면 수단 방법 가리지 않는 직원이 유능하다고 인정받습니다. 교묘히 속여도 탄로되지만 않으면 된다고 믿는 사람들이 적지 않습니다. 하지만 그리스도인은 일터에서도 여호와를 경외하는 사람입니다. 하나님을 두려워하는 사람입니다. 하나님의 구원과 심판은 동전의 양면과 같습니다. 의로운 자에게는 한없이 선하고 인자하신 하나님은 악을 행하는 자에게는 무서운 심판자이십니다. 미련한 사람들은 하나님의 지혜와 훈계를 무시하며 멋대로 살다 심판을 당합니다.

다윗은 사울의 스파이들과 자객들을 피해 다니던 중 사울을 죽이고 왕권을 거머잡을 수 있는 기회를 두 번이나 스스로 포기했지만 결국 왕이 되었습니다. 그는 살인하지 말라고 명령하신 하나님을 극도로 두려워했습니다. 반면, 사울은 하나님이 택하신 다윗을 죽여 자기 왕권을 유지하려다 전쟁터에서 죽었습니다. 참된 지식은 여호와 경외에서 나옵니다. 일터에서도 나는 여호와를 경외하는 지혜로운 사람입니다.

Prayer　창조의 하나님, 일터에서나 교회에서나 가정에서나 하나님을 경외하게 하소서.

나, 하나님을 찬송하는 자

이 백성은 내가 나를 위하여 지었나니 나를 찬송하게 하려 함이니라 (이사야 43:21)

누구에게나 어둠 속에 갇혀 방황할 때가 있습니다. '이제 끝났다'고 절망하는 때도 있습니다. 쓰나미처럼 두려움이 몰려오기도 합니다. 하나님이 버리신 것 같은 생각이 들 때도 있습니다. 바벨론 포로로 가 있던 이스라엘이 그랬습니다. 그러나 하나님은 그들을 구원하셨습니다. 하나님은 놀랍게도 이방 왕 고레스를 움직여 이스라엘을 꿈에 그리던 고토(故土)로 복귀시켰습니다. 그들은 예루살렘 성과 성전을 복원하고 하나님을 예배하며 찬송했습니다.

하나님은 현대를 살아가는 우리에게도 이런 구원을 베푸십니다. 우리가 마음을 다 해 하나님을 찬송하도록. 십자가가 부활로 반전(反轉)되듯, 바벨론 같은 직장생활이라 하더라도 하나님은 자기 백성을 구원하시고 반전의 영광을 경험케 하시고 우리의 찬송을 받으십니다. 일터에서 신실하게 믿음으로 일하는 자에게 하나님은 감사함으로 찬송할 수 있는 기회를 주십니다. 나는 하나님을 찬송하는 자로 일터로 보냄받았습니다.

Prayer 창조의 하나님, 어떤 상황에서든 구원하시는 하나님의 이름을 찬송하게 하소서.

나, 사랑하는 자

사랑하는 자들아 하나님이 이같이 우리를 사랑하셨은즉 우리도 서로 사랑하는 것이 마땅하도다 (요한일서 4:11)

그리스도인의 또 다른 이름은 '사랑하는 자'입니다. 이 이름은 하나님의 별명이기도 합니다. 하나님이 세상을 사랑하여 자기 아들 예수 그리스도를 내어주셨습니다. 예수님은 몸으로 하나님의 사랑을 세상에 보여주셨습니다. 그리고 우리에게 서로 사랑하라고 당부하셨습니다. 서로 사랑하라는 말은 '네가 사랑하면 나도 사랑할게'라는 식의 상호 교환적 사랑이 아닙니다. 예수님의 사랑처럼 무조건적이고 일방적인 사랑입니다.

일터에서도 그리스도인은 '사랑하는 자'입니다. 사랑은 비둘기처럼 순결하고 뱀처럼 지혜롭게 표현되어야 합니다. 사랑은 구체적인 상황에 따라 달리 표현됩니다. 불의한 곳에서는 정의를 행하고, 고통 받는 사람에게는 함께 있어주며 위로하고, 가난하고 약한 자들에게는 자비를 베푸는 것이 사랑입니다. 자신의 불이익을 감수하고라도 불의를 거부하고, 힘들어하는 동료에게 어깨를 내어주고, 능력이 모자라는 직원을 도울 때, 우리는 일터에서 참된 그리스도인입니다. 나는 일터에서 만나는 사람들을 사랑하는 자입니다.

Prayer 창조의 하나님, 오늘도 일터에서 사랑하는 사람으로 살게 하소서.

"떠나라"는 부르심

여호와께서 아브람에게 이르시되 너는 너의 고향과 친척과 아버지의 집을 떠나 내가 네게 보여 줄 땅으로 가라 (창세기 12:1)

많은 그리스도인들이 "떠나라"는 하나님의 부르심을 익숙한 자리에서 생소한 곳으로 가는 것으로 오해합니다. 소명 받으면 오랫동안 일하던 곳을 떠나 성직이나 오지 선교사로 가야 한다는 고정관념이 우리 안에 뿌리 깊습니다. 소명을 종교적 자기희생과 동일시합니다.

아브람에게 고향 친척 아버지 집을 떠나라는 하나님의 부르심의 목적은 장소 이동이 아니라 마음의 중심을 자기에게서 하나님으로 옮기는 데에 있었습니다. 75세에 하란을 떠난 아브람은 175세에 죽을 때까지 고난으로 가득 찬 나그네 삶 속에서 하나님의 언약에 합당한 믿음을 배웠습니다. 떠남의 본질은 믿음입니다. 장소는 그 다음입니다.

우리는 각자의 일터에서 "떠나라"는 하나님의 크고 뚜렷한 음성을 들어야 합니다. 자신의 생존만을 위해 번잡하게 일하던 옛 사람을 벗고 하나님을 사랑하고 이웃을 사랑하기 위해 일하는 새 사람이 되라는 부르심입니다. 어떤 직장이 나에게 유리한 곳인지를 분별하기 전에 나는 과연 하나님의 뜻에 따라 어떻게 일해야 하는지를 먼저 생각해야 합니다.

Prayer　나를 부르신 하나님, 온전히 내 마음을 하나님께 드리는 '떠남'으로 일하게 하소서.

"돌아가라"는 부르심

여호와께서 야곱에게 이르시되 네 조상의 땅 네 족속에게로 돌아가라. 내가 너와 함께 있으리라 하신지라 (창세기 31:3)

외삼촌 라반의 집에서 20년 동안 착취를 당하고 일하면서 열두 명의 자녀를 얻어 대가족을 이룬 야곱은 이제 고향으로 돌아가라는 하나님의 부르심을 받았습니다. 에서를 피해 도망치던 날 밤 벧엘의 황량하고 어둡던 길가에서 여호와 하나님이 그와 맺은 언약의 성취가 목전에 다가왔습니다. 야곱에게는 라반도 두려웠지만 보복의 칼을 갈고 기다리고 있을 에서가 더 두려웠습니다. 그럼에도 불구하고 야곱은 순종하고 돌아갔습니다. 고향에서 그의 삶은 꽃길이 아닌 가시밭길의 연속이었습니다. 그가 숨을 거둔 곳은 하나님이 돌아가라고 하신 가나안 땅이 아니라 가뭄으로 피신간 애굽 땅이었습니다.

돌아가라는 하나님의 명령은 야곱의 꿈이 아니라 하나님의 꿈을 위한 것이었습니다. 우리도 마찬가지입니다. 세상을 떠나 그리스도에게 돌아간 우리에게 하나님은 다시 세상으로 돌아가라고 부르십니다. 가시밭길 일터로 "돌아가라." 하나님이 우리 일터를 향해 가지신 꿈이 성취되도록.

Prayer 나를 부르신 하나님, 세상 일터로 돌아가 그의 나라를 위해 일하라는 부르심에 순종하게 하소서.

"나를 따르라"는 부르심

말씀하시되 나를 따라오라 내가 너희를 사람을 낚는 어부가 되게 하리라 하시니 (마태복음 4:19)

예수님은 투망질하던 어부 시몬 베드로와 그의 형제 안드레를 보시고 "나를 따라오라"고 말씀하셨습니다. 이제는 물고기 뒤가 아니라 예수님 뒤를 따라다니라는 명령입니다. 우리는 항상 누군가의 뒤를 따릅니다. 부모 혹은 위인, 스승, 친구의 뒤가 될 수 있습니다. 우리는 그것을 교육이라고 말합니다. 교육을 통해 우리는 잘 먹고 잘 사는 법을 배웁니다.

예수님의 교육 목적은 좀 다릅니다. 사람을 낚는 법을 배웁니다. 어떻게 사람을 낚을 수 있을까요? 예수님의 뒤를 따라가면 맨 마지막이 십자가입니다. 그분과 함께 십자가에 달리는 의식이 배움의 마지막입니다. 이 관문을 통과하면 부활의 생명을 선물로 받습니다. 예수님의 부르심은 그분과 함께 십자가와 부활의 길을 걷자는 초청입니다. 신실하게 그 길을 걸을 때, 사람들이 우리 뒤를 따라옵니다. 우리가 할 수 있는 '사람 낚는 비결'은 이것 말고 다른 길이 없습니다. 일터 현장에서도 마찬가지입니다. 일터에서 "나를 (끝까지) 따르라"는 주님의 부르심이 들리시나요?

Prayer 나를 부르신 예수님, 일터에서도 주님의 뒤를 따르며 십자가를 피하지 않게 하소서.

"들으라"는 부르심

이스라엘아 들으라 우리 하나님 여호와는 오직 유일한 여호와이시니 (신명기 6:4)

경기장 안에서 뛰는 선수들은 경기장 밖에서 지시하는 감독의 말을 들어야 합니다. 마찬가지로 우리가 일터에서 그리스도인으로서 본분을 다 하려면 우리를 일터로 보내신 하나님 말씀을 들어야 합니다. 우리는 악한 세상에 선한 하나님 나라를 세우기 위해 싸우는 선수들입니다. 하지만 일터에선 잡음들이 워낙 커서 하나님 말씀이 잘 들리지도 않고 분별하기도 쉽지 않습니다. 교묘한 언어와 화려한 색깔로 본색이 살짝 가려지면 진실을 구별하기 어렵습니다.

그러나 하나님의 말씀은 언제나 단순 명쾌합니다. 하나님은 복잡하게 말할 필요도, 변명할 필요도, 길게 설명할 필요도 없습니다. 그분의 말씀은 항상 진리입니다. 우리는 활자화된 성경의 말씀뿐 아니라 각자 처한 구체적인 상황에서 하나님이 주시는 말씀을 들어야 합니다. 사무실에서, 공장에서, 매장에서, 진리의 영이신 성령께서 하시는 말씀을 듣지 않으면 일을 그르칠 수 있습니다. 두렵고 화나고 실망스러울 때, 즉각 반응하기 보다는 잠시 하나님의 음성을 듣고 반응해보세요. 뜻하지 않은 새로운 전기(轉機)가 기다리고 있습니다.

Prayer 나를 부르시는 하나님, 소음이 많은 일터에서 순결하고 단순하고 명쾌한 하나님 말씀을 듣게 하소서.

"머물라"는 부르심

볼지어다 내가 내 아버지께서 약속하신 것을 너희에게 보내리니 너희는 위로부터 능력으로 입혀질 때까지 이 성에 머물라 하시니라 (누가복음 24:49)

십자가 사건 이후 제자들에게 예루살렘 성은 매우 위험한 곳이었습니다. 그들은 십자가에서 처형당한 지도자를 따르던 불온한 자들로 낙인찍혔고, 예수님 시체를 훔쳐갔다는 의심까지 받고 있었습니다. 부활하신 예수님은 그들에게 그 성에 "머물라" 하셨습니다. 위에서 능력이 임할 때까지. 열흘 뒤 약속하신 성령이 내려오자 그들은 아무도 막지 못하는 능력의 증인들이 되었습니다. 시퍼런 칼날도 이중 삼중으로 지키던 감옥도 그들을 막지 못했습니다.

일터는 그리스도인들의 영혼을 순식간에 빼앗을 수 있는 위험한 곳입니다. 세상에 안전한 일터는 없습니다. 그렇다고 그곳을 떠날 수도 없습니다. 우리는 머물러야 합니다. 그리스도인들은 성령의 권능을 받아 머물고 있는 곳에서 우리에게 능력주시는 분을 증언합니다. 직장이 어렵고 힘들다고 쉬이 떠나지 마십시오. 주님께서 주시는 능력을 간구하며 머무르는 길을 먼저 택하십시오. 떠나더라도 맨 마지막에 떠나는 사람이면 좋겠습니다. 하나님이 나를 통해 회사를 구원해주실지 모릅니다.

Prayer 나를 부르시는 예수님, 능력을 주셔서 일터에 머물며 주님을 증언하게 하소서.

새 창조와 새 프레임

그런즉 누구든지 그리스도 안에 있으면 새로운 피조물이라 이전 것은 지나갔으니 보라 새것이 되었도다 (고린도후서 5:17)

"인생은 프레임(frame) 전쟁이다." 서울대 행복연구센터장 최인철 교수의 말입니다. 세상을 바라보는 관점 혹은 가치관이 달라지면 인생이 달라진다는 뜻입니다. 예수님은 우리 삶의 프레임을 바꾸기 위해 십자가에서 죽으셨습니다. 죄인의 삶에서 의인의 삶으로. 그리스도 안에서 삶의 프레임이 바뀌면, 우리는 자기중심적 가치관을 버리고 예수님처럼 이웃을 위해 자기 자신을 내어주는 새로운 가치관으로 삽니다. 이것이 새로운 피조물, 즉 새 창조의 진정한 의미입니다.

그렇다면 일터와 일에 대한 프레임도 새로워져야 합니다. 지금까지는 나의 성공과 욕망과 생존을 위해 일했다면, 이제부터는 이웃을 섬기며 사랑하기 위해 일한다는 새로운 목적을 가져야 합니다. 한 순간에 완전히 새로워지지는 않습니다. 끝없이 자기와 싸우며 조금씩 우리 속사람과 관습이 변해갑니다. 분명한 것은 그리스도 안의 새로운 피조물은 반드시 일터에서 일하는 목적과 자세와 마음가짐이 새로워지는 경험을 한다는 사실입니다.

Prayer 구원의 예수님, 나를 새롭게 만드시고 새로운 관점으로 일하게 하소서.

DATE . . .

나를 새롭게 하는 고난

고난당한 것이 내게 유익이라 이로 말미암아 내가 주의 율례들을 배우게 되었나이다 (시편 119:71)

사람은 참으로 완고해서 스스로 변하는 경우가 거의 없습니다. 대신 다른 사람들이 먼저 변해야 한다고 강변합니다. 내가 변하지 않으면 세상이 바뀌지 않는다는 초보적 진실은 곧잘 잊습니다. 이러한 성향 때문에 우리는 변하지 않습니다. 많은 경우 인생의 고난은 여기에서 옵니다.

하나님의 말씀을 멀리 했다가 고난 중에 하나님의 은혜를 받아 새 인생을 사는 사람들이 있습니다. 한 장로님은 섬유공장을 열심히 운영하다 한 순간에 망해 공장도 집도 빼앗기고 달동네 지하 단칸방으로 이사했습니다. 그 뒤에 세상적인 방법으로 회사를 경영해온 죄를 회개하고 오직 말씀에 의지해 믿음과 정직으로 경영하는 알찬 중소기업체를 세웠습니다. 그 뒤로 교회와 회사에서 말씀대로 살려고 노력하니 회사는 절로 성장했다고 합니다.

하나님은 때론 고난을 통해 우리의 안목을 새롭게 하셔서 삶으로 말씀을 배우게 하십니다. 일터에서 당하는 고난으로 말씀을 배울 수 있다면 큰 유익이 아닐 수 없습니다. 고난은 나를 새롭게 합니다.

Prayer 구원의 하나님, 고난당할 때 내 눈을 열어주셔서 하나님을 발견하게 하소서.

새롭게 하는 소망의 힘

우리가 주목하는 것은 보이는 것이 아니요 보이지 않는 것이니 보이는 것은 잠깐이요 보이지 않는 것은 영원함이라 (고린도후서 4:18)

사도 바울은 낙심할만한 일들이 수십 수백 가지 있었지만 결코 낙심하지 않았습니다. 바울은 소망의 사람이었습니다. 그의 눈은 암담한 선교 현실에 머물지 않고 항상 부활하신 그리스도를 향해 있었습니다. 부활하셔서 제자들과 함께 먹고 말하고 위로했던 그리스도는 눈에 보이는 세상 너머에 있는 보이지 않는 영원한 나라가 있음을 보여주셨습니다. 이 나라를 향한 믿음은 이 땅에 실현될 하나님 나라에 대한 소망을 심어줍니다. 우리는 영원한 하나님 나라를 소망하고, 이 소망이 세상을 살아가는 우리의 모든 것을 새롭게 합니다.

우리 일터에도 낙심할만한 수많은 일들이 있습니다. 우리의 눈이 여기에 멈추면 우울증에 걸리고 스트레스에 짓눌립니다. 크고 넓게 봐야 합니다. 일터를 영원한 하나님 나라의 관점에서 생각하고 그 나라가 임하기를 기도하고 소망하면 일터를 새롭게 하고자 하는 의지와 힘이 생깁니다. 지금 내 일터를 향한 하나님의 소망이 내 소망이 되면 좋겠습니다.

Prayer 소망의 하나님, 하나님 나라를 향한 소망으로 힘 있게 일하게 하소서.

선한 삶을 위한 재창조

아무에게도 악을 악으로 갚지 말고 모든 사람 앞에서 선한 일을 도모하라 (로마서 12:17)

직장에서 했던 많은 일들 가운데 마음속에 오랫동안 기억하고 싶은 일은 무엇일까요? 선한 동기와 선한 목적과 선한 방법으로 이룬 선한 성과들입니다. 아무리 멋진 성과였더라도 성취 과정에서 누군가에게 상처를 입혔거나 떳떳하지 못한 방법을 동원했다면 잊고 싶습니다. 선한 일을 하면, 비록 열매가 초라하더라도 영혼이 행복합니다. 우리는 선하신 하나님의 자녀들입니다.

"그가 우리를 대신하여 자신을 주심은 모든 불법에서 우리를 속량하시고 우리를 깨끗하게 하사 선한 일을 열심히 하는 자기 백성이 되게 하려 하심이라(디도서 2:14)." 그리스도 안에서 우리를 재창조하신 하나님의 의도는 우리가 선한 삶을 사는 것입니다. 악을 악으로 갚는 것은 식은 죽 먹기입니다. 그러나 악을 선으로 갚는 것은 내가 주님의 십자가에서 죽어야 합니다. 그리스도인들에게 악을 악으로 갚는 것은 정의가 아니라 또 다른 악입니다. 주님은 악을 당하시고 선으로 갚으셨습니다. 오늘도 악을 만나거든 십자가를 생각하며 선으로 갚읍시다.

Prayer 선하신 하나님, 잠시의 분노와 섣부른 정의감이 아니라 인내함으로 선한 일을 하게 하소서.

상상하고 꿈꾸는 일터 구원

보라 내가 새 하늘과 새 땅을 창조하나니 이전 것은 기억되거나 마음에 생각나지 아니할 것이라 (이사야 65:17)

이 예언은 이스라엘이 대제국의 폭력적인 지배와 수탈 아래 있던 때 주어졌습니다. 열심히 집을 짓고 일해도 빼앗기기 일쑤였습니다. 노동의 수고는 헛되었습니다. 곳곳에서 우는 소리와 부르짖는 소리가 들렸습니다. 분노와 절망과 피눈물이 뚝뚝 떨어지는 한(恨) 많은 세상.

이 어둠의 시대에 하나님은 하늘과 땅을 새롭게 창조하겠다고 선언하셨습니다. 백성들 마음에서는 고통스러웠던 이전 것들이 흔적조차 사라질 것입니다. 새 세상에서도 우리는 여전히 일하겠지만, 가시덤불과 엉겅퀴와 싸워야 하는 수고로움 대신 정의로운 수확의 기쁨으로 충만할 것입니다. 이스라엘은 새 하늘과 새 땅을 꿈꾸며 그 모진 세월을 오랫동안 견디고 나라를 세우는 기적을 이뤘습니다.

우리는 전쟁 같은 일상에 익숙해진 나머지 하나님이 새롭게 창조하실 일터를 상상하지 않습니다. 하지만 구원의 약속은 우리의 상상력을 자극해 꿈꾸게 하고 악한 현실에 대항하게 합니다. 상상하지 않으면 현실에 갇힙니다. 새 하늘 아래 새 땅 위에 세워질 기쁨의 일터를 상상합시다. 멋진 일터를 꿈꿉시다. 상상은 기적의 출발지입니다.

Prayer 구원의 하나님, 영혼의 눈을 떠 구원받은 일터를 상상하고 꿈꾸며 그렇게 일하게 하소서.

정의와 공의의 나라

네가 백향목을 많이 사용하여 왕이 될 수 있겠느냐 네 아버지가 먹거나 마시지 아니하였으며 정의와 공의를 행하지 아니하였느냐 그 때에 그가 형통하였었느니라 (예레미야 22:15)

유다의 선왕(善王)이었던 요시야의 아들 여호야김은 아버지와 달리 왕권을 마음대로 휘둘렀습니다. 예레미야는 그를 '불의와 부정으로 넓은 집을 지으며, 가난한 자와 궁핍한 자들 편에 서지 아니하고, 탐욕과 무죄한 피 흘림과 압박과 포악을 행한' 심판받을 자라고 비난했습니다.

요시야의 선대 왕들은 정의(justice)와 공의(righteousness)로 통치하는 하나님 나라를 꿈꾸었습니다. 가난하고 약하고 병들고 소외받은 사람들이 사람대접 받는 나라, 모든 사람들이 정당한 대접을 받는 나라, 서로 사랑하는 나라가 하나님 나라입니다. 정의와 공의는 창조주 하나님의 성품입니다.

우리 일터에서는 종종 정의와 공의가 노골적으로 혹은 은밀히 무시되곤 합니다. 우리는 이러한 일터에 하나님 나라의 씨앗을 뿌리는 하나님의 형상입니다. 정의와 공의의 씨앗을. 일터가 나로 인해 좀 더 정의롭고 공의로워지지 않는다면, 나도 여호야김을 향한 하나님의 심판을 피할 수 없습니다. 신앙인들에게 일터는 두렵고 떨리는 곳입니다.

Prayer 정의와 공의의 하나님, 오늘도 하나님을 따라 정의와 공의로 일하게 하소서.

선하고 인자한 나라

내 평생에 선하심과 인자하심이 반드시 나를 따르리니 내가 여호와의 집에 영원히 살리로다 (시편 23:6)

세상에서 가장 아름다운 시편 23장을 쓴 시인은 믿음 때문에 광야를 헤매며 사선(死線)을 넘나든 다윗입니다. 황폐하기 짝이 없는 도망자의 일상 속에서 다윗은 하나님의 선하심과 인자하심에 이끌려 모진 풍파를 이겨냈습니다. 마침내 이스라엘 왕이 된 다윗은 원한과 보복 대신 용서와 포용을 통치 철학으로 삼았습니다. 광야에서 맛본 하나님 나라를 국가라는 현실 정치 세계에 세우고자 하는 다윗의 꿈이 실현되었습니다.

매일 전쟁터 같은 일터로 출근하는 우리도 다윗의 꿈을 꾸면 좋겠습니다. 다윗의 하나님은 우리의 하나님입니다. 그분의 선하심과 인자하심이 출근길부터 퇴근길까지 반드시 우리를 따릅니다. 배척하기보다 포용하도록. 갈등이 합리적으로 풀어지도록. 따분했던 일이 재미있어지도록. 힘을 합쳐 위기를 이겨내도록. 그리고 '떠나고 싶은' 일터가 '영원히 사는' 구원의 나라로 거듭나도록. 일터에서 선하고 인자하신 하나님을 따른다면, 일터는 살만 해지고 일은 재미있어질 것입니다.

Prayer 선하고 인자하신 하나님, 거칠고 힘든 일터에서 하나님처럼 선하고 인자한 마음으로 일하게 하소서.

신실한 나라

그런즉 너는 알라 오직 네 하나님 여호와는 하나님이시요 신실하신 하나님이시라 그를 사랑하고 그의 계명을 지키는 자에게는 천 대까지 그의 언약을 이행하시며 인애를 베푸시되 (신명기 7:9)

하나님과 하나님 나라는 일방적이면서 동시에 신실합니다. 하나님은 창조의 순간부터 종말의 시간까지 지치지 않고 인간의 죄라는 벽을 뛰어넘어 자신의 뜻을 펼치십니다. 하나님은 우리 인간의 뜻에 신실하신 것이 아니라 하나님 자신의 뜻에 신실하십니다. 하나님은 우리에게 약속하신 하나님 나라의 역사를 앞으로 밀고 나가 기필코 이루십니다. 거부하고 맞서는 나라와 사람들에게는 심판으로, 믿음으로 동역하는 나라와 사람들에게는 은혜로 응답하시면서.

우리가 일터에서 신실하신 하나님을 경험하기 원한다면, 우리 자신의 욕망과 꿈을 내려놓아야 합니다. 하나님의 계획이 우리의 계획과 일치할 때, 실패도 성공이 되고 고난이 감사가 됩니다. 반면 우리 목표가 하나님의 목표와 다를 때, 성공은 실패가 되고 기쁨은 슬픔으로 돌변합니다. 일터에서 하나님 나라는 그리스도의 십자가를 함께 짊어지는 좁은 길을 통해서만 들어갈 수 있습니다. 바보 취급을 당하고 따돌림을 받을지언정 하나님은 신실하게 하나님을 따르는 우리를 통해 그 나라를 세우십니다. 하나님이 역사의 주체이시기에.

Prayer 신실하신 하나님, 시류에 영합하지 않고 신실하신 하나님의 나라와 뜻을 먼저 구하며 일하게 하소서.

거룩한 나라

너는 이스라엘 자손의 온 회중에게 말하여 이르라 너희는 거룩하라 이는 나 여호와 너희 하나님이 거룩함이니라 (레위기 19:2)

거룩하다는 히브리어 형용사 '카도쉬'(kadosh)는 신성하다는 뜻이지만 무겁다는 의미도 있습니다. 이스라엘의 구원자로 오신 여호와 하나님은 인간들에게 온갖 무거운 짐을 떠넘기고 방탕한 자유를 누리는 고대 이방 신들처럼 가벼운 존재가 아닙니다. 하나님은 오히려 우리 어깨를 짓누르는 무거운 짐을 대신 지고 우리를 가볍게 해주시는 사랑의 화신입니다. 하나님의 거룩함은 바람에 나는 겨처럼 가볍지 않고 우리 대신 자신을 희생하시는 무거운 거룩함입니다. 하나님 나라는 거룩한 사랑으로 충만합니다.

돈과 성공이라는 우상이 지배하는 일터에서 삶은 지치고 무겁습니다. 우리는 이런 일터를 싫어하면서도 운명처럼 받아들입니다. 언제까지 그렇게 살아서는 안 됩니다. 재미있고 신나는 일터로 치유되어야 합니다. 우리는 일터 치유자로 보냄을 받았습니다. 우리의 무거운 짐을 함께 짊어지시는 그리스도가 보여주신 사랑의 묘약과 함께. 일터에서 우리는 남들보다 앞서는 성공이 아니라 그들과 함께 가는 사랑의 거룩함으로 일합니다.

Prayer 거룩하신 하나님, 거룩하지 않은 일터에서 사랑의 거룩함으로 일하게 하소서.

DATE . . .

평화로운 나라

평안을 너희에게 끼치노니 곧 나의 평안을 너희에게 주노라 내가 너희에게 주는 것은 세상이 주는 것과 같지 아니하니라 너희는 마음에 근심하지도 말고 두려워하지도 말라 (요한복음 14:27)

세상 모든 사람들은 평화(평안 또는 평강)를 갈구합니다. '나의 평화'를 원하는 사람은 팍스 로마나(Pax Romana)의 길을 갑니다. 힘으로 지배함으로써 자기 영역을 타자로부터 분리 보존하려는 원초적 욕망에서 나오는 평화입니다. 전쟁으로 쟁취하는 평화입니다. 경쟁자들을 두려워합니다. 그러나 '우리의 평화'를 얻으려는 사람은 팍스 크리스티(Pax Christi)의 길을 갑니다. 그리스도처럼 자신을 타자에게 내주며 사랑의 평화를 얻으려 합니다. 뺏고 빼앗기지 않기에 근심하고 두려워할 필요가 없습니다. 하나님 나라에는 이런 평화가 있습니다.

우리는 팍스 로마나 세계인 일터에서 팍스 크리스티의 길을 걷습니다. 우리에게 평안을 '주시는' 그리스도처럼 일터에서 만나는 사람들에게 평안을 '주는' 것이 우리의 소명입니다. 십자가에서 흘러내리는 그리스도의 평안은 차갑고 비인격적인 '그것(it)'의 세상을 따뜻하고 인격적인 '우리의(our)' 세상으로 만들어갑니다. 일터가 나로 인해 평화로워진다면, 하나님도 이웃들도 그리고 나도 참 행복할 겁니다.

Prayer 평화의 하나님, 근심과 두려움 많은 세상에서 그리스도를 따라 평화의 길을 걷게 하소서.

나 때문이 아니라…

아담이 이르되 하나님이 주셔서 나와 함께 있게 하신 여자 그가 그 나무 열매를 내게 주므로 내가 먹었나이다 (창세기 3:12)

다양한 스트레스로 충만한 일터. 많은 직장인들이 무거운 마음으로 출근합니다. 사람들은 으레 직장 스트레스는 주변 환경과 다른 사람들로부터 온다고 생각합니다. 스트레스 주지 않는 직장을 찾아 떠나기도 합니다. 그렇다고 스트레스 문제가 해결되지는 않습니다. 나를 힘들게 하는 스트레스의 주요 범인 가운데 한 명이 바로 나 자신이라는 사실을 인정하기 전에는. 나 때문이 아니라 저 사람 때문이라고 생각하는 한 스트레스에서 벗어날 길은 요원합니다. 투덜거림만 늘어날 뿐.

아담은 선악과를 따먹고 난 뒤에 자신의 죄를 묻는 하나님께 "당신이 주신 여자 때문"이라고 항변합니다. 아담 자신이 선악과를 따먹었음에도. 마음에 '내 죄'보다 '네 죄'가 먼저 떠오른다면, 이는 전형적으로 선악과를 먹은 아담과 같은 반응입니다. 그리스도의 제자는 내가 뭐 잘못한 것 없을까를 먼저 생각해봅니다. 스트레스는 죄의 현상입니다. 해결책은 자기 돌아봄부터 시작되어야겠지요. 이것으로 스트레스가 모두 풀리지는 않겠지만.

Prayer 사랑의 예수님, 힘들 때마다 내 자신을 먼저 되돌아보며 일하게 하소서.

타인의 번영이 불편하다면

그러나 학대를 받을수록 더욱 번성하여 퍼져나가니 애굽 사람이 이스라엘 자손으로 말미암아 근심하여 (출애굽기 1:12)

"경쟁을 통한 성장"이라는 이 시대 모토는 정말 옳은 것일까요? 독일 신학자 헬무트 틸리케의 논리처럼 하나님은 우리가 성장하도록 경쟁을 사용하실지도 모릅니다. 그러나 경쟁은 절제하지 않으면 쉽게 타인에 대한 적대감으로 확산되고 우리 영혼에 근심의 씨앗을 뿌립니다. 나보다 다른 사람이 잘 되면 배가 아픕니다. 이 또한 죄의 증상입니다.

고대 애굽 사람들은 고센 땅에 살고 있던 이스라엘이 번성해서 큰 무리를 이루자 이들이 반역하고 탈출하지 않을까 근심하고 불안해서 이스라엘을 더욱 학대했습니다. 모든 피조물이 생육하고 번성하는 것이 창조 안에 담긴 하나님의 소망인데, 죄인은 타인의 번영을 시기합니다.

자본주의 시장에서 일터는 가장 경쟁적입니다. "너보다 내가 먼저"라는 생각의 뿌리가 워낙 깊습니다. 어떻게 이 뿌리를 뽑아낼 수 있을까요? 성령에 충만해서 다른 사람의 번영을 진심으로 기뻐할 때, 우리는 근심과 불안에서 해방될 수 있습니다. 하나님 나라는 너와 내가 '함께' 번영하는 나라이니까요.

Prayer 창조의 하나님, 나만이 아니라 우리 함께 번영하고자 하는 마음으로 일하게 하소서.

사라질 것을 좇아가면

그들이 왕들을 세웠으나 내게서 난 것이 아니며 그들이 지도자들을 세웠으나 내가 모르는 바이며 그들이 또 그 은, 금으로 자기를 취하여 우상을 만들었나니 결국은 파괴되고 말리라 (호세아 8:4)

고려 말 선비 길재는 무너진 오백년 도읍지를 돌아보며 "산천은 그대로인데 인걸(사람)은 간 데 없다"고 탄식했습니다. 그러나 산천도 사라집니다. 왕과 지도자도 백성도 모두 사라집니다. 영원할 것이라 믿었던 우상도 속절없이 사라집니다. 하나님의 자리를 차지한 우상은 자연적으로 사라지는 것이 아니라 하나님께서 파괴하십니다. 사라질 것을 세우고 좇아가는 허무함은 죄의 현상입니다.

직장에서 은퇴하고 인생의 허무함을 토로하는 사람들이 있습니다. 열심히 일해서 성취한 가시적 결과물들이 후발주자에 의해 사라지는 것을 지켜보고 있으면 허탈합니다. 이 땅에서 사라지지 않고 영원한 것은 사랑밖에 없습니다. 내가 만든 것들이 언젠가 없어질지라도 사람들에게 전해준 사랑은 오래오래 남습니다. 예수님이 십자가에서 주신 사랑이 우리 마음에 지금도 남아있듯이. 호랑이는 죽어서 가죽을, 사람은 이름을 남긴다고 하지요. 사랑으로 아름다운 이름은 잊히지 않습니다. 오늘도 사랑하며 보물을 하늘 창고에 쌓기를.

Prayer 영원하신 하나님, 땀 흘리며 수고하는 일에 사랑의 열매가 맺히게 하소서.

폭력에 의지한다면

경건한 자가 세상에서 끊어졌고 정직한 자가 사람들 가운데 없도다 무리가 다 피를 흘리려고 매복하며 각기 그물로 형제를 잡으려 하고 (미가 7:2)

우리 예수님은 어제나 오늘이나 변함없이 동일하십니다. 우리가 예수 이름을 믿고 예수 이름으로 기도하는 것은 약속을 지키시는 그분의 신실함 때문입니다. 하나님은 출애굽 이스라엘 백성들에게 "내가 결코 너희를 버리지 아니하고 너희를 떠나지 아니 하겠다"고 약속하셨습니다. 이 약속을 믿고 살면 가나안 땅에서 영원히 선한 삶을 살게 해주겠다고 하셨습니다. 하나님이 다 주시니까 불안해하지 말고 이웃들과 더불어 살라는 뜻입니다.

하지만 이스라엘은 가나안 땅에서 추방당했고, 고통스런 역사에 시달렸습니다. 하나님이 약속을 파기한 것이 아니라, 이스라엘이 믿지 않았기 때문입니다. 하나님을 믿지 않으면, 사람들은 삶을 스스로 책임져야 한다는 책임감과 그에 따른 두려움으로 폭력적 수단에 의지하게 됩니다. 매복하고, 함정 파고, 그물 던지고. 살아야 한다는 강박감이 주는 죄의 현상들입니다. 우리 일터에서 자주 보는 모습들입니다. 이런 일터에서 예수님의 제자는 하나님 말씀을 따라 믿음으로 선하게 일합니다.

Prayer 사랑의 하나님, 거짓과 모략을 물리치고 말씀을 따라 우직하고 선한 태도로 일하게 하소서.

스스로 높아지고 싶다면

그들이 모여서 모세와 아론을 거슬러 그들에게 이르되 너희가 분수에 지나도다 회중이 다 각각 거룩하고 여호와께서도 그들 중에 계시거늘 너희가 어찌하여 여호와의 총회 위에 스스로 높이느냐 (민수기 16:3)

레위 지파의 고라, 르우벤 지파의 다단과 아비람, 온이 모세와 아론에게 따졌습니다. "당신들만 우리의 지도자냐? 여호와는 우리 모두 위에 계신다." 그들은 하나님이 직접 불러 세우신 이스라엘의 지도자 모세와 아론을 향해 "너희가 어찌하여 스스로 높이느냐"고 대들다 몰살당했습니다. 그들은 여호와나 이스라엘 장로들로부터 어떤 권위를 위임받은 적이 없었습니다. 그들은 스스로 높아지려는 교만한 자들이었습니다. 우리에게 익숙한 죄의 현상입니다.

하나님은 우리 존재의 기반이신 반석이십니다. 하나님이 없는 사람들은 '존재 불안'을 경험합니다. 존재의 기반이 없기에 자신이 자기의 기반이 되어야 합니다. 높은 자리에 올라갈수록 기반이 탄탄해질 것이라고 생각합니다. 낮은 자리에 머무는 것을 싫어합니다. 하지만 하나님의 백성은 하나님의 때가 이를 때까지 주어진 자리에 만족하며 감사합니다. 높은 자리를 오히려 부담스러워합니다. 하나님 안에서 자존감은 높아지고 자존심은 낮아집니다. 하나님의 기반 위에 서 있는 사람들에게 승진 경쟁이란? 부질없는 애들 장난이지요.

Prayer 반석이신 하나님, 하나님의 반석 위에 서서 낮은 자리에서도 기쁨으로 일하게 하소서.

52주 일터와 일상의 신실함을 위한

말씀묵상

Meditation in the Workplace

십자가와 믿음

사랑의 연합으로

예수께서 세례를 받으시고 곧 물에서 올라오실 새 하늘이 열리고 하나님의 성령이 비둘기 같이 내려 자기 위에 임하심을 보시더니 하늘로부터 소리가 있어 말씀하시되 이는 내 사랑하는 아들이요 내 기뻐하는 자라 하시니라 (마태복음 3:16~17)

세상을 구원하기 위한 예수님의 짧은 여정은 세례 받으심으로 시작됐습니다. 예수님이 물에서 올라오자마자 성령 하나님이 내려오시고 성부 하나님이 말씀하셨습니다. 성부 하나님과 성령 하나님께서 십자가 길을 걸어가시는 성자 하나님을 축복하고 인정하고 마지막까지 함께 하셨습니다. 예수님의 세례는 우리를 구원하시는 삼위일체 하나님이 사랑의 연합을 보여주신 사건이었습니다.

우리 일터는 이기심과 야망과 두려움으로 뒤범벅되어 예수님의 구원을 완강하게 거부하는 곳일지도 모릅니다. 어린양이 이리 굴로 들어가는 것처럼, 순결한 그리스도인은 두려움과 떨림으로 일터로 들어갑니다. 자칫 영혼을 잃을 수 있는 곳입니다. 그러나 염려하지 마세요. 성부 성자 성령 하나님이 우리와 함께 일터로 들어와 우리를 축복하고 인정하고 마지막까지 함께 하십니다. 삼위 하나님이 우리를 사랑의 연합 안으로 이끌어 돌봐주실 것입니다. 오늘도 하나님의 보냄을 받은 나는 성령과 함께 일터에서 그리스도의 길을 따라갑니다.

Prayer 삼위 하나님, 오늘도 사랑의 연합 안에서 담대히 그리스도를 따르며 일하게 하소서.

말씀의 떡으로

시험하는 자가 예수께 나아와서 이르되 네가 만일 하나님의 아들이어든 명하여 이 돌들로 떡덩이가 되게 하라 (마태복음 4:3)

사탄은 기만하는 영입니다. 그가 예수님께 도발적으로 제안했습니다. 사탄은 "사람들에게 가장 필요한 것은 떡이니 네 능력으로 떡을 만들어 보라"고 속삭였습니다. 탁월한 신적 능력으로 사람들을 다 끌어 모아 '네 자신의' 왕국을 만들라는 정치적 유혹이었습니다. 사탄은 오병이어 기적을 일으킬 예수님의 능력을 이미 알고 있었습니다. 그러나 예수님은 단칼에 거부했습니다. 자기 왕국이 아니라 오직 하나님의 말씀으로 사는 나라를 위해 자신이 이 땅에 왔다는 사실을 알고 있었기 때문입니다.

우리도 날마다 일터에서 "할 수 있는 한 네 떡을 많이 만들라"는 사탄의 유혹을 받습니다. 그때마다 우리는 광야에서 만나를 내려주셨던 하나님의 가르침에 귀를 기울여야 합니다. 말씀의 떡을 먹어야 오래오래 건강하고 평화롭게 살아갈 수 있다는 사실을. 말씀의 떡을 먹으면, 나는 나 혼자 살기 위해 일하는 것이 아니라 이웃들과 함께 먹고 살기 위해 일한다는 소명을 발견합니다. 떡은 잠깐 동안 살게 하지만, 말씀은 영원히 살게 합니다.

Prayer 생명의 예수님, 육신의 떡보다 말씀의 떡을 먼저 먹으며 일하게 하소서.

하나님을 시험하지 말라

이르되 네가 만일 하나님의 아들이어든 뛰어내리라 기록되었으되 그가 너를 위하여 그의 사자들을 명하시리니 그들이 손으로 너를 받들어 발이 돌에 부딪치지 않게 하리로다 하였느니라 (마태복음 4:6)

우리는 위기에 처할 때 '전능하신 하나님'을 '활용해' 위기를 돌파하려는 유혹을 받습니다. 내가 힘들 때 하나님은 당연히 도와주러 와야 한다는 '믿음'으로 하나님을 우리의 위기 상황 속으로 강제 소환합니다. 하나님은 나를 위해 존재해야 한다고 착각하니까요.

하나님은 전능하시지만 또한 신실하십니다. 우리에게 주신 구원의 약속을 반드시 지키십니다. 그런데 사탄은 하나님이 정말 약속을 지킬지 시험해보라고 예수님을 유혹했습니다. 예수님은 즉시 호통을 치셨습니다. "주 너의 하나님을 시험하지 말라." 사탄은 십자가에서 고난당하고 계신 예수님도 유혹했습니다. "내려와 봐. 그러면 내가 믿어줄게." 그러나 예수님은 십자가 소명을 주신 아버지의 선하시고 신실하신 뜻을 전적으로 신뢰하고 순종했습니다.

우리는 내 뜻대로 안 되면 자꾸 '전능하신 하나님'을 의심하고 시험합니다. 하지만 '전능하신 하나님'을 앞세워 손쉽게 위기를 벗어나려 하지 않아야 합니다. 대신 "내가 너와 함께 하겠다"고 말씀하신 '신실하신 하나님'의 약속을 굳게 믿고 의로운 길을 충성되게 걸어가야 합니다. 비록 고난의 길이라 하더라도. 이것이 결국 우리 자신에게 보약입니다.

Prayer 신실하신 하나님, 어떤 상황에서도 하나님을 의심하거나 시험하지 않게 하소서.

나의 주가 누구인가?

마귀가 또 그를 데리고 지극히 높은 산으로 가서 천하만국과 그 영광을 보여 이르되 만일 내게 엎드려 경배하면 이 모든 것을 네게 주리라 (마태복음 4:8~9)

갑자기 위기가 닥쳐올 때, 한탕 하면 대박날 것 같을 때, 불륜이지만 운명적 만남이란 생각이 스칠 때. 이런 때 달콤한 유혹이 스칩니다. "딱 한번만 눈감자. 어쩔 수 없다." 악마는 "마지막 기회"라며 다그칩니다. 악마의 손을 잡는 순간, 지옥 안으로 빨려 들어갑니다. 수많은 정치인, 기업인, 직장인, 공무원들이 그렇게 끝났습니다. 괴테가 『파우스트』에서 고발한 것처럼, 인간은 악마에게 영혼을 팔아 삶은 편리해졌지만 죄의 심연은 더 깊어졌습니다.

사탄이 예수님을 높은 곳에 데려가 발아래 보이는 모든 것을 주겠다고 선심 쓰듯 제안했습니다. "내 밑으로 들어와 나를 주로 모시면"이라는 단서와 함께. 예수님은 말 한마디로 물리치셨습니다. "주 너의 하나님께만 경배하고 오직 그만을 섬기라." 인류 역사를 관통하는 통쾌한 승리의 메시지가 되었습니다.

사탄의 유혹이 난무하는 일터에서 선하지 않은 생각과 제안이 오갈 때 우리는 '나의 주(my Lord)가 누구인가' 자문자답해야 합니다. 그리고 망설임 없이 대답합시다. "내 주는 오직 하나님이시다." 이런 결기 없이 우리 영혼을 이 탁한 세속에서 지켜낼 도리가 없습니다.

Prayer 단호하신 예수님, 모든 유혹들 앞에서 오직 주 하나님만 모시는 선택을 하게 하소서.

천국 문으로 들어가려면

이때부터 예수께서 비로소 전파하여 이르시되 회개하라 천국이 가까이 왔느니라 하시더라 (마태복음 4:17)

예수님이 선포한 복음은 천국 복음입니다. 하나님이 통치하시는 하늘 나라 혹은 하나님 나라가 이 땅에 가까이 왔다는 기쁜 소식입니다. 이 나라는 가까이 왔으며 또 이미 왔습니다. 아직 회개하지 않은 사람들에게는 가까이 왔지만 여전히 잠겨있습니다. 반면, 회개한 사람들은 이미 그 나라 백성으로 '그리스도의 법(갈라디아 6:2)'을 따라 살아갑니다. 회개는 마음을 바꾸어 행동을 바꾸는 것입니다. 자기 죄를 고백하고 의롭게 살아가는 것입니다.

일터에서 천국을 경험하려면 다른 사람들을 고치려 하지 말고 먼저 내 자신의 죄를 회개해야 합니다. 나를 고칠 수 있는 사람은 나밖에 없습니다. 아무도 나를 변화시킬 수 없습니다. 회개는 하나님과 나 사이에 일어나는 수직적 경험입니다. 사람들 사이의 수평적 관계 변화는 수직적 경험에서 시작됩니다. 회개하면 그렇게 짜증나고 보기 싫던 사람들이 달리 보입니다. 천국 백성은 왕이신 하나님의 심장을 이식받기 때문입니다. 이 심장이 스트레스를 낮추는 최고 특효약입니다.

Prayer 의로우신 하나님, 다른 사람 전에 나를 먼저 바라보고 회개하여 천국을 맛보게 하소서.

풍성한 생명, 하나님의 선물

도둑이 오는 것은 도둑질하고 죽이고 멸망시키려는 것뿐이요 내가 온 것은 양으로 생명을 얻게 하고 더 풍성히 얻게 하려는 것이라 (요한복음 10:10)

하나님이 흙으로 아담을 지으시고 그 코에 생기(생명의 바람)를 불어 넣어 생령(살게 된 존재)이 되게 하셨습니다(창세기 2:7). 생명은 우리 스스로 만드는 것이 아니라 하나님으로부터 받는 것입니다. 하나님은 우리에게 생명을 주셔서 우리가 재미있게 일하고, 즐겁게 사랑을 나누고, 평화롭게 안식을 누리며 살도록 축복하셨습니다. 우리는 하나님 안에서 생명을 누립니다. 예수님은 겨우 목숨을 부지하며 살아가는 죄인들을 위해 자기 목숨을 바쳤습니다. 우리는 예수님 때문에 하나님께 돌아가 생명을 풍성히 누리게 되었습니다.

예수님 안으로 깊이 들어가 보세요. 예수님께 다가갈수록 태초에 주셨던 원초적 생명의 숨결이 더욱 생생하게 전해집니다. 이 생명이 우리 삶을 뛰게 합니다. 폭풍 같은 세상에서 우리 영혼을 고요한 호수처럼 평안하게 합니다. 우리 일터를 생명력 넘치게 합니다. 동료와 고객의 생명을 지켜주고 싶어집니다. 일하러 나가는 길이 가벼워집니다. 이렇게 하나님은 예수님을 통해 주신 생명의 선물로 우리가 서로 사랑하게 하십니다.

Prayer 생명의 하나님, 예수님 안에서 생명을 되찾아 사랑하며 살게 하소서.

생명의 떡, 사랑의 나눔

예수께서 이르시되 나는 생명의 떡이니 내게 오는 자는 결코 주리지 아니할 터이요 나를 믿는 자는 영원히 목마르지 아니하리라 (요한복음 6:35)

예수님은 생명의 떡입니다. 우리는 십자가에서 우리를 위해 주신 예수님의 몸과 피를 먹고 마시며 예수님의 생명을 받습니다. 예수님은 하나님 아버지로부터 영원한 생명과 지극한 사랑을 받았습니다. 예수님은 아버지의 사랑이 너무 커서 골고다 언덕에서 아버지의 뜻에 기꺼이 순종했습니다. 예수님이 주시는 생명의 떡에는 아버지로부터 받은 생명과 사랑의 선물이 가득 담겨있습니다. 이 떡을 먹으면, 아버지의 생명과 사랑이 우리 안에 차고 넘치도록 들어옵니다. 생명의 떡은 사랑을 샘솟게 합니다.

예수님의 몸은 영혼뿐 아니라 육신을 위한 생명의 떡이기도 합니다. 예수님의 떡을 먹은 사람은 이웃에게 이 사랑의 기쁨을 나누기 원합니다. 삭개오는 예수님이 주신 말씀의 떡을 먹고 재산 절반을 쾌척했습니다. 가난한 이웃들이 배불리 먹고 마실 수 있도록. 우리도 교회에서 성찬을 받을 때, 이렇게 기도합시다. “저도 누군가에게 생명의 떡이 되겠습니다.” 이웃의 생명을 돌보는 노동을 통해, 이웃과 함께 나눌 수 있는 내 재산과 시간과 몸을 통해.

Prayer 생명의 하나님, 우리도 예수님의 떡을 먹고 이웃들의 떡이 되도록 일하게 하소서.

보게 하심, 절망 너머 희망을

예수께서 말씀하여 이르시된 네게 무엇을 하여 주기를 원하느냐 맹인이 이르되 선생님이여 보기를 원하나이다 예수께서 이르시되 가라 네 믿음이 너를 구원하였느니라 그가 곧 보게 되어 예수를 길에서 따르니라 (마가복음 10:51~52)

앞을 보지 못하는 바디매오는 여리고에서 구걸하며 살던 어느 날 예수님이 지나가신다는 소문을 듣고 소리치며 예수님께 달려갔습니다. 제자들이 제지하자 더 크게 소리를 질렀습니다. "다윗의 자손 예수여, 나를 불쌍히 여기소서." 예수님은 그의 믿음을 보고 눈을 떠 보게 하셨습니다. 바디매오는 그 길로 예수님을 따라갔습니다. 반대로 하나님은 우상을 숭배하고 부패한 이스라엘 백성들의 눈을 감겼습니다(이사야 6:10). 이스라엘은 두 눈을 뜨고 있었지만 진정 보아야 할 것을 보지 못했습니다. 눈 뜬 맹인이었습니다.

육체적 눈을 뜨는 것도 중요하지만, 영혼의 눈을 떠 진리를 발견하고 따르는 것은 더 중요합니다. 고통과 불의와 죽음으로 가득 찬 세상만 본다면 눈이 감긴 것이나 마찬가지입니다. 예수님이 영혼의 눈을 뜨게 해주시면 육체적 눈으로는 볼 수 없는 세상을 바라봅니다. 하나님이 사랑으로 세상을 지탱하시는 것을 봅니다. 바람 잘 날 없는 일터를 감싸고 있는 하나님의 돌보심을 봅니다. 믿음으로 눈을 떠 절망 너머 희망을 바라봅니다.

Prayer 광명의 하나님, 눈을 떠 절망스러운 세상 뒤에 있는 영광의 나라를 바라보게 하소서.

정죄 없음, 오직 구원의 사랑만

예수께서 이르시되 나도 너를 정죄하지 아니하노니 가서 다시는 죄를 범하지 말라 하시니라 (요한복음 8:11)

간음 현장에서 붙잡혀온 여인에게 예수님은 조용히 말했습니다. "나도 너를 정죄하지 않는다." 예수님은 율법 전문가들인 유대 서기관과 바리새인 남자들의 위선을 파고들어 그들의 손에 들려 있던 돌을 내려놓고 물러가게 하셨습니다. 간음 여인 체포 사건에서 결백한 예수님은 그녀를 정죄할 자격이 충분했습니다. 정죄하지 않는다는 말씀은 정죄할 권리를 포기한다는 뜻이었습니다. 예수님의 마음에는 오직 구원의 사랑만 있었습니다. 사랑만이 반복되는 죄를 막는다는 사실을 주님은 너무나 잘 알고 있었습니다.

우리 사회는 범죄자를 처벌함으로써 죄를 막고 정의를 실현한다는 목적으로 사법 제도를 운영합니다. 처벌의 목적은 정죄가 아니라 사랑이 되어야 합니다. 정죄는 죄인으로 낙인찍고 배제하지만, 사랑은 범죄자가 회개하고 새롭게 출발하게 하는 배려입니다. 일하다 보면 누구든 실수하고 잘못할 수 있습니다. 예수님을 믿는 우리에게는 누구도 정죄할 권리가 없습니다. 오직 사랑으로 구원받도록 도울 뿐입니다.

Prayer　사랑의 예수님, 우리도 죄를 정죄하기 보다는 사랑함으로 회개하고 회복되게 하소서.

안식의 선물, 해방과 자유

수고하고 무거운 짐 진 자들아 다 내게로 오라 내가 너희를 쉬게 하리라 (마태복음 11:28)

쉼이 없는 세상. 우리는 하루 24시간이 모자라도록 분주한 일상을 살아갑니다. 바쁘게 살면서 우리는 어디서 와서 어디로 가는지도 모르고 일만 하다 병들고 허무하게 사라집니다. 생존의 부담 때문에 비어있는 시간이 더 불안합니다. 삶은 참으로 수고하고 무거운 짐입니다.

우리는 해방되어야 합니다. 분주함에서 해방되어야 합니다. 우리를 분주하게 살도록 채찍질하는 두려움에서 사랑으로 해방되어야 합니다. 사랑에는 두려움이 없습니다. 사랑은 공감하고 연대하고 나누는 기쁨과 자유로 충만합니다. 예수님은 사랑의 바다였기에 십자가에서 우리 위해 죽으실 수 있었습니다. 믿음으로 예수님 안에 머물면 우리는 사랑 안에서 안식을 선물로 받습니다.

바쁠수록 일을 중단하고 쉬십시오. 자기 목숨을 내어주신 예수님을 믿고 쉬십시오. 잠시 누리는 안식의 풍성함이 우리를 박탈감과 두려움과 분주함의 쇠사슬에서 해방시킵니다. 우리 몸과 영혼이 자유로워집니다. 넉넉해져야 안식할 수 있는 것이 아닙니다. 안식해야 삶이 넉넉하고 가벼워집니다.

Prayer 안식의 예수님, 주님 안에서 안식을 누리며 사랑으로 넉넉한 삶을 살게 하소서.

"나의 주님"

시몬 베드로가 이를 보고 예수의 무릎 아래 엎드려 이르되 주여 나를 떠나소서 나는 죄인이로소이다 (누가복음 5:8)

밤이 새도록 수고하였지만 물고기 한 마리도 잡지 못한 시몬 베드로가 예수님의 말씀에 의지해 깊은 데로 가서 그물을 내렸습니다. 그물이 찢어질 정도로 많은 물고기가 잡혔습니다. 믿기 어려운 상황이 벌어졌습니다. 그는 즉시 예수님의 무릎 아래 엎드려 고백했습니다. "주여(the Lord)!" 두렵고 떨리는 마음으로 "나는 죄인으로서 당신을 나의 주님으로 인정합니다"라는 신앙고백입니다. 우리도 베드로처럼 예수님을 '나의 주님'으로 고백합니다.

우리는 이 신앙고백으로 예수님이 '나의 주인'이며 '나의 목자' 이심을 인정합니다. 이 고백은 예수님께 순종하겠다는 의지의 표현입니다. 내가 감히 넘을 수 없는 탁월한 지혜와 능력과 사랑을 가지신 예수님입니다. 우리는 예수님이 우리의 부족함과 죄와 무능력을 탓하지 않고 오히려 채워주고 용서하고 능력 주심을 확고하게 믿습니다. 타인과 비교하고 비교당하면서 좌절하고 분노하는 일터에서 우리는 '나의 주님'께 얼마든지 도움을 구할 자격이 있습니다. 주님의 이름으로 무엇이든 구하면 주님께서 행하시겠다고 약속하셨기에.

Prayer 나의 주이신 예수님, 나를 불쌍히 여기사 자비를 베풀어주소서.

"주는 그리스도이십니다"

또 물으시되 너희는 나를 누구라 하느냐 베드로가 대답하여 이르되 주는 그리스도시니이다 (마가복음 8:29)

유대인들은 대 제국들에게 빼앗긴 주권을 회복시켜주실 메시아 그리스도를 오랫동안 기다렸습니다. 3년 동안 예수님을 따르며 수많은 기적과 놀라운 가르침을 가장 가까이서 목격한 베드로는 "나의 주님"이 바로 그 그리스도이심을 고백했습니다. 베드로는 정치적 메시아를 의미했을지 모르지만, 예수님은 그의 고백을 교회의 기초로 삼으셨습니다.

그런데 그리스도께서 십자가에서 죽었습니다. 우리를 구해줄 그리스도가 죽다니! 베드로는 3년 동안 허상을 본 것일까요? 아닙니다. 그리스도는 제 삼일에 부활하셨습니다. 인간의 모든 사고와 가능성을 가장 급진적으로 뛰어넘는 사건이었습니다. 이제 그리스도는 유대인의 정치적 종교적 소망이 아니라 모든 인류의 유일한 희망이 되셨습니다. 예수님을 그리스도라고 고백할 때, 우리는 예수님이 우리의 구원자이심을 인정하고 그 뒤를 따라 '작은 그리스도'로 살기를 다짐합니다. 일터에서도 예수님은 "나의 그리스도"이십니다. 그분은 일터에서 우리와 함께 죽고 함께 다시 살아나 세상에 자신을 증언하십니다.

Prayer 나의 그리스도이신 예수님, 어디에서든 내가 주님과 함께 죽고 부활하게 하소서.

"진실로 하나님의 아들이었도다"

예수를 향하여 섰던 백부장이 그렇게 숨지심을 보고 이르되 이 사람은 진실로 하나님의 아들이었도다 하더라 (마가복음 15:39)

로마인들은 황제를 '신의 아들(son of god)'로 숭배했습니다. 그러나 로마 군인이던 한 백부장은 십자가 아래에서 예수님을 '하나님의 아들(son of God)'로 고백했습니다. 황제가 아니라 예수님이 온 세상의 진정한 왕이라는 고백입니다. 예수님은 자신의 죽음으로 세상을 지배하던 사탄의 권세를 무너뜨렸습니다. 세상은 사탄의 저주가 아니라 예수님의 희생적 사랑의 통치를 받게 되었습니다.

우리는 '하나님의 아들'이신 예수 이름으로 세상을 통치하라고 보냄을 받았습니다. 우리는 정의와 공의의 철장으로 불의와 거짓에 의지해 살아가는 사람들의 견고한 성을 질그릇 같이 부수는 왕 같은 제사장들입니다. 세상의 영원한 왕이신 예수님은 정글 같은 일터에서 살아가는 우리에게 "신앙고백자들이여, 강하고 담대하게 나와 함께 사랑의 힘으로 세상을 통치하라"고 말씀하십니다. 십자가 길을 가신 왕과 함께 걸으면 부활의 영광을 누릴 것이라는 약속과 함께. 예수님과 함께 사랑으로 일하러 갑시다.

Prayer　하나님의 아들 예수님, 주님과 함께 강하고 담대히 사랑의 통치자로 살게 하소서.

“하나님의 어린 양이로다”

이튿날 요한이 예수께서 자기에게 나아오심을 보고 이르되 보라 세상 죄를 지고 가는 하나님의 어린 양이로다 (요한복음 1:29)

아브라함은 외아들 이삭을 데리고 모리아 산으로 가는 길에 번제물로 드릴 어린 양이 어디 있느냐는 이삭의 질문에 “하나님이 자기를 위하여 친히 준비하시리라”고 대답했습니다(창세기 22:8). 하나님은 자기 이름을 위하여 하나님 자신의 외아들을 어린 양으로 세상에 보내셨습니다. 하나님의 아들은 세상 모든 죄를 짊어지고 단번에 제물로 바쳐졌습니다. 예수님을 하나님의 어린 양으로 믿는다고 고백한다면, 우리는 다른 희생제물을 바칠 필요가 없습니다. 우상들은 지금도 우리에게 희생 제물을 요구하고 있지만.

일터에서 죄를 바라보거나 죄가 다가올 때, 우리는 곧바로 떠올려야 합니다. 어린 양이 이 죄악들 때문에 십자가에 죽으셨다는 사실을. 우리는 곧바로 믿음으로 선포해야 합니다. “나는 내 주님을 죽게 한 이 죄에 결코 동참할 수 없다”고. 우리는 곧바로 어린 양을 보내신 하나님의 이름이 거룩히 여김을 받도록 죄와 싸워야 합니다. 우리는 어린 양 예수 그리스도께서 나의 죄 뿐만 아니라 일터에서 일어나는 모든 죄들도 짊어지고 가셨음을 믿습니다.

Prayer　하나님의 어린 양 예수님, 죄에 대하여 죽으신 주님을 따라 나도 죄와 싸우며 살게 하소서.

“나의 주님, 나의 하나님”

도마가 대답하여 이르되 나의 주님이시요 나의 하나님이시니이다 (요한복음 20:28)

예수님의 제자 도마는 주님의 못 자국과 창 자국을 직접 만지지 않으면 부활하신 예수님을 믿을 수 없다고 버텼습니다. 예수님은 도마에게 찾아와 옆구리에 손을 넣어 창 자국을 만져보도록 하셨습니다. 그 순간 예수님은 도마에게 “나의 주님, 나의 하나님”이 되었습니다. ‘회의론자’ 도마는 그 이후 평생 주님을 위해 살았습니다.

예수님은 우리에게 자발적인 신앙 고백을 요구하지만, 머뭇거리는 우리가 고백할 수 있도록 도와주십니다. ‘내가 직접 경험하지 않으면 믿을 수 없다’고 버티는 우리에게 예수님은 믿을 수 있도록 기꺼이 다가와 주십니다. 예수님은 우리가 믿음을 고백하고 그 고백으로 살아가도록 길을 열어주십니다. 이토록 예수님은 친절하고 온유하고 선하십니다.

일터에서 우리는 도저히 주님의 흔적을 발견할 수 없을 때가 있습니다. 믿음의 눈으로 일터에서 주님을 바라볼 수 없다면, 도마처럼 못 자국과 창 자국을 만지게 해달라고 간구하면 됩니다. 인자하신 주님은 친히 오셔서 만져보게 해주실 것입니다.

Prayer　인자하신 예수님, 나의 믿음 없음을 탓하지 마시고 견고한 믿음을 갖게 도우소서.

사람을 위하라

또 이르시되 안식일이 사람을 위하여 있는 것이요 사람이 안식일을 위하여 있는 것이 아니니 (마가복음 2:27)

율법은 하나님이 하나님 나라 백성들에게 주신 거룩하고 의로우며 선한 법체계입니다(로마서 7:12). 율법에는 사람들, 특히 가난하고 연약하고 외로운 사람들의 생명을 보호하는 하나님의 세심한 배려가 담겨있습니다. 안식일 계명도 마찬가지입니다. 그러나 유대인들은 '안식일' 제도로 민족과 신앙의 정체성을 유지하려는 지나친 열정 때문에 돌봄과 배려가 필요한 사람들을 향한 하나님의 마음을 외면했습니다. 예수님은 잘못된 율법 준수 관행을 고치려다 유대인들의 미움을 샀습니다.

예수님은 율법을 완성하셨습니다(로마서 10:4). 예수님의 관심은 처음부터 끝까지 죄인, 곧 세상 모든 사람들의 구원이었습니다. 예수님은 삶의 무거운 짐으로 눈물 흘리는 사람들에게 먼저 다가와 사랑해주셨습니다. 이것이 율법의 궁극적인 목적입니다. 우리는 율법에서 사람을 사랑하시는 하나님의 마음을 읽어야 합니다. 예수님의 사람에게는 일터에서도 사람이 우선입니다. 나의 생존뿐 아니라 돌봄과 배려가 필요한 사람들을 위해 일터로 보냄 받았습니다.

Prayer 사랑의 예수님, 법과 제도에 담긴 사람을 향한 하나님의 마음을 잊지 않게 하소서.

'원수'를 사랑하라

또 네 이웃을 사랑하고 네 원수를 미워하라 하였다는 것을 너희가 들었으나 나는 너희에게 이르노니 너희 원수를 사랑하며 너희를 박해하는 자를 위하여 기도하라 (마태복음 5:43~44)

'이웃을 사랑하고 원수를 미워하라'는 유대인들의 가르침은 오랜 식민지 역사 속에서 단일 민족으로 살아남기 위한 배타적 생존 전략이었습니다. 하나님의 율법에는 이런 규정이 없습니다. 그들은 네 형제를 미워하지 말고 네 이웃의 잘못을 꾸짖으라는 말씀(레위기 19:17)을 왜곡했습니다. 하나님과 그 백성에게는 철천지 원수가 따로 없습니다. 세상 모든 사람들은 종교와 상관없이 하나님의 은혜 안에서 삽니다. 스스로 하나님과 백성의 '원수'가 되는 사람들이 있을 뿐입니다. 예수님은 이런 사람들을 사랑으로 품으시고 구원하러 오셨습니다.

치열한 일터에서 사람들은 '이웃 아니면 원수'라는 배타적인 관계 설정에 익숙해져 있습니다. 지연 학연 혈연으로 끼리끼리 뭉치고 밀어주면서 연줄 밖에 있는 사람들을 무시하거나 공동의 원수처럼 대합니다. 예수님의 사람들은 이런 관계를 단호히 거부합니다. 우리 모두 하나님의 은혜와 구원의 대상이란 사실을 기억해야 합니다. 우리에겐 원수가 없습니다. 사랑하고 기도해주어야 할 이웃들만 있을 뿐입니다.

Prayer 사랑의 예수님, 어느 누구도 원수로 생각하거나 원수로 만들지 않도록 내 마음을 지켜주소서.

약자를 보호하라

그런즉 이제 둘이 아니요 한 몸이니 그러므로 하나님이 짝지어 주신 것을 사람이 나누지 못할지니라 (마태복음 19:6)

여성들이 결혼생활에서 제대로 보호받지 못하던 고대 부계중심 사회에서 하나님은 결혼 법령들을 통해서 남편이 함부로 아내를 버리지 못하도록 했습니다. 그러나 유대 남자들은 남편에게 이혼 주도권을 주는 전통을 완강하게 유지했습니다. 심지어 빵을 굽다가 태우거나 성적 불만족을 느껴도 아내를 쫓아낼 권리를 가졌습니다. 율법에 담긴 하나님의 뜻에 순종하기 보다는 남자들의 기득권을 위해 기괴한 논리로 율법을 해석했습니다. 예수님은 한 몸이었던 부부를 맘대로 나누는 유대 남자들의 권위주의를 하나님에 대한 도전이라고 비판했습니다.

약자를 쉽게 제거하거나 착취할 수 있는 모든 제도는 하나님에 대한 심각한 도전입니다. 효율성을 신봉하는 일터에서 약자는 강자의 밥이 되는 경우가 비일비재합니다. 비정규직처럼 사회적 약자를 의도적으로 만들어내는 사람들은 무신론자들입니다. 하나님이 보호하는 사람들을 버리는 사람을 성경은 악인이라고 부릅니다. 하나님의 회중에 들지 못합니다. 예수님을 믿는 성도라면 약자를 보호하라는 하나님의 율법을 일터에서도 반드시 지킵니다.

Prayer 자비로우신 하나님, 일터에서 약자를 억압하는 대신 돌보는 사람이 되게 하소서.

어린이처럼 지키라

진실로 너희에게 이르노니 너희가 돌이켜 어린 아이들과 같이 되지 아니하면 결단코 천국에 들어가지 못하리라 (마태복음 18:3)

어린이는 구약성경에서 하나님의 축복이었지만, 실상은 사람 취급을 제대로 받지 못했습니다. 예수님의 제자들조차 어린이들이 가까이 다가오는 것을 귀찮아했습니다. 율법을 지켜야 선민(選民) 유대인으로 인정받는 사회에서 어린이는 율법을 알지도 못하고 지킬 능력도 없는 '미완성의 인간'이었습니다. 그러나 예수님은 어린이들과 같이 자기를 낮추지 않으면 천국에 들어가지 못한다고 선언했습니다. 율법에 충실한 어른 유대인들에게는 청천벽력이었습니다.

어린이처럼 절대적으로 의존해야 살아남는 사람이 사실은 율법을 가장 잘 지킬 수 있습니다. 자기주장이나 자기의견이 없습니다. 천국 백성은 어린이처럼 하나님이 말씀하시는 대로 따라갑니다. 자신의 능력이나 한계를 탓하지 않습니다. 오히려 말씀대로 살 수 있는 능력을 달라고 어린 아이처럼 요구합니다. 일터에서 진퇴양난의 어려움을 만날 때, 천국 백성은 "하나님도 여기에서는 어쩔 수 없다"고 말하지 않습니다. 대신 이렇게 기도합니다. "하나님의 뜻대로 나를 사용하소서."

Prayer 어린이들의 하나님, 어떤 상황에서도 나를 통해 하나님의 말씀을 이루소서.

이웃이 되라

네 생각에는 이 세 사람 중에 누가 강도 만난 자의 이웃이 되겠느냐 이르되 자비를 베푼 자니이다 예수께서 이르시되 가서 너도 이와 같이 하라 하시니라 (누가복음 10:36~37)

영생을 얻으려면 이웃을 사랑해야 한다고 대답한 한 유대인 율법교사가 예수님께 물었습니다. "(사랑해야 할) 내 이웃이 누구입니까?" 예수님은 강도 맞은 사람을 보고도 피해간 제사장과 레위인, 강도를 치료해준 사마리아인 이야기를 해주고 "누가 강도 만난 자의 이웃이 되겠느냐"고 반문했습니다. 율법교사는 이웃과 이웃이 아닌 사람을 분별하기 원했지만, 예수님은 이웃이 필요한 사람의 이웃이 되어 선을 행하라고 그의 질문을 바꿔 대답하셨습니다. 이것이 진정한 율법정신입니다. 참된 율법은 세상에 벽을 세우지 않고 오히려 허뭅니다.

알제리 식민지 출신 프랑스 철학자 자크 데리다는 이러한 이웃사랑을 '환대'라고 했습니다. 진정한 '환대'는 낯선 손님 때문에 주인이 희생당할 수도 있는 위험을 무릅씁니다. 이익집단인 일터는 사람들 사이에 벽이 켜켜이 쌓여 있습니다. 이런 곳에서 우리는 낯선 사람들을 환대할 수 있을까요? 예수님은 죄인을 환대하다 십자가에 못 박히셨습니다. 두렵고 무섭습니다. 그래도 주님 따라 갈만큼 가봅시다. 간만큼 유익하니까요.

Prayer 사랑의 예수님, 선한 사마리아인처럼 내가 먼저 이웃이 되게 하소서.

뜻밖의 선물

그리스도 예수 안에 있는 속량으로 말미암아 하나님의 은혜로 값없이 의롭다 하심을 얻은 자 되었느니라 (로마서 3:24)

많은 사람들이 삶을 의무로 생각합니다. 스스로 살아내야 하는 무거운 짐과 같은 운명이라 여깁니다. 그러나 우리를 위해 자기 아들 그리스도 예수를 보내주신 하나님은 우리 인생을 선물이라고 말씀하십니다. 거저 주는 뜻밖의 선물. 예수님의 희생으로 납덩이보다 무거운 죄의 책임이 벗겨졌기 때문입니다. 하나님은 우리에게 "의로워지라"고 명령하지 않고 "의로워졌다"고 선포하셨습니다. 우리는 하나님의 법정에서 무죄 선고를 받았습니다.

어떤 사람들은 하나님의 무죄 선고를 무시하거나 가볍게 생각합니다. 삶의 '수레바퀴 아래서' 무한책임을 지고 감당하지도 못하는 의무와 도덕을 짊어지고 허덕거리며 살아갑니다. 자신은 자유롭고 고상하다고 생각할지 모르지만, 내면은 책임과 양심과 심판의 두려움으로 가득 차 있습니다. 하나님의 무죄 선고를 깊이 받아들이면, 삶의 무게가 가벼워집니다. 삶을 선물로 여기며 여행 떠나듯이 가벼운 마음으로 살아가게 됩니다. 비로소 내면에 해방의 자유와 기쁨이 흐릅니다.

Prayer 은혜로우신 하나님, 예수님 안에서 의로워진 삶을 기쁨으로 누리게 하소서.

사랑의 연쇄반응

인자가 온 것은 섬김을 받으려 함이 아니라 도리어 섬기려 하고 자기 목숨을 많은 사람의 대속물로 주려 함이니라 (마가복음 10:45)

만왕의 왕이신 예수님은 섬김의 왕이십니다. 만왕들은 백성과 신하들에게 섬김 받을 권력을 위임받았다고 믿습니다. 자신들도 왕이 되기 전에 왕들을 그렇게 섬겼기에 왕이 되면 당연히 섬김을 받아야 한다고 생각합니다. 세상 권력은 크든 작든 모두 밑으로부터 섬김을 요구합니다. 하지만 만왕의 왕이신 예수님은 많은 사람을 죄책에서 해방시키기 위해 자기 목숨을 대속물(보석금)로 내어줄 정도로 우리를 섬기셨습니다. 섬김은 예수님의 사랑 방식입니다.

예수님은 왜 섬기셨을까요? 자신을 세상에 보내신 하나님 아버지의 사랑을 받으셨기 때문입니다(요한복음 15:9). 하나님의 영광도(요한복음 17:5), 만물을 다스리는 권세도(요한복음 17:2) 받았습니다. 하나님의 본성은 자신을 내어주는 사랑입니다. 아들은 아버지로부터 사랑을 받았기에 이 땅의 사람들을 사랑했습니다. 사랑은 연쇄반응을 일으킵니다. 십자가 대속 사건은 하나님 아버지로부터 아들로, 아들로부터 사람들로 이어지는 사랑의 연쇄반응이었습니다. 자, 이제 우리도 예수님의 사랑을 받았으니 사랑하러 일터로 나갑시다.

Prayer 사랑의 하나님, 예수님께 받은 사랑으로 이웃들을 사랑하게 하소서.

피 흘림의 무게

율법을 따라 거의 모든 물건이 피로써 정결하게 되나니 피 흘림이 없은즉 사함이 없느니라 (히브리서 9:22)

고대 이스라엘 백성들은 자신들의 죄를 용서받고 하나님의 진노를 피하기 위해 흠 없는(무죄한) 송아지, 염소, 어린양 등의 동물을 죽여 그 피를 백성들과 제단과 제사 기물에 뿌렸습니다. 인간의 죄와 상관없는 동물들의 생명이 인간 대신 바쳐졌습니다. 피는 생명을 상징합니다. 피 흘림의 무게는 생명만큼 무겁기에 죄짓지 말라는 하나님의 경고였습니다. 인간의 죄는 반드시 대가를 치러야 용서받는다는 가르침이기도 했습니다.

예수님이 십자가에서 자기 몸을 희생하고 흘린 피는 모든 인류가 바쳐야 하는 희생 동물들의 피를 다 합친 것과 비교할 수 없을 정도로 무겁습니다. 거룩한 하나님 자신의 피입니다. 히브리어에서 '거룩하다'와 '무겁다'는 같은 단어(히브리어 카도쉬)입니다. 내 죄의 무게가 예수님의 목숨처럼 무겁습니다. 우리는 십자가에서 천국행 티켓을 얻었다고 기뻐할 수만은 없습니다. 십자가를 생각하면 다시는 죄지을 마음이 생기지 않아야 정상입니다. 일터에서 무심코 내뱉은 잘못된 말 한 마디라도 예수님의 피로 깨끗해져야 하는 무거운 죄입니다.

Prayer　거룩하신 하나님, 예수님의 피 흘림을 기억하며 깨끗한 언행으로 살게 하소서.

화해의 악수

그러므로 우리가 그리스도를 대신하여 사신이 되어 하나님이 우리를 통하여 너희를 권면하시는 것 같이 그리스도를 대신하여 간청하노니 너희는 하나님과 화목하라 (고린도후서 5:20)

'화목하라'는 바울의 권면은 '화해하라(reconcile)'는 뜻입니다. 서로 적대적인 원수들이 화해하려면 한쪽이 먼저 상대에게 손을 내밀어야 합니다. 이어서 다른 한쪽이 그 손을 잡고 악수해야 화해가 현실화됩니다. 하나님이 먼저 화해의 악수를 우리에게 청했습니다. 화해의 조건은 예수님의 십자가 죽음을 믿는 것입니다. 이제 우리 차례입니다. 예수님의 대속을 믿음으로써 우리는 하나님이 내민 손을 굳게 잡습니다.

사람들은 하나님이 오래 전에 내밀고 기다리는 손을 잘 잡으려 하지 않습니다. 내 죄를 인정해야하기에 자존심이 악수를 방해합니다. "죽기 전에 죽어라. 그 뒤에는 기회가 없다.(Die before you die. There is no chance after it.)" C. S. 루이스가 말한 지혜로운 권면입니다. 자존심이 강하면 하나님과 화해하지 못하고 영원히 죽습니다. "나는 날마다 죽노라(고린도전서 15:31)"고 고백하는 사도 바울처럼 내가 죽어야 삽니다. 일터에서도 내가 죽어 하나님과 화해한 사람으로 살기 원합니다.

Prayer　화해의 하나님, 하나님이 내미신 화해의 악수를 믿음으로 굳게 잡으며 화해자로 살게 하소서.

선한 삶을 위해

그가 우리를 대신하여 자신을 주심은 모든 불법에서 우리를 속량하시고 우리를 깨끗하게 하사 선한 일을 열심히 하는 자기 백성이 되게 하려 하심이라 (디도서 2:14)

성경뿐만 아니라 고대의 많은 신화에도 희생양 제도가 있지만 목적은 천양지차입니다. 두 희생양 제도의 차이를 탁월하게 규명해낸 프랑스 문화인류학자 르네 지라르에 따르면 이렇습니다. 신화들의 경우, 인간들은 억울한 인간을 신에게 희생양으로 바쳐 자신들의 죄를 감추고 신의 진노를 달래려는 목적을 가지고 있습니다. 반면, 그리스도의 십자가에서 바쳐진 희생양은 우리의 죄를 폭로하고 우리가 선한 사람으로 거듭나게 하려는 목적을 가지고 있습니다.

십자가 희생양으로 바쳐진 어린양 예수 그리스도는 우리의 구원을 위한 소비품이 아닙니다. 오히려 어린양은 우리로 하여금 내면의 깊은 어둠을 직시하여 절망하게 합니다. 절망 없는 회개와 회심은 거짓입니다. 어린양은 이내 소망의 빛을 비춰 선한 일을 열심히 하도록 우리를 일으켜주십니다. 어린양은 성령을 세상에 보내주셔서 죄에 대하여, 의에 대하여, 심판에 대하여 알게 하십니다. 그리스도의 진리 안에서 선한 삶을 살게 하십니다. 이제 우리는 무엇이 선인지 "몰랐다"고 핑계할 수 없습니다. 십자가는 '심판과 구원'이란 양날의 칼입니다.

Prayer　선하신 하나님, 예수님의 십자가 능력으로 선하게 살며 일하게 하소서.

DATE . . .

어둠을 비친 빛의 고난

빛이 어둠에 비치되 어둠이 깨닫지 못하더라 (요한복음 1:5)

빛과 어둠은 동전의 양면처럼 사이좋게 공존하지 않습니다. 빛과 어둠은 서로 한 뼘이라도 더 차지하기 위해 투쟁합니다. 창조는 어둠에 빛을 비춤으로 시작되었고, 창조의 역사는 아직 끝나지 않았습니다. 빛은 어둠이 온 땅을 지배하지 못하도록 계속 비추고 있습니다. 빛 안에 있는 생명 때문에 어둠은 결코 빛을 없애지 못합니다.

빛이신 예수님은 죽음의 그늘에서 신음하는 사람들에게 생명을 회복시켜주셨습니다. 어둠의 세력들은 이 빛을 깨닫지도 이기지도 못했습니다. 끝없는 비난과 협박으로 빛을 소멸하려 했습니다. 예수님을 십자가에 못 박아 죽일 때 그들은 승리의 환호에 취해 있었지만 사흘 뒤 그들은 패배했음이 드러났습니다.

우리의 구원은 예수님이 몸소 어둠의 세력과 싸우며 당하신 고난으로 받았습니다. 내 안에 빛이 밝아지면 내 안팎에 있는 어둠의 세력들이 반격해옵니다. 빛이 먼저 어둠에 싸움을 걸고, 어둠은 사활을 걸고 빛을 끄려 합니다. 빛으로 사는 인생은 고난의 여정입니다. 그러나 어둠은 결코 빛을 이기지 못합니다. 고난은 반드시 끝납니다.

Prayer 빛으로 오신 예수님, 평생에 걸친 어둠과의 싸움에서 이기게 하소서.

메시아를 죽인 완악한 마음

그들의 마음이 완악함을 탄식하사 노하심으로 그들을 둘러보시고 그 사람에게 이르시되 네 손을 내밀라 하시니 내밀매 그 손이 회복되었더라 (마가복음 3:5)

고난주일에 우리는 인간이 얼마나 극단적으로 완악할 수 있는지 깨닫고 놀랍니다. 두 눈으로 뻔히 진리를 보면서도 거짓 편에 섭니다. 인간 내면 깊숙이 악마적 본성이 숨어 있습니다. 메시아로 오신 주님의 죽음은 사역 초기 안식일 회당 예배에서 손 마른 사람을 고쳐주신 사건으로 거슬러 올라갑니다. 생명이 회복되는 기적을 목격한 바리새인들은 곧바로 헤롯당과 함께 어떻게 예수를 죽일까 의논했습니다. 이웃의 생명 회복을 함께 기뻐하기 보다는 적개심으로 노려보는 그 완악한 마음은 어디에서 온 것일까요? 어둠의 지배자 사탄입니다.

사탄은 '내가 아는 하나님'을 믿어야 한다고 유혹합니다. 폐쇄적 종교성을 자극합니다. 그러나 예수님은 '생명을 주시는 하나님'을 믿으라고 말씀하십니다. 생명은 종교적 벽을 넘어 널리 퍼집니다. 세상에 생명을 주러 오신 예수님은 생명을 자신의 종교 안에 가두려는 자들에게 수난 당하셨지만 생명으로 그들의 반생명적 종교성을 격파하셨습니다. 예수님은 제자들에게 "나의 생명으로 완악한 세상을 이기라"고 말씀하십니다.

Prayer　생명의 예수님, 완악한 종교적 폐쇄성에서 벗어나 생명의 믿음으로 살게 하소서.

DATE . . .

무지한 가인의 후예들

그들은 소리 질러 이르되 그를 십자가에 못 박게 하소서 십자가에 못 박게 하소서 하는지라 (누가복음 23:21)

군중들은 왜 그토록 집요하게 십자가에 못 박으라 했을까요? 빌라도가 죄 없다고 반복적으로 확인해준 예수님을. 대제사장 가야바는 놀라운 기적과 '사이다 복음'으로 백성들의 관심을 받고 있던 예수님을 권력에 대한 위협적 존재로 간주하고 온 민족을 위한 희생양으로 삼아 제거하기로 작정했습니다. 마치 무죄한 아벨을 시기하고 살해한 가인처럼. 놀랍게도 빌라도 법정에서 아무도 예수님을 변호하고 도와준 사람이 없었습니다. 예루살렘에서 치유 받고 은혜 받은 사람들은 다 어디 갔나요? 그 일부는 외치는 저 군중들 속에 있었을지도 모릅니다.

우리가 예수님 시대에 살았다면 군중들 틈에 끼어있었을지도 모릅니다. 감사하게도 우리는 2000년 전 세워진 갈보리 십자가를 바라보며 살고 있습니다. 우리는 십자가 앞에서 무지한 가인의 후예들처럼 내면에 숨어있는 죄의 폭력성을 발견하고 전율합니다. 십자가 은혜로 구원받아야 하는 끔찍한 죄인임을 인정해야 합니다. 다시는 주님을 십자가에 못 박지 않도록 자비를 간구해야 합니다. 죄악의 숨결이 들려오는 일터에서는 특히.

Prayer 사랑의 예수님, 날마다 십자가를 바라보며 주님의 자비를 간구하며 일하게 하소서.

소명의 위대한 힘

욕을 당하시되 맞대어 욕하지 아니하시고 고난을 당하시되 위협하지 아니하시고 오직 공의로 심판하시는 이에게 부탁하시며 (베드로전서 2:23)

어떻게 인내하셨을까요? 무고한 예수님은 얼굴에 침을 맞으며 모욕당하고 잔인한 육체적 고통을 당하면서도 어떻게 가해자들을 위해 기도하실 수 있었을까요? 이 놀라운 자존감은 어디에서 온 것일까요? 예수님은 재판장 빌라도에게 내 나라는 세상에 속하지 않다고 말씀하셨습니다. 예수님은 십자가 위에서도 자신이 왜 하늘 보좌에서 땅으로 왔는지 잊지 않았습니다. 마지막 순간까지 자기를 보내신 아버지의 소명은 예수님의 영혼을 사로잡았습니다. 예수님은 십자가에 죽기까지 복종하셨습니다. 소명은 최악의 고통도 견디는 위대한 힘이었습니다.

소명의식이 분명해질수록 그리스도의 제자는 세상 안에 있지만 세상에 속하지 않는다는 사실을 더욱 뚜렷하게 깨닫습니다. 소명의 사람은 사실 더 많은 어려움을 만납니다. 그럴수록 더 가까이 예수님께 다가갑니다. "십자가에서 기도하던 나를 따라 조금만 더 참으라"고 하시는 예수님의 말씀을 듣습니다. 주님은 우리가 일터에서도 주님과 함께 수난의 길을 인내하며 걸어가도록 능력과 소망을 주십니다. 나의 자존감은 주님 안에서 한없이 높아집니다.

Prayer 사랑의 예수님, 일터에서도 주님을 따라 소명으로 인내하며 일하게 하소서.

“다 이루었다”

예수께서 신 포도주를 받으신 후에 이르시되 다 이루었다 하시고 머리를 숙이니 영혼이 떠나가시라 (요한복음 19:30)

십자가 수난은 패배가 아니라 승리로 끝났습니다. 예수님은 자신의 죽음으로써 죽음의 세력을 잡은 마귀를 멸하셨습니다. 십자가 위에서 인류의 죄 문제는 완전히 해결되었습니다. 죽음의 종노릇 하던 우리가 주님의 십자가로 인해 해방되어 자유인이 되었습니다. 우리를 옥죄던 율법의 의무조항들을 십자가에 못 박으셨습니다. 땅과 공중 권세를 잡고 있는 악의 세력들을 무장해제하고 온 천하의 구경거리로 삼아 조롱당하게 하셨습니다. 예수님은 십자가에서 온갖 수난을 뚫고 우리를 구원하려는 하나님의 뜻을 다 이루셨습니다.

우리는 이 땅에 살 동안 예수님이 십자가에서 이루신 승리의 기쁨을 부분적으로 맛봅니다. 종말의 때까지 완전한 기쁨은 유보돼 있지만 우리는 이미 확실한 승리의 길에 들어섰습니다. 뒤돌아보거나 되돌아서지 않아야 합니다. 이 기쁨은 오직 십자가에서 죄와 죽음을 이기신 그리스도에 대한 믿음으로만 맛볼 수 있습니다. 죄에 대한 채무지불각서를 그리스도께서 찢어 없애버리셨다는 사실을 믿을 때, 우리 영혼은 깊은 자유를 호흡합니다. 할렐루야!

Prayer　십자가 예수님, 일터에서도 죄로부터 해방된 자유인으로 살아가게 하소서.

부활의 증인으로

오직 성령이 너희에게 임하시면 너희가 권능을 받고 예루살렘과 유대와 사마리아와 땅 끝까지 이르러 내 증인이 되리라 하시니라 (사도행전 1:8)

우리는 부활의 증인입니다. 십자가에서 죽으시고 부활하신 예수 그리스도를 세상에 증언하는 사람들입니다. 부활 사건 이후 모든 그리스도인은 부활의 증인으로 부르심을 받았습니다. 부활의 증인은 자신의 죽음으로 우리의 죽음을 이기고 생명으로 살아나신 그리스도를 증언합니다. 부활은 십자가 희생이 죽음의 길이 아니라 진정한 생명의 길이란 사실을 하나님이 증명한 사건입니다. 우리는 어떻게 부활을 증언하나요? "그리스도가 부활하셨다"는 선포와 함께 우리가 살아내는 부활의 삶으로 합니다. 옛 사람은 죽고 새 사람으로 살아가는 모습으로 동시대 사람들에게 주님의 부활을 설득합니다.

증인은 땅 끝까지 부르심을 받았습니다. 복음이 전해지지 않고 적용되지 않는 곳이 땅 끝입니다. 복음보다 돈이 우선인 일터가 우리 시대의 진정한 땅 끝이 아닐까요? 우리는 일터로 보내심을 받았습니다. 부활의 증인으로. 그리스도와 함께 십자가에서 죽고 그리스도와 함께 부활하는 생명의 삶을 일터 현장에서 창의적이고 탁월하게 보여주는 증인으로.

Prayer 부활의 주님, 일터에서 능력 있는 부활의 증인으로 살게 하소서.

성령의 충만함으로

그들이 다 성령의 충만함을 받고 성령이 말하게 하심을 따라 다른 언어들로 말하기를 시작하니라 (사도행전 2:4)

내 힘과 지혜로는 단 한 시간도 부활의 증인으로 살지 못합니다. 그리스도께서 보내신 성령이 내 안에 충만해야 가능합니다. 두려움에 가득 차 숨어서 웅크리고 있던 예수님의 제자들은 성령이 그들 안에 들어와 영혼을 가득 채우자 십자가와 부활의 증언을 용감하게 쏟아냈습니다. 대제사장을 포함한 아무도 그들을 막을 수 없었습니다. 무식한 베드로가 그렇게 유창하게 복음을 선포할지 누가 상상했겠습니까? 부활하신 그리스도의 생명이 나를 가득 채워주시도록 간절히 바라고 구하면 성령께서 용감하게 증언할 능력을 주십니다.

성령이 임하시면, 나는 일터에서도 두려움 없이 부활의 증인으로 살아갑니다. 성령은 나에게 오셔서 권모술수로 승리하려는 욕망을 십자가에 못 박게 하십니다. 대신 "죽으면 죽으리라"는 각오로 정도를 걸어가면서 일면식도 없는 먼 이웃(소비자)을 사랑하기 위해 일합니다. 성령은 생명의 영입니다. 성령 충만함으로 하는 일은 타인의 생명을 보호하고 번성케 하는 열매를 맺습니다. 부활하신 주님이 우리 안에서 하시는 일입니다.

Prayer 부활의 주님, 성령 충만함으로 생명의 열매를 맺으며 부활의 증인으로 일하게 하소서.

썩지 않을 것으로

죽은 자의 부활도 그와 같으니 썩을 것으로 심고 썩지 아니할 것으로 다시 살아나며 (고린도전서 15:42)

예수님의 부활은 우리의 부활에 대한 예표입니다. 예수님의 몸은 무덤에 묻힌 지 사흘 만에 다시 살아났습니다. 죽은 우리 몸이 예수님처럼 다시 살 것을 믿으면, 죽기 전에 우리가 살아가는 양상이 판이하게 달라집니다. 부활에 합당한 몸으로 살고자 하는 소망이 일상을 이끕니다. 비록 이 땅에서 우리 몸은 언젠가 썩어서 없어지겠지만, 이 소망을 가슴에 품으면 썩지 아니할 몸인 것처럼 거룩하게 살아갑니다.

여수 애양원에서 만난 한센씨 병 환우 한 분은 형체가 심하게 일그러진 몸으로 열심히 밭을 갈고 있었습니다. "지금은 이렇지만 언젠가 내 몸도 당신처럼 완전해질 것입니다. 지금이나 그때나 나는 밭을 갈 겁니다." 언젠가 사라질 우리 일터이지만, 이곳은 우리 몸이 종말에 썩지 않을 몸으로 다시 살아날 수 있을지 가늠해 볼 수 있는 곳입니다. 썩을 몸으로 일터에서 사랑의 수고를 뿌리는 사람은 썩지 않을 영생의 몸을 수확할 것입니다. 여기에서 한 걸음 나아가 내 일터를 종말에 부활해서 일할 곳이라고 생각해보면 어떨까요?

Prayer 부활의 주님, 부활의 소망을 품고 일하게 하소서.

이기는 자에게는

이기는 그에게는 내가 내 보좌에 함께 앉게 하여 주기를 내가 이기고 아버지 보좌에 함께 앉은 것과 같이 하리라 (요한계시록 3:21)

부활의 증인은 싸워 이기는 자입니다. 불의와 교만과 거짓을 따르거나 피하기보다는 정면 대결해 싸우는 집요함이 그에게 있습니다. 하나님은 요한계시록 수신자인 소아시아 일곱 교회에 보내는 말씀마다 '이기는 자(그)'에게 축복을 약속하셨습니다. 계시록에는 '이기라'는 말씀이 반복적으로 나옵니다. 예수님의 길은 이기는 길이었습니다. 예수님은 마지막 순간까지 대속의 죽음을 무력화하려는 사탄과 맞서 싸워 끝내 이겼습니다. 예수님은 악을 선으로 이기는 자에게 영생의 복이 주어진다는 사실을 몸소 보여주셨습니다.

선한 싸움을 싸워 이길 수 있는 최고의 무기는 세상의 역사에 종말을 가져오실 하나님에 대한 굳건한 믿음의 방패입니다(에베소서 6:16). 일터에는 숨 가쁜 고비가 자주 찾아옵니다. 눈앞이 캄캄해지고 막막해지기도 합니다. 자칫 악마가 내민 손을 덜컥 잡고 싶은 충동이 들기도 합니다. 그럴수록 멀리 바라보며 무엇이 진정 이기는 길인지 숙고해야 합니다. 잠시 살기보다 영원히 살기를 소망하는 사람이 이깁니다.

Prayer 부활의 주님, 오늘도 영원히 사는 믿음으로 이기게 하소서.

이리와 어린 양이 함께

이리와 어린 양이 함께 먹을 것이며 사자가 소처럼 짚을 먹을 것이며 뱀은 흙을 양식으로 삼을 것이니 나의 성산에서는 해함도 없겠고 상함도 없으리라 여호와께서 말씀하시니라 (이사야 65:25)

부활의 증인은 부활의 삶을 살아감으로써 지치고 피곤한 이 세상에 부활의 세상이 다가오고 있음을 예언합니다. 이리와 어린 양이, 사자와 소가, 독사들이 어린 아이들과 함께 친구처럼 살아가는 부활의 세상을. 너무나 뿌리 깊은 피조물의 죄로 가능성 zero처럼 보이지만, 창조된 세상은 반드시 원래의 모습을 회복할 것입니다. 지금 이 세상이 아니라 부활할 세상이 원래 내가 있어야 할 현실입니다. 그리스도의 부활을 믿는 사람들은 이 날이 속히 오기를 고대합니다. 부활의 증인은 부활의 세상을 가리키는 예언자입니다.

그러나 지금 이 세상은 부활과는 참 멀어 보입니다. 어린 양은 이리에게 먹히고, 소가 사자에 찢기고, 어린 아이들이 독사에 물립니다. '꿈꾸는 자' 요셉은 형들의 시기를 받고 애굽에 노예로 팔려가 온갖 고난을 겪었습니다. 하지만 이것이 끝이 아니었습니다. 하나님은 그를 통해 수많은 생명들을 구원하셨습니다. 일터에서 먹히고 찢기고 물릴지라도 평화로운 부활의 세상에서는 영광스러운 상처 때문에 부활의 증인으로 칭찬 받을 것입니다.

Prayer 부활의 주님, 부활 소망이 없는 곳일지라도 그곳에서 신실한 부활의 예언자로 살게 하소서.

52주 일터와 일상의 신실함을 위한

말씀묵상

Meditation in the Workplace

일터와 선교

제자의 길

또 무리에게 이르시되 아무든지 나를 따라 오려거든 자기를 부인하고 날마다 제 십자가를 지고 나를 따를 것이니라 (누가복음 9:23)

그리스도의 제자로 살아가는 일상은 그리스도와 함께 십자가와 부활을 살아가는 삶입니다. 자기 유익을 구하지 않습니다. 타인의 무거운 짐을 함께 짊어지며 사랑의 수고를 감당합니다. 자기 목숨을 살리기 위해 타인의 생명을 해치지 않습니다. 차라리 자기 목숨을 잃고 타인의 목숨을 구하려 합니다. 예수님이 그렇게 사셨기에 제자도 그렇게 삽니다. 매사에 자기를 버리고 부르심에 합당하게 살아갑니다. 아무리 어렵고 힘들어도 안타깝게도 다른 제자의 길은 없습니다.

우리는 지극히 자기중심적인 세상에서 과연 제자의 삶을 살아갈 수 있을까요? 디트리히 본회퍼 목사님은 그리스도인들에게는 세상과 신앙이라는 두 세상이 공존하지 않는다고 갈파했습니다. 오직 그리스도 안에서 하나님과 화해한 하나의 현실만 있다고 강조했습니다. 일터 속 제자는 분열되고 갈등하고 전쟁터 같은 일터 현실을 봉합하고 화해하고 평화를 지키는 현실로 회복하기 위해 분투합니다. 일터 또한 하나님과 화해한 현실이어야 하기 때문에.

Prayer　스승이신 예수님, 오직 주님을 따르는 제자로 이 세상을 살게 하소서.

모든 사람의 종이 되는 길

너희 중에 으뜸이 되고자 하는 자는 모든 사람의 종이 되어야 하리라 (마가복음 10:44)

문제는 내가 누구에게 으뜸으로 인정받는가에 달려 있습니다. 다른 사람들에게 으뜸이 되고자 한다면 나는 그들이 인정하는 기준을 따라야 합니다. 돈, 권력, 외모, 실력 등이 으뜸의 조건이라면 당연히 이것들을 따라야 합니다. 그러나 하나님에게 으뜸으로 인정받고자 한다면 예수님처럼 낮은 자리에서 모든 사람들을 섬기는 종이 되어야 합니다. 천국은 세상의 종들이 앞자리를 차지하는 나라입니다. 반면 세상은 천국에 진입하기도 어려운 자들이 부러움의 대상이 되는 나라입니다.

일터에서는 어떤 사람이 으뜸일까요? 일터의 주인이 누구라고 생각하느냐에 달라질 것입니다. 일터의 주인이 사장님이라면, 사장님에게 가장 인정받는 사람입니다. 그러나 일터의 진정한 주인이 하나님이라고 생각한다면, 사장님도 나와 마찬가지로 모든 사람들의 종이 될 때 으뜸으로 인정받습니다. 제자들과 여행할 때 제일 먼저 나와 제자들을 영접하고 제자들이 모두 귀가하는 것을 보고 마지막으로 떠나던 저의 신학교 지도교수님이 떠오릅니다.

Prayer　스승이신 예수님, 우리의 주인이신 하나님께 으뜸으로 인정받는 삶을 살게 하소서.

단호하고 단순하고 담대하게

그들이 곧 그물을 버려두고 예수를 따르니라 (마태복음 4:20)

베드로와 안드레는 "나를 따라오라 내가 너희를 사람을 낚는 어부가 되게 하겠다"는 부르심에 주저함 없이 그물을 내팽개치고 예수님을 따랐습니다. 예수님의 제자로 사는 길은 즉각적인 순종의 길이라는 상징입니다. 머뭇거리거나 뒤돌아보면 그 길을 따를 수 없습니다. 단호하고 단순하고 담대해야 중간에 만나는 수많은 장애물들을 극복할 수 있습니다.

일터는 인내심을 시험하는 극기 훈련장 같습니다. 우리는 이웃을 사랑할 수 없는 수만 가지 이유를 일터에서 찾아낼 수 있습니다. 일터는 복잡하고 모호하고 혼란스럽습니다. 뒤엉킨 실타래처럼 뒤엉켜있습니다. 어떻게 실을 풀 수 있을까요? 예리한 면도날로 자르지 않으면 안 됩니다. 제자는 이러한 현실에서 주님의 음성을 듣고 곧 내 생각과 핑계를 버려두고 주님을 따릅니다. 단호하고 단순하고 담대하게 주님을 따르는 지혜를 간구합니다. 여기에 신앙과 삶의 파워가 있습니다. 복잡해 보일수록 간단명료하고 진실하게 접근해야 문제가 풀리기 마련입니다. 심플해야 강해집니다.

Prayer　스승이신 예수님, 복잡하게 생각하지 안고 심플하게 주님을 따르게 하소서.

가볍고 단출하게

명하시되 여행을 위하여 지팡이 외에는 양식이나 배낭이나 전대의 돈이나 아무 것도 가지지 말며 신만 신고 두 벌 옷도 입지 말라 하시고. (마가복음 6:8~9)

제자는 오직 예수님께 집중합니다. 자기 안위와 생존에 집중하면 예수님보다는 자신의 부족한 점들이 훨씬 더 커 보입니다. 양식, 배낭, 돈, 두 벌 옷 등은 내 여행이 행여나 준비 부족으로 낭패를 겪지 않을까 염려하는 마음을 상징합니다. 염려가 많을수록 여행 보따리가 무거워집니다. 예수님이 아니라 나를 위한 여행을 떠나면 염려가 떠나지 않습니다. 예수님은 제자들을 보내실 때 권능(power)을 주시며 "아무것도 염려하지 말라"고 하셨습니다. 예수님께 집중하는 제자의 몸과 마음은 어디에서든 가볍고 단출합니다.

일터에서 직장인으로 성공하기 위해 우리는 많은 지식과 경험과 능력이 있어야 합니다. 그러나 우리가 일터에서 제자로 성공하기 위해서는 예수님이 주시는 권능으로 충분합니다. 예수님의 권능은 내 욕망을 채우는 데는 거의 쓸모없지만 하나님 나라 백성으로 사는 데에는 가장 중요합니다. 나와 이웃의 생명을 살리고 보존하는 지혜의 능력입니다. 우리는 후히 주시고 꾸짖지 아니하시는 예수님께 이 지혜의 권능을 간청해야 합니다.

Prayer 스승이신 예수님, 주님이 주시는 권능으로 염려하지 않고 가뿐히 일하게 하소서.

보고 들음으로

우리는 보고 들은 것을 말하지 아니할 수 없다하니 (사도행전 4:20)

보고 들은 것은 강렬합니다. 내 안에 가둬두면 병이 납니다. 보고 들으면 전해야 삽니다. 당나귀 귀처럼 긴 임금님 귀를 본 신하가 아무 말도 할 수 없어 답답한 나머지 대나무 숲에 가서라도 혼자 외쳐야 했던 것처럼. 예수님은 성부 하나님의 품 안에서 보고 들은 생명과 진리와 사랑을 우리에게 보여주고 들려주셨습니다. 죽음을 각오하시고. 생명과 진리와 사랑은 가둘 수 없습니다. 보여줄 것이 없는 사람은 본 것이 없는 사람입니다. 말할 것이 없다면 듣지 않았기 때문입니다.

예수님은 제자들을 보내기 전에 먼저 보여주고 들려줍니다. 예수님의 제자 훈련은 성부 하나님으로부터 받은 것을 보여주고 들려주는 것이었습니다. 주님은 제자들을 달리 훈련하지 않으셨습니다. 주님이 보여주시고 들려주시는 생명과 진리와 사랑은 프로그램이 아니라 몸과 영으로 경험하는 '사건'입니다. 공공의 일터에서 제자로 사는 것은 어렵거나 두려운 일이 아닙니다. 주님께 보여주고 들려달라고 간구해서 보고 들은 것을 말하면 됩니다.

Prayer　스승이신 예수님, 우리가 주님께 보고 들은 것을 세상에 전하게 하소서.

교회, 사랑의 선교기지

그에게서 온 몸이 각 마디를 통하여 도움을 받음으로 연결되고 결합되어 각 지체의 분량대로 역사하여 그 몸을 자라게 하며 사랑 안에서 스스로 세우느니라 (에베소서 4:16)

교회는 어떻게 정의하든 아가페 사랑으로 연합한 공동체입니다. 성도는 교회에서 이 사랑을 배워 교회 밖으로 확산합니다. 교회 밖에서 배울 수 없는 사랑입니다. 교회의 머리이신 그리스도에게서 흘러나오는 사랑입니다. 교회에서 사랑을 받는 성도는 가정과 일터와 세상에 나가 이 사랑으로 살아갑니다. 교회의 모든 지체들은 그리스도 안에서 연결돼 서로 사랑하며 성장합니다. 그리스도의 사랑은 성도들을 연합시키는 힘줄이고 근육이며 영양분입니다. 이 사랑이 가정을 세우는 원리가 되고, 일터를 변화시키는 힘이 되고, 세상을 변혁하는 동기가 됩니다.

교회에 그리스도의 사랑이 충만하지 않으면 이기적 세속성이 쉽게 교회를 정복합니다. 교회는 책상에 앉아 성경공부나 제자훈련 하는 곳이 아니라 몸으로 예수님의 사랑을 배우고 습득하는 곳입니다. 공부나 훈련은 이것을 위한 보조수단이어야 합니다. 성경지식이 풍부하지만 사랑 없는 교인이 허다합니다. 교회에 사랑이 메마르면 가정과 일터와 세상에서도 사랑이 메마릅니다. 교회는 그리스도의 사랑을 세상에 증언하는 사랑의 선교기지입니다.

Prayer　교회의 머리이신 예수님, 교회에서 주님의 사랑을 보고 배워 세상에 전하게 하소서.

교회, 거룩함의 근원

그가 우리를 흑암의 권세에서 건져내사 그의 사랑의 아들의 나라로 옮기셨으니 (골로새서 1:13)

우리는 구원의 대상을 지칭할 때 습관적으로 '나'라는 일인칭 단수대명사를 사용하지만, 사도 바울은 '우리', '너희'와 같은 복수 인칭대명사를 사용합니다. 하나님은 한 영혼이 아니라 다수의 사람을 교회 안으로 불러 세상을 구원하고자 하십니다. 하나님은 흑암의 권세 아래 있던 우리를 구원하여 예수 그리스도가 통치하는 정의와 공의의 나라 곧 교회로 옮기셨습니다. 교회는 거룩하고 흠 없는 하나님 나라의 모형이고 세상에 없는 거룩함의 근원지입니다. 비록 현실 교회가 이 거룩함을 가리고 있지만, 그리스도는 말씀과 성찬과 사랑의 교제를 통해 교회 안에 거룩의 씨앗을 보존하십니다.

교회는 우리 안에 거룩의 씨앗을 심어 세상 일터로 파송합니다. 우리가 할 일은 이 씨앗이 싹을 틔우고 열매를 맺게 하는 것입니다. 우리는 주님이 뿌리신 거룩의 씨앗이 일터에서 삼십 배 육십 배 백 배의 열매를 맺도록 과감하고 지혜롭게 주님께 협력해야 합니다. 주님이 주신 씨앗의 운명은 우리 손과 발에 달려 있습니다.

Prayer 교회의 머리이신 예수님, 거룩의 씨앗이 내 안에서 자라 세상에서 열매를 맺게 하소서.

세상에 도전하는 교회

교회는 그의 몸이니 만물 안에서 만물을 충만하게 하시는 이의 충만함이니라 (에베소서 1:23)

교회는 영원하신 그리스도의 몸이기에 영원합니다. 교회는 결점 많은 인간들의 모임이지만 머리이신 그리스도의 몸이기에 결단코 사라지지 않습니다. 그리스도는 교회를 하나님의 은혜와 진리로 충만케 하셔서 하나님을 모르는 세상과 '창조적 긴장관계'에 서게 하십니다. 필립 얀시가 말한 것처럼 교회는 세상과 충돌하지만 새로운 가능성으로 충만한 곳입니다. 교회는 그리스도를 십자가에 못 박은 세상 속에 존재하면서 세상에 비판적 해석과 대안을 제시합니다.

일터와 같은 공적 세상에서 교회와 세상은 서로 다른 가치관으로 공존하기 어려운 경우가 많습니다. 일터 그리스도인들은, 당뇨병 환우들이 항상 당 수치를 관리하듯, 은혜와 진리로 충만한지 스스로 점검해야 합니다. 현실 교회가 그리스도의 충만함으로 세상에 도전하지 않는다면 세상에 진 것입니다. 그러나 그리스도의 패배는 아닙니다. 그리스도는 지금도 충만함을 받은 사람들을 세워 교회를 갱신하고 세상을 변화시킬 사람들을 준비하고 계십니다.

Prayer 교회의 머리이신 예수님, 나를 은혜와 지혜로 충만케 하셔서 세상에 도전하게 하소서.

우상에 저항하는 교회

자녀들아 너희 자신을 지켜 우상에게서 멀리하라 (요한일서 5:21)

교회는 종교적 신념이 같은 사람들끼리 모여서 예배를 드리고 교제하는 친교모임에 머물지 않습니다. 교회는 함께 모여 예배드리고 친교한 뒤 각자 자신의 일상으로 돌아가 그곳을 지배하는 우상의 실체를 드러내고 저항함으로써 본연의 역할을 수행합니다. 여호수아가 이끈 이스라엘 군대가 요단강을 건너 여리고와 아이, 아모리 등 이방인들을 진멸했던 이유는 그들이 뼛속 깊이 우상을 숭배하며 하나님이 창조하신 세상을 악하게 다스렸기 때문입니다. 교회는 우상숭배 세력을 대체하여 세상을 선하게 다스리는 하나님의 대리 통치 세력입니다.

흩어진 교회로 살아가는 그리스도인들은 가나안과 같은 일터에서 수많은 우상들과 마주칩니다. 돈을 사랑하고, 지위를 탐하고, 질투와 시기심으로 분열하고, 편을 가르고, 능력 이상을 기대하고, 아랫사람을 억누르고, 약한 자를 착취하는 것들이 다 우상입니다. 우리는 이러한 우상들이 내 안에 자리 잡지 못하도록 저항해야 합니다. 가장 효과적인 저항은 그리스도를 따라 내 몸과 마음을 하나님과 이웃에게 드리는 것입니다.

Prayer　교회의 머리이신 예수님, 내가 우상이 들끓는 세상에서 순결한 교회로 존재하게 하소서.

어둠에서 빛나는 교회

일어나 빛을 발하라 이는 네 빛이 이르렀고 여호와의 영광이 네 위에 임하셨음이니라 (이사야 60:1)

많은 이들이 하나님을 죽음이나 죄책감 같은 삶의 한계 상황에서 찾습니다. 하나님은 우리의 가능성이 끝난 곳에서 우리를 기다리고 계십니다. 하나님은 어둠 속에 방황하는 우리를 만나주십니다. 변방으로 밀려난 우리를 품어주십니다. 우리가 어둠에서 일어나 빛이 되고, 변방에서 일어나 중심이 되도록. 이렇게 하나님은 어둠과 변방을 빛과 중심으로 바꾸십니다. 교회는 일시적으로 어둠에 머물 수 있지만, 하나님은 다시 일으켜 빛을 발하게 하십니다. 이것은 하나님 자신의 영광을 위해 우리에게 주신 약속입니다.

"보라 어둠이 땅을 덮을 것이며 캄캄함이 만민을 가리려니와 오직 여호와께서 네 위에 임하실 것이며 그의 영광이 네 위에 나타나리니 나라들은 네 빛으로 왕들은 비치는 네 광명으로 나아오리라(이사야 60:2-3)." 교회로 존재하는 모든 그리스도인들에게 이보다 더 명확한 하나님의 비전이 있을까요? 모든 세상이 교회가 될 때까지 교회는 어둠을 밝히는 빛입니다. 세상 모든 일터가 여호와의 영광으로 빛날 때까지 교회는 일어나 빛을 발합니다.

Prayer 교회의 머리이신 예수님, 오늘도 어둠 속에서 일어나 빛을 발하게 하소서.

세상 모든 것, 하나님의 소유

땅과 거기에 충만한 것과 세계와 그 가운데 사는 자들은 다 여호와의 것이라 (시편 24:1)

땅 위에 있는 모든 것들은 하나님의 소유입니다. 모든 것은 하나님께서 무로부터 창조하셨습니다. 하이데거 식으로 말하면, 세상의 모든 존재자(存在者)는 존재 그 자체이신 하나님으로부터 나왔습니다. 우리가 창조한 것들은 예외 없이 하나님이 창조하신 것들을 재료로 이용한 것이기에 궁극적 소유권은 하나님께 있습니다. 우리의 소유는 제한적이고 부분적입니다. 사실 우리에게는 영구적인 소유권을 주장할만한 것이 아무것도 없습니다. 우리는 임시적이고 부분적인 사용권만을 가지고 있을 뿐입니다. 이 땅을 떠날 때는 그대로 놓고 갑니다.

우리가 일터에서 아무리 열심히 일해서 무엇을 성취했다고 할지라도 임시적이고 부분적으로만 우리 자신에게 귀속됩니다. 일터는 특정인들의 독점적 소유물이 될 수 없습니다. 창업자라 할지라도 자신에게는 매우 제한된 권리만 주어져 있습니다. 실정법으로도 그렇습니다. 일터는 하나님께서 이웃들을 위해 사용하라고 잠시 맡겨주신 창조 세계의 일부분입니다. 우리는 일터에서 하나님과 이웃들을 항상 의식하며 지극히 겸손해야 합니다.

Prayer 만물의 궁극적 소유자이신 하나님, 내 영향력 아래 있는 사람들과 재물들이 내 소유가 아니라 하나님께서 섬기라고 맡겨주셨다는 사실을 잊지 않게 하소서.

하나님, 모든 토지의 원주인

토지를 영원히 팔지 말 것은 토지는 다 내 것임이니라 너희는 거류민이요 동거하는 자로서 나와 함께 있느니라 (레위기 25:23)

근대 자본주의 사상가들은 개인의 토지소유권이라는 새로운 신화를 만들어내 토지를 마음대로 사고 팔 수 있는 근거를 마련했습니다. 이로써 천부적으로 모든 이에게 생명의 근원으로 주어진 토지는 물건처럼 한 개인이 무제한적으로 소유하고 처분할 수 있는 대상물로 추락했습니다. 이러한 사고와 믿음은 무신론적 발상이며, 성경에 대한 심각한 도전입니다. 하나님은 모든 토지를 자신의 소유라고 천명하셨습니다. 우리는 하나님의 허락을 받고 살아가는 '세입자'입니다. 우리가 지불해야 하는 임대료는 '거룩한 삶'입니다. 거룩하지 않은 '세입자'는 주인이 쫓아냅니다. 이것이 역사를 움직이시는 하나님의 원리입니다.

우리에게는 거룩하지 않은 '세입자'를 내보내달라고 기도할 권리와 의무가 있습니다. 그가 비록 일터의 창업자라 할지라도 거룩하지 않은 방식으로 일하거나 종업원들에게 강요하면, 하나님은 언제든지 '임차권'을 몰수하고 새로운 '세입자'를 들이십니다. 우리는 마치 주인처럼 땅과 그 위에 있는 것들을 마음대로 사용하려는 교만한 생각을 버려야 합니다. 쫓겨나지 않으려면.

Prayer 모든 땅의 주인이신 하나님, 우리가 땅을 물건처럼 대하며 투기하거나 착취하거나 남용하지 않고 모든 이들이 먹고 살아야 하는 생명의 근원으로 겸손히 대하게 하소서.

그리스도를 위해 창조된 세상

만물이 그에게서 창조되되 하늘과 땅에서 보이는 것들과 보이지 않는 것들과 혹은 왕권들이나 주권들이나 통치자들이나 권세들이나 만물이 다 그로 말미암고 그를 위하여 창조되었고 (골로새서 1:16)

인간의 자기중심적 착각은 끝이 없습니다. 우리는 하나님이 우리를 위해 아들을 희생시켰다고 믿습니다. 절반의 믿음입니다. 하나님은 십자가에서 죽으신 그리스도의 피 값으로 우리를 사셨습니다. 그리스도의 희생으로 재창조된 우리는 이제 우리 자신이 아니라 하나님께 속한 사람입니다. 하나님을 기쁘시게 하며 살도록 그의 아들이 십자가에 달렸습니다. 그리스도 안에서 창조되었으나 타락한 세상에서 그리스도가 먼저 우리를 위해 자신을 내어주셨으니, 우리는 그리스도를 위해 우리 자신을 부인하며 세상 속에서 살아감이 마땅합니다.

그리스도를 위해 사는 것은 속박이 아니라 진정한 자유입니다. 그리스도께서 우리를 세상에 보내신 소명을 감당할 때, 우리는 그리스도의 영광을 받습니다. 어떤 일터에서 어떤 일을 하거나 계획하더라도 우리는 그 일이 그리스도를 위한 것인지 세상을 구원하기 위해 자기 생명을 바치신 그리스도의 뜻에 합당한 것인지, 먼저 생각해야 합니다. 그리고 기도하고 결단하고 행하여야 합니다. 이것이 죄에서 해방된 인간의 길입니다.

Prayer　세상 만물을 창조하신 예수님, 주님이 흘리신 십자가 보혈로 우리가 주님의 소유로 회복되었으니 이제는 내가 아니라 주님을 위해 일하게 하소서. 세상은 주님을 위해 창조되었나이다.

세상, 하나님의 사랑

하나님이 세상을 이처럼 사랑하사 독생자를 주셨으니 이는 그를 믿는 자마다 멸망하지 않고 영생을 얻게 하려 하심이라 (요한복음 3:16)

땅과 바다와 그 위와 안에 있는 모든 것들과 사람들. 세상은 하나님으로부터 최고의 관심과 사랑을 받는 곳입니다. 세상은 하나님이 창조하신 사랑의 걸작품입니다. 하나님은 단 한 시도 세상에서 사랑의 눈을 떼지 않습니다. 하나님은 죄로 더러워진 세상을 심판하실 때도 세상을 구원하려는 목적으로 하십니다. 하나님은 독생자 예수를 십자가에서 희생하실 정도로 세상을 구원하기 원하십니다. 하나님은 사랑의 옥동자인 세상을 포기하지 않으십니다. 이처럼 하나님으로부터 사랑받는 세상 안에 우리가 있고 우리의 일터가 있습니다.

우리가 독생자를 믿어 멸망치 않고 영생을 얻게 되는 것은 세상을 향한 하나님의 열정과 소망에서 비롯되었습니다. 하나님은 독생자 안에서 영생을 누리는 하나님의 형상들이 창조 세계를 잘 경작하고 지키고 다스려 사랑받고 거룩한 곳으로 만들어주기를 바라십니다. 우리는 하나님의 마음으로 일터에서 일하며 세상을 사랑스러운 곳으로 만들어가야 합니다. 영혼의 구원은 자연스럽게 세상을 향한 사랑의 섬김을 낳습니다.

Prayer 세상을 사랑하시는 하나님, 아버지의 마음이 나의 마음이 되어 그리스도의 사랑을 본받아 세상을 사랑스러운 곳으로 만드는 일을 하게 하소서.

세상 끝 날까지 너희와 함께…

볼지어다 내가 세상 끝 날까지 너희와 항상 함께 있으리라 (마태복음 28:20)

하나님이 끔찍이도 사랑하시는 이 세상은 참 힘들고 어렵습니다. 문밖을 나서면 경쟁자요 대적자들이 기다리고 있습니다. 마귀가 우는 사자 같이 두루 다니며 삼킬 자를 찾는 세상입니다. 눈앞에 보이는 세상은 위험한 곳입니다. 그러나 눈에 보이지 않는 하나님의 영은 우리와 함께 계시고 우리에게 끊임없이 말씀하십니다. 창조 시작 전부터 하나님의 영은 땅을 뒤덮은 수면 위를 운행하시며 땅을 보호하셨습니다. 하나님의 영은 공중 권세를 잡은 악한 세력들이 그리스도의 오심으로 진멸될 때까지 우리 주변을 감돌며 보호하십니다.

우리가 일터에 항상 함께 계시는 하나님을 응시하면, 악한 것들은 바람에 나는 겨처럼 마음의 초점에 들어오지도 않습니다. 반면 악한 것들을 응시하면, 항상 함께 계시는 하나님의 흔적도 느끼지 못합니다. 일터를 창조하신 하나님께서 함께 하시니 결국 하나님의 뜻이 이뤄질 것이라 믿으면 그렇게 되고, 믿지 않으면 내 뜻만 이루려다 다칩니다. 믿음의 눈은 마침내 하나님이 통치하시는 장면을 목격할 것입니다.

Prayer 우리와 함께 계시는 하나님 아버지, 우는 사자처럼 위협하고 유혹하는 악의 세력들과 싸워 이길 수 있도록 오늘도 지혜와 능력과 인내심을 주소서.

52주 일터와 일상의 신실함을 위한

말씀묵상

Meditation in the Workplace

일터와 가정

순종, 사랑의 소통

자녀들아 주 안에서 너희 부모에게 순종하라 이것이 옳으니라 (에베소서 6:1)

하나님과 우리의 관계를 지상에서 원형에 가장 가깝게 찾으려면 부모와 자녀 관계를 보면 됩니다. 하나님은 우리를 무조건 사랑하시고, 우리는 하나님께 몸과 마음을 바쳐 순종합니다. 순종은 하나님의 말씀에 따라 살아가는 행위입니다. 하나님의 권위는 하나님의 지위나 능력이 아니라 자기 몸을 주시는 아가페 사랑에서 나옵니다. 부모의 권위도 마찬가지로 자녀를 위해 자신을 희생하는 삶에서 나옵니다.

자녀는 태어날 때부터 부모의 권위에 순종하도록 '절대적 을'의 지위를 부여받은 연약하고 불쌍한 존재가 아닙니다. 자녀는 부모의 헌신적인 사랑 덕분에 험한 세상에서 생존할 수 있음을 깨닫고 부모에게 감사함으로 순종합니다. 부모는 목숨을 건 희생으로, 자녀는 마음을 다 한 순종으로 각자의 사랑을 표현합니다. 부모의 사랑을 받지 못했다 해도 괜찮습니다. 부모의 사랑보다 더 큰 하나님의 사랑을 받으면 자녀가 부모를 먼저 사랑하게 됩니다. 자신을 내어주는 사랑 안에서 순종은 위계질서나 윤리적 명령이 아니라 사랑의 소통입니다.

Prayer 사랑의 하나님, 부모님께 순종함으로 부모님을 사랑하게 하소서.

DATE . . .

부모, 가장 안전한 보금자리

또 아비들아 너희 자녀를 노엽게 하지 말고 오직 주의 교훈과 훈계로 양육하라 (에베소서 6:4)

자녀는 부모의 소유물이 아닙니다. 자녀는 하나님의 선물입니다. 하나님은 이 세상을 생명으로 충만케 하려고 부모를 통해서 자녀를 창조하십니다. 부모는 자녀가 장성하여 신체적 경제적 정신적으로 독립할 때까지 보호하는 가장 안전한 보금자리입니다. 부모는 하나님 대신 자녀를 키우는 청지기입니다. 부모는 주님이 가르쳐주신 말씀으로 자녀가 거룩한 삶을 살아가도록 교훈하고 훈계할 때 부모로서 권위를 올바르게 사용합니다. 자녀를 훈계하는 목적은 하나님을 사랑하고 이웃을 사랑하는 사람이 되도록 돕는 것입니다.

부모는 때론 화를 내거나 매를 들기도 합니다. 자녀는 대체로 자신을 향한 사랑의 매라면 반성하지만 감정을 이기지 못한 협박이나 위협이라면 마음 깊은 곳에서 분노합니다. 이런 부정적 경험들이 쌓이면 부모는 하나님이 주신 권위를 점점 잃어갑니다. 부모는 자녀들에게 최선을 다 해 사랑할 때, 자녀로부터 존경과 사랑을 받습니다. 부모의 첫 번째 관심은 자녀여야 합니다. 안타깝게도 자녀보다 자기 일이 우선인 미숙한 부모가 늘어나고 있습니다.

Prayer 창조의 하나님, 내가 부모로서 자녀에게 가장 안전한 보금자리가 되게 하소서.

남편, 아내에게 예수님처럼

남편들아 아내 사랑하기를 그리스도께서 교회를 사랑하시고 그 교회를 위하여 자신을 주심 같이 하라 (에베소서 5:25)

남편과 아내는 기능을 위해 결합한 관계가 아닙니다. 남편은 집에 돈 벌어오고, 아내는 집안 살림하는 역할을 하려고 결혼한 것이 아닙니다. 교회가 신랑이신 예수님을 사랑하고 예수님은 신부인 교회를 사랑하듯, 한 남자와 한 여자는 서로를 사랑하고 서로를 온전한 인격으로 자라도록 도와주기 위해 한 가정을 이룹니다. 남편은 한 가정의 머리입니다. 남편이 교회에게 자신을 바치신 예수님처럼 아내를 사랑할 때 부부는 하나가 됩니다.

하나님은 세상을 하나님 나라로 통치하기 위해 가정을 세우셨습니다. 가정의 거룩함은 아내를 향한 남편의 아가페 사랑에서 시작됩니다. 남편은 때론 경제적인 역할을 제대로 하지 못할 때도 있습니다. 그러나 어떠한 환경과 처지에서라도 사랑의 리더십을 잃어서는 안 됩니다. 대부분의 아내는 남편이 예수님처럼 자신을 사랑한다는 사실을 느끼기만 해도 남편의 가장됨을 존중하고 최선을 다 해 배필 역할을 감당합니다. 남편이 예수님과 함께 십자가를 짊어질 때, 부부관계는 시들지 않고 순결하고 화사한 백합처럼 부활합니다.

Prayer 사랑의 예수님, 아내를 목숨 다 해 사랑하는 남편이 되게 하소서.

DATE . . .

아내, 남편에게 주께 하듯

아내들이여 자기 남편에게 복종하기를 주께 하듯 하라 (에베소서 5:22)

남편의 영혼은 아내에 달려 있습니다. 지혜로운 아내는 자신의 영혼을 구원해주신 예수님을 섬기듯이 남편에게 복종합니다. 복종은 굴욕이 아니라 구원을 이루는 강력한 사랑의 무기입니다. 설령 자신을 예수님처럼 사랑하지 않는 남편이라 할지라도 남편이 가정에서 머리됨을 인정하고 세워주고 도와줍니다. 예수님이 자기를 십자가에 못 박은 자들을 위해 기도하고 죽으셨듯이 남편을 향해 자신을 낮추는 아내는 남편의 영혼을 구원합니다. 베드로는 믿지 않는 남편이 아내의 말이 아니라 행실을 보고 구원받을 수 있음을 강조합니다(베드로전서 3:1).

그렇다고 도둑을 위해 망을 보듯 남편의 악행을 돕는 복종은 안 됩니다. 하와가 아담에게 선악과를 먹게 하듯 해서도 안 됩니다. 우리는 주님을 그런 식으로 섬기지 않습니다. 진정한 복종은 선한 열매를 맺습니다. 아내의 진실한 복종은 남편이 가정과 일터에서 선한 영향을 미치도록 남편에게 가장 큰 영향을 미칩니다. 지혜로운 아내는 은혜로운 복종으로 남편을 은밀하게 배후조종하여 가정과 세상을 유익하게 하는 하나님의 모사꾼입니다.

Prayer 사랑의 예수님, 남편에게 지혜롭게 복종하는 아내가 되게 하소서.

가정, 겸손한 지혜로 세우는 천국

서로 마음을 같이 하며 높은 데 마음을 두지 말고 도리어 낮은 데 처하며 스스로 지혜 있는 체 하지 말라 (로마서 12:14)

온 종일 일터에서 긴장하며 힘들게 지내다 집으로 돌아가 자신의 원초적 본능 혹은 내면의 욕구를 있는 그대로 노출시키면, 가정은 지옥이 됩니다. 가정의 불화는 많은 경우 가족들이 서로에게 주기보다 받기를 더 원할 때 일어납니다. 반대로 가정에서 가족들이 겸손하게 서로를 섬기려 할 때, 가정은 지상에 세워진 가장 안전하고 행복한 천국이 됩니다. 가정이야말로 서로 마음을 높은 데 두지 말고 낮은 데 두어야 하는 곳입니다. 겸손은 사람을 긴장케 하기 보다는 정반대로 긴장을 풀어주는 데 탁월한 효능을 가진 지혜이며 사랑입니다.

부모는 자녀에게 권위 행사를 절제하고, 자녀는 부모에게 자기 욕망을 절제하고, 남편은 아내에게 가장의 권세를 절제하고, 아내는 남편에게 바가지 긁기를 절제하는 것이 가정의 겸손입니다. 부모는 자녀의 이야기를 경청하고, 자녀는 부모의 염려를 이해하고, 남편은 아내의 요구를 존중하며, 아내는 남편의 필요를 채워주는 것이 가정의 지혜입니다. 겸손한 지혜로 세워진 가정이 세상을 축복합니다. 그리스도의 몸인 교회가 가정의 모범이 되어야 합니다.

Prayer 가정을 세우신 하나님, 서로 겸손한 지혜로 천국 같은 가정을 만들어가게 하소서.

DATE . . .

밸런스보다 소명으로

그러므로 감독은 책망할 것이 없으며 한 아내의 남편이 되며 절제하며 신중하며 단정하며 나그네를 대접하며 가르치기를 잘 하며 (디모데전서 3:2)

성도는 교회뿐만 아니라 삶의 모든 영역에서 그리스도인으로 살아가는 사람입니다. 그리스도인은 가정과 교회, 일터, 사회, 친구 등 삶의 모든 순간과 영역에서 그리스도인답게 살도록 부르심, 곧 소명을 받았습니다. 그 어떤 순간과 영역에 차별이 없습니다. 바울은 디모데에게 교회의 감독을 세우려면 그가 교회 안에서 뿐만 아니라 그의 일상생활 모든 면에서 그리스도인다운지 점검하라고 조언했습니다.

요즘 '일만 하지 말고 가정생활도 함께 하자'는 일과 가정의 밸런스가 강조되고 있습니다. 산술적 시간 배분만으로 무너진 균형을 바로잡으려 한다면, 이 또한 함정입니다. 우리는 어떻게 가정, 일터, 교회, 단체 등에서 맡은 바 책임을 다 할 수 있을까요? 예수님은 가정이든 교회든 시장이든 광장이든 가는 곳마다 모든 이를 사랑으로 대하셨습니다. 그리스도인다움은 예수님의 사랑으로 충만한 무의식적 내면이 자연스럽게 발산되는 데 있습니다. 우리는 밸런스를 유지하라는 명령이 아니라 어디에서든 예수님의 사랑으로 존재하라는 소명을 받았습니다.

Prayer 우리에게 소명을 주시는 하나님, 우리에게 주신 모든 소명에 충실하게 살도록 지혜를 주소서.

밸런스보다 창조적 긴장 관리로

예수께서 들으시고 배를 타고 떠나사 따로 빈 들에 가시니 무리가 듣고 여러 고을로부터 걸어서 따라간지라 (마태복음 14:13)

예수님에게 '워라밸(work and life balance)'은 불가능했습니다. 끝없이 몰려드는 사람들을 만나주어야 하는 예수님은 빈 들이나 한적한 동산으로 피신해 기도할 시간조차 마음대로 내지 못했습니다. 짧은 공생애 기간에 많은 사람들의 필요를 채워주어야 했던 예수님은 그래도 쪽 시간을 내어 하나님 아버지와 대화하기 위해 최선을 다 했습니다. 항상 자신을 내어주는데 익숙한 예수님에게 중요했던 것은 '워라밸'이 아니라 소명의 성취였습니다.

우리도 정신없이 바쁜 세상에서 일과 가정의 밸런스를 유지하기는 쉽지 않습니다. 일과 가정은 항상 긴장 관계에 있습니다. 서로 더 많은 시간을 요구합니다. 소명의 사람은 양쪽 사이의 긴장 관계를 항상 의식하며 한쪽이 무너지지 않도록 지혜롭게 관리합니다. 일과 가정 양쪽의 요구 사이에서 우리는 하나를 선택해야 할 때가 있는데, 그 때에는 하나를 버리는 선택이 아니라 하나를 택하되 결과적으로 양쪽의 필요를 채우는 창조적 방식이어야 합니다. 어렵지만 일과 가정에 소명을 주신 하나님은 가능하게 하십니다.

Prayer 우리를 부르신 하나님, 일과 가정에 주신 소명에 최선을 다 하도록 지혜를 주소서.

DATE . . .

가정에 충실한 직장 생활

또 다윗이 이르되 아비새와 모든 신하들에게 이르되 내 몸에서 난 아들도 내 생명을 해하려 하거든 하물며 이 베냐민 사람이랴. 여호와께서 그에게 명령하신 것이니 그가 저주하게 버려두라 (사무엘하 16:11)

우리가 직장에 나가는 가장 중요한 목적은 가정입니다. 가족들의 생존과 복지를 위해 아침마다 일하러 갑니다. 하지만 많은 사람들이 정작 가정을 소홀히 합니다. 돈 벌어다 준다고 가정이 자동적으로 행복해지지 않습니다. 가정에는 반드시 채워져야 하는 어머니의 자리와 아버지의 자리가 있습니다. 누구도 대신할 수 없는 자리입니다. 일 때문에 그 자리가 오래 비면, 자녀 교육은 실패합니다. 아버지와 어머니가 집에서 사랑과 진리로 자녀를 양육하지 않으면 가정은 실패합니다. 가정을 위해 일한다면 가정에 충실해야 합니다.

성경에는 자녀교육 실패 사례가 자주 나옵니다. 다윗 왕은 아들 압살롬에게 쫓겨난 도망 길에 시므이로부터 수치스러운 저주를 받았습니다. 히스기야 왕은 하나님의 은혜와 예언을 받았지만 그의 아들 므낫세 왕 때문에 유다 왕국이 하나님의 저주를 받았습니다. 하나님의 은혜와 진리로 자녀를 충분히 돌보지 않았기 때문 아닐까요? 부모가 일터에서 아무리 성공해도 가정을 돌보지 않으면 가정은 실패합니다. 가족을 사랑한다면, 가정을 돌봐야 합니다.

Prayer 사랑과 진리의 하나님, 아무리 바빠도 가정을 충실하게 돌보는 부모가 되게 하소서.

결코 놓치지 않아야 할 때(카이로스)

범사에 기한이 있고 천하 만사가 다 때가 있나니 (전도서 3:1)

전도자는 하늘 아래 모든 일에는 정해진 때가 있다고 설파합니다. "날 때가 있고 죽을 때가 있다…심을 때가 있고 심은 것을 뽑을 때가 있다. 헐 때가 있고 세울 때가 있다. 울 때가 있고 웃을 때가 있다. 찾을 때가 있고 잃을 때가 있다. 잠잠할 때가 있고 말할 때가 있다." 내가 막을 수도 당길 수도 없는 때가 있습니다. 하나님이 우리에게 정하신 때(카이로스)입니다. 하나님의 지혜로 분별하고 따라야 하는 시간입니다. 아침에 출근할 때가 있으면, 저녁에 집으로 퇴근해야 할 때가 있는 법입니다.

우리는 얼마나 자주 카이로스를 무시하고 내가 스스로 원하는 때를 따라갑니까? 일을 비롯한 여러 이유를 핑계 대며 습관적으로 집에 늦게 들어가는 사람에게 주어지는 대가는 혹독합니다. '열심히 돈 벌어다 주었으니 은퇴하면 가족들의 환영을 받겠지'라고 생각한다면 착각입니다. 은퇴 전에 가정에서 사랑하고 사랑받는 때를 놓치면 은퇴 후에도 어렵습니다. 아무리 바빠도 집에 들어갈 때(카이로스)를 결코 놓치지 말아야 합니다.

Prayer 범사에 때를 정하신 하나님, 오늘도 집에 들어갈 때를 놓치지 않게 하소서.

일과 가정의 코드, 거룩함

너희는 거룩하라 이는 나 여호와 너의 하나님이 거룩함이니라 (레위기 19:2)

하나님의 가장 특징적 성품인 거룩함은 통으로 짠 옷과 같은 온전함(wholeness)의 의미를 가지고 있습니다. 거룩함은 인간의 언어로는 제대로 포착할 수 없지만 굳이 설명하자면 자비와 정의와 공의와 은혜와 진리와 선함 등의 하나님 성품들이 구분되지 않고 하나로 합해진 성품입니다. 거룩함은 거룩하지 않은 것들과 선명하게 구분됩니다. 하나님은 하나님의 형상으로 창조된 '모든' 사람들에게 시간과 공간을 초월해 거룩하라고 요구하십니다. 예수 그리스도의 십자가 죽음도 우리가 잃어버린 거룩함을 회복하기 위해서였습니다.

하나님은 레위기 19장에서 우리의 가정과 교회, 일터에서 어떻게 거룩하게 살아야 하는지 가르치십니다. 성적 순결과 이웃 사랑, 우상 숭배 배격, 정의와 정직 등입니다. 교회나 가정에서는 거룩하나 일터에서 세속적인 사람은 거룩하지 않습니다. 그 반대도 마찬가지입니다. 거룩함은 가정과 일터와 교회와 세상에서 동일합니다. 거룩함은 결코 때와 장소에 따라 다른 모습으로 표현되지 않습니다. 하나님이 일과 가정에 주신 공통 코드는 거룩함입니다.

Prayer　거룩하신 하나님, 어디에서든 거룩함을 부단히 따르며 살게 하소서.

52주 일터와 일상의 신실함을 위한

말씀묵상

Meditation in the Workplace

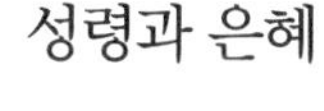

성령과 은혜

세속의 견고한 진을 파하시는 성령

술 취하지 말라 이는 방탕한 것이니 오직 성령으로 충만함을 받으라 (에베소서 5:18)

평소 말이 없던 술꾼이 술에 취하면 술기운에 입이 풀려 속에 담아둔 말을 쏟아냅니다. 술기운은 술 취한 사람의 속사람을 드러냅니다. 반면, 예수님의 영이신 성령으로 충만해지면 복음을 부끄러워하던 사람이 용기 있게 복음을 전합니다. 사도 바울은 성령에 충만해서 복음을 부끄러워하지 아니 했습니다(로마서 1:16). 자연인으로서 우리는 악한 세상에서 선한 예수님의 증인으로 살기에는 지혜와 용기가 부족하지만, 성령으로 충만해지면 담대하게 입을 열어 십자가에 죽으시고 부활하신 예수님을 증언하고 증인에 합당한 삶을 신실하게 살아갑니다.

성령은 우리가 세상에서 배우고 구축한 견고한 진을 파하고 거룩하신 하나님의 성전을 세우십니다. 인생과 세상을 바라보는 관점을 바꾸십니다. 돈 대신 하나님을 섬기고, 자신의 유익을 넘어 이웃의 생명을 돌보게 하십니다. 권모와 술수로 충만한 일터에서 정의와 섬김의 길을 걸어가게 하십니다. 자유롭게 복종하도록 하십니다. 기적적인 변화들이 일어납니다. 성령은 이런 변화들을 일상이 되게 하십니다.

Prayer 성령님, 내 안의 견고한 세속의 진을 파하고 하나님의 성전을 세우소서.

초월적 삶을 이끄시는 성령

오직 성령이 너희에게 임하시면 너희가 권능을 받고 예루살렘과 유대와 사마리아와 땅 끝까지 이르러 내 증인이 되리라 (사도행전 1:8)

그리스도인은 세상을 따르기 보다는 세상을 초월한 천국의 삶을 사모합니다. 그리스도인은 성령이 이끄시는 대로 살아갑니다. 성령은 세상이 아니라 하나님 아버지와 예수 그리스도가 계시는 하늘에서 땅으로 내려와 그리스도인의 심령을 차지하십니다. 성령은 우리의 눈이 땅에서 하늘로 향하게 하십니다. 성령은 '치열한 경쟁에서 남을 누르고 이겨야만 살아갈 수 있다'는 학교와 회사와 사회의 가르침이 거짓말임을 깨닫게 하십니다.

우리는 스스로 삶의 주체가 되어서는 예수님의 증인으로 살 수 없습니다. 증인은 성령의 임재를 수용하고 적극적으로 성령의 이끄심을 따릅니다. 성령은 우리 내면에 들어와 성부 성자 성령 삼위일체 하나님이 천상에서 나누시는 거룩한 사랑의 일들을 우리 밖으로 드러내십니다. 성령의 사람들에게는 세상 사람들이 경탄할만한 신기한 일들이 자주 일어납니다. 성령은 가장 세속적인 일터에서도 증인들을 통해 초월적인 천상의 삶을 보여주십니다. 성령은 우리가 세상 속에서 하늘 시민권자로 살아가는 능력을 주십니다.

Prayer 성령님, 세상 일터에서 살아가는 나에게 천국 시민으로 살아가는 능력을 주소서.

겸손케 하시는 성령

풀은 마르고 꽃이 시듦은 여호와의 기운이 그 위에 붊이라 이 백성은 실로 풀이로다 (이사야 40:7)

아무리 아름답게 꾸며도 우리 육체는 마르는 풀과 시드는 꽃과 같습니다. 이 말씀은 나이 들어 쇠약해지는 과정에 대한 것이 아닙니다. 여호와 하나님의 기운, 즉 성령이 불어오면 우리가 그토록 꾸미고 자랑하던 인생이 순식간에 시들어버립니다. 여호와의 기운은 흙으로 만들어진 사람의 코에 들어가 생령이 되게 하신 하나님의 영입니다. 그런데 이번에는 그 기운이 불어 사람을 시들어 죽게 합니다. 성령의 바람이 불어오면 하나님의 영이 아니라 자신의 영으로 살아가던 옛사람이 죽고 새사람이 살아나는 사건이 일어납니다.

성령의 바람이 불면, 일터에서 승승장구 출세하고 싶은 갈망이 시들해집니다. 대박의 꿈도 사그라집니다. 결재서류 집어던지고 고압적으로 명령하는 교만함이 부끄러워집니다. 성령의 바람이 불면, 자신의 뜻이 아니라 하나님의 뜻을 먼저 생각합니다. 주변 사람들의 사정을 세심하게 이해하고 배려합니다. 그렇게 팔팔하게 뛰던 내 꿈은 작아 보이고 하나님의 꿈은 한없이 커 보입니다. 그 꿈에 동참하고 싶어집니다. 성령은 이렇게 우리를 겸손케 하십니다.

Prayer 성령님, 내 꿈은 작아지고 하나님의 꿈이 내 안에서 더욱 커지게 하소서.

마음을 새롭게 하시는 성령

새 영을 너희 속에 두고 새 마음을 너희에게 주되 너희 육신에서 굳은 마음을 제거하고 부드러운 마음을 줄 것이며 (에스겔 36:26)

어떤 사람은 별들이 반짝반짝 빛나는 밤하늘을 보며 마음속으로는 잔뜩 내일 일을 걱정합니다. 현실 속에서 굳어진 마음입니다. 어떤 사람은 별들 너머 창조주 하나님을 발견하고 감사와 환희의 송가로 찬양합니다. 살처럼 부드러운 마음입니다. 마음은 영들의 전쟁터. 성령은 우리 마음에 들어오셔서 사탄이 이미 침투시킨 불신과 탐욕과 미움의 영을 빼내고 믿음과 감사와 순종의 영으로 채우십니다. 성령은 우리 마음을 새롭게 창조하시는 날카로운 수술용 메스입니다. 메스가 우리 마음을 째면 회개의 통증과 함께 치유의 기쁨이 찾아옵니다.

성령이 새롭게 창조하신 마음은 무엇을 먹고 무엇을 마시고 무엇을 입을까 걱정하지 않습니다. 어린아이처럼 하나님을 믿습니다. 모든 더러운 것과 모든 우상 숭배에서 정결해집니다. 경쟁 속에서 사랑을 구합니다. 다름 속에서 연합을 찾습니다. 하나님의 영광이 찬란히 빛나는 세상을 간절히 기다리며 순결하게 인내합니다. 이렇게 이 땅에 하나님의 나라가 성령의 능력으로 세워집니다. 성령님, 언제나 내 마음을 새롭게 하소서.

Prayer 성령님, 항상 내 마음을 새롭게 하셔서 두려워하지 않고 하나님 나라를 세우게 하소서.

탁월함으로 섬기게 하시는 성령

하나님의 영을 그에게 충만하게 하여 지혜와 총명과 지식으로 여러 가지 일을 하게 하시되 (출애굽기 35:31)

성령은 교회 안에만 계시지 않습니다. 성령은 세상 곳곳에서 지금도 일하고 계십니다. 광장에도, 일터에도, 가정에도, 학교에도 성령은 찾아오십니다. 모세가 광야에 성막을 만들 때, 하나님은 장인(匠人) 브살렐과 오홀리압을 지명하여 부르시고 하나님의 영으로 채워주셨습니다. 그들은 광야라는 척박한 곳에서 출애굽 이스라엘 백성들이 제공한 제한된 재료로 하나님이 명령하신 성막과 봉사 기구들을 탁월하게 만들어냈습니다. 하나님의 영은 일하는 사람들에게 지혜와 총명과 지식을 주셔서 세상을 자신이 할 수 있는 이상으로 섬기게 해주십니다.

우리는 일터에서 일하는 기술을 잘 배워야 하지만 기술만으로는 부족합니다. 영(Geist)이 기술의 결과를 결정합니다. 성령은 기술이 생명을 해치는 흉기가 아니라 유익하게 하는 도구로 사용되도록 이끄십니다. 성령은 내가 맡은 일을 탁월하고 창의적으로 해내도록 능력을 주십니다. 내 일을 통해 세상이 더 좋은 곳이 되는 것이 하나님의 뜻입니다. 성령은 우리를 도와 그 뜻을 실행하게 하십니다. 그 어디보다 일터에서 성령의 임재를 간절히 구해야 합니다.

Prayer 성령님, 나에게 지혜와 총명을 주셔서 세상을 선하게 섬기도록 하소서.

하나님의 영광을 위해

내가 아버지께로부터 너희에게 보낼 보혜사 곧 아버지께로부터 나오시는 진리의 성령이 오실 때에 그가 나를 증언하실 것이요 (요한복음 15:26)

기독교의 신은 성부 성자 성령이신 삼위일체 하나님입니다. 서로 다른 세 인격이지만 본성으로는 한 하나님입니다. 부활 승천하신 예수님은 아버지께 요청하여 우리에게 성령님을 보내주셨습니다. 성령 하나님은 죄인들에게 십자가를 비춰주시고 그들이 죄를 고백하고 생명의 원천이신 하나님 아버지께로 돌아오게 하십니다. 우리는 성령님의 도우심으로 예수님을 본받아 하나님 말씀에 순종합니다. 삼위 하나님은 하나님의 영광을 위해 우리를 구원하십니다.

우리 인생은 덧없이 흘러갑니다. 하지만 성령 하나님께서 속삭이는 조용한 음성에 귀를 기울이면, 우리 인생은 복과 소명을 주시는 하나님 아버지의 말씀을 듣게 됩니다. 삶의 방향이 선하게 바뀌는 역사가 일어납니다. 성부 성자 성령 하나님은 서로 합력하여 돈과 힘이 난무하는 일터에서 내 이름보다는 하나님의 이름이 칭송받기를 소망하는 마음을 주십니다. 삼위일체 하나님은 자기들끼리 폐쇄적 신들의 집단이 아니라 땅 위에서 수고하고 땀 흘리며 살아가는 우리를 향해 팔을 넓게 펴고 환대하시는 하나님입니다.

Prayer 성령 하나님, 오늘도 그리스도의 가르침을 따라 아버지의 이름을 위해 살게 하소서.

사랑의 연합 안으로

아버지여, 아버지께서 내 안에, 내가 아버지 안에 있는 것 같이 그들도 다 하나가 되어 우리 안에 있게 하사 세상으로 아버지께서 나를 보내신 것을 믿게 하옵소서 (요한복음 17:21)

하나님은 사랑이십니다. 삼위 하나님은 사랑 안에서 하나이십니다. 하나님은 멀리 떨어진 곳에서 마음대로 힘을 휘두르며 세상을 좌우하시는 무서운 분이 아닙니다. 성부 성자 성령 하나님은 서로 자기를 내어줌으로써 하나가 되어 무한한 사랑의 힘을 방출하십니다. 성자 하나님은 성부 하나님의 뜻에 순종하여 이 땅에 오셔서 십자가에서 자기를 희생하셨습니다. 성령 하나님은 성부와 성자의 뜻에 따라 이 땅에서 악과 싸우며 지금도 일하고 계십니다. 하늘이든 땅이든 장소와 상관없이 서로 안에 계시기에 서로 무엇을 원하는지 알고 그대로 행하시는 사랑의 연합이 삼위일체 하나님의 존재 방식입니다.

우리는 예수님을 통해 삼위일체 하나님이 뿜어내시는 사랑의 연합 안으로 들어갑니다. 이 사랑은 사람들 사이에 사랑의 연합을 이룹니다. 예수님이 죄인들의 세상에 들어와 사랑을 심어주었듯이, 우리도 삭막하기 그지없는 일터에 들어가 그 사랑의 씨앗을 뿌립니다. 삼위일체 하나님을 믿는 우리들에게 일터는 예수님처럼 사람들을 사랑의 연합으로 초청하는 곳입니다.

Prayer 사랑의 하나님, 우리도 서로 사랑함으로 하나 되게 하소서.

사랑으로 보내다

아버지께서 나를 세상에 보내신 것 같이 나도 그들을 세상에 보내었고 (요한복음 17:18)

진실한 사랑은 자기 안에 머물지 않습니다. 사랑은 어떤 것과 비교할 수 없이 완벽하고 선하고 아름답고 강합니다. 사랑하는 자는 사랑받는 자를 사랑의 끈으로 묶어 세상으로 보냅니다. 자기 것을 타자와 공유하게 합니다. 부모가 자식에게 그저 주고 싶어 하듯이. 사랑하는 부모는 자식을 품안에 가두지 않고 분가시켜 세상에 내보내 다른 이들과 사랑을 나누게 합니다. 사랑은 또 다른 사랑을 낳을 때 진정한 사랑입니다. 삼위일체 하나님의 사랑은 맹수들이 으르렁거리는 위험한 곳에서도 사랑을 낳습니다. 그분 자체가 사랑이기에.

예수님께 지극히 사랑받는 그리스도인은 세상에서 사랑이 가장 필요한 곳으로 보냄을 받습니다. 일터로 세상으로 가정으로. 위험하고 삭막한 곳일수록 예수님은 사랑하는 자를 보냅니다. 사랑을 낳으라고. 보냄 받은 사람은 세상에서 가장 강력한 사랑의 끈으로 연결돼 있으니 아무것도 염려할 필요가 없습니다. 그(녀)는 분명 삼위일체 하나님의 강력한 사랑 안에 있는 사람입니다.

Prayer　사랑의 하나님, 나를 사랑이 필요한 곳으로 보내주소서.

사랑으로 복종하다

사람의 모양으로 나타나사 자기를 낮추시고 죽기까지 복종하셨으니 곧 십자가에 죽으심이라 (빌립보서 2:8)

인간 세계에서 복종은 수치스러운 굴종을 의미할 때가 많지만, 삼위일체 하나님의 세계에서 복종은 사랑의 발로(發露) 그 자체입니다. 성부 성자 성령은 서로 복종하는 관계입니다. 신적 복종은 사랑하는 자의 뜻을 위해 자신을 부인하고 그분의 뜻을 수용하는 것입니다. 예수님은 하나님 아버지의 뜻에 따라 우리의 죄 용서를 위한 화목제물로 자신을 십자가에 바쳤습니다. 복종은 지극한 사랑의 행위입니다. 수도원 수도사가 되기 원하는 사람들은 반드시 수도원장과 선임자들의 권위에 복종하겠다고 서약해야 들어갈 수 있습니다.

현대인들에게 복종은 불쾌한 느낌을 주는 단어입니다. 복종해야 하는 대상을 사랑하지 않으면, 복종하는 순간 우리는 굴욕감에 부끄러워집니다. 하지만 삼위일체 하나님의 사랑 안에서 복종하면, 우리는 하나님의 인정을 받고 기뻐합니다. 우리는 불의에 복종하는 것이 아니라 사랑에 복종합니다. 세상의 구원을 위해, 이웃의 생명을 위해 우리는 복종해야 합니다. 사랑의 복종은 내가 죽고 하나님이 사는 길입니다.

Prayer 복종의 예수님, 주님처럼 사랑하는 마음으로 기꺼이 복종하게 하소서.

영광의 자리

아버지여 창세 전에 내가 아버지와 함께 가졌던 영화로써 지금도 아버지와 함께 나를 영화롭게 하옵소서 (요한복음 17:5)

영광(영화)이란 단어는 신적(神的) 용어입니다. 존재의 완전함으로 인한 광명과 위엄과 거룩함과 칭송으로 가득 찬 상태가 영광입니다. 하나님이 계신 곳은 영광의 자리입니다. 십자가에 달리신 예수님은 하늘에서 성부 하나님과 함께 누리던 영광을 달라고 기도했습니다. 곧이어 십자가 죽음은 영광이 되어 우리의 소망과 생명이 되었습니다. 삼위일체 하나님은 우리를 십자가로 부르시고 의롭게 하셔서 하늘 영광을 지상에 내려주십니다. 이 영광이 온 땅에 가득할 때 하나님의 창조는 비로소 완성됩니다.

물이 바다 덮음 같이 여호와의 영광을 인정하는 것이 세상에 가득해질 때, 우리는 비로소 영광의 빛과 사랑 안에서 완성된 삶을 살게 됩니다. 우리는 이 영광으로 충만한 자리를 향해 뚜벅뚜벅 걸어가고 있습니다. 모순과 갈등과 두려움과 위기가 상존하고 있는 우리의 일터도 이 과정에 있습니다. 우리는 성부 성자 성령 하나님의 영광으로 충만한 삶과 일터를 꿈꾸며 기도할 때 영광에 이르는 힘든 과정을 완주합니다.

Prayer 영광의 하나님, 오늘도 삼위일체 하나님의 영광을 위해 일하게 하소서.

52주 일터와 일상의 신실함을 위한

말씀묵상

Meditation in the Workplace

말씀과 일

DATE . . .

창조하시는 말씀

하나님이 이르시되 빛이 있으라 하시니 빛이 있었고 (창세기 1:3)

하나님은 침묵하지 않고 지금도 계속 말씀하고 계십니다. 하나님은 우리가 알아듣지 못하는 언어가 아니라 충분히 이해하고 따를 수 있도록 쉽게 말씀하십니다. 성경을 통해, 기도를 통해, 타인을 통해, 감정을 통해, 깨달음을 통해 우리에게 계속 말씀하십니다. 하나님의 말씀은 반드시 무엇인가를 창조하십니다. 말씀으로 빛을, 해와 달과 별을, 식물과 동물을, 사람을 창조하셨습니다. 이 말씀이 하나님의 아들 예수 그리스도이셨고, 그분이 세상을 창조하셨습니다(요한복음 1:1~3).

하나님의 말씀(그리스도)을 귀 기울여 듣는 사람은 새로워집니다. 사람은 바뀌지 않는다고 믿는 사람은 창조하시는 하나님의 말씀을 믿지 않습니다. 정말 바뀔 것 같지 않은 우리 일터도 새로워질 수 있습니다. 하나님은 자신의 말씀을 신실하게 듣는 사람을 보내 새롭게 하십니다. 문제는 그 사람이 있는가입니다. 내가 그 말씀 안에 있으면 내가 주변을 새롭게 합니다. 하나님의 말씀은 항상 나와 주변을 새롭게 창조하십니다.

Prayer 창조의 하나님, 내가 일터에서 하나님의 말씀을 듣는 자로 살게 하소서.

구원하시는 말씀

그 후에 모세와 아론이 바로에게 가서 이르되 이스라엘의 하나님 여호와께서 이렇게 말씀하시기를 내 백성을 보내라 그러면 그들이 광야에서 내 앞에 절기를 지킬 것이라 하셨나이다 (출애굽기 5:1)

하나님이 말씀하시면 우리는 구원받습니다. 애굽에서 죽도록 힘들게 종살이하던 이스라엘 백성들의 탄원을 들으신 하나님은 모세와 아론을 통해 바로 왕에게 "내 백성을 보내라"고 말씀하셨습니다. 바로가 아무리 강한 권세와 군사와 뛰어난 술사와 학자들을 앞세워 거부하고 버티어도, 하나님은 자기 백성을 해방하셨습니다. 하나님이 말씀하시면 그 어떤 '정사와 권세(principalities and powers)'도 구원을 막을 수 없습니다. 말씀하시는 하나님이 우리와 함께 계시겠다고 약속하셨으니 세상은 우리를 영원히 억누르고 가둘 수 없습니다.

사업을 하다 보면, 직장 일을 하다 보면, 자식을 키우다 보면, 사랑을 하다 보면 절망의 낭떠러지 앞에 내몰리기도 합니다. 그러나 하나님이 우리의 불행을 향해 꾸짖으시면 쓰나미 같은 파도가 물러갑니다. 하나님이 우렛소리처럼 크게 말씀하시면 불행은 쏜살같이 도망갑니다. 하나님은 항상 우리의 구원을 위해 말씀하실 준비가 되어 있습니다. 우리는 우리의 원수를 향해 천둥처럼 말씀해 달라고 간구하고 잠잠히 그 말씀을 들으면 됩니다.

Prayer 구원의 하나님, 오늘도 말씀하소서. 듣게 하소서.

치유하시는 말씀

그가 그의 말씀을 보내어 그들을 고치시고 위험한 지경에서 건지시는도다 (시편 107:20)

하나님이 우리에게 말씀하시면 생명의 흔적이 남습니다. 말씀은 우리 몸과 마음의 연약함을 회복시켜 주십니다. 하나님은 고통 속에서 부르짖는 우리의 기도를 들으시고 말씀을 보내 고쳐주시고 함정에서 건져주십니다. 예수님이 "네 믿은 대로 될지어다"라고 말씀하시니 백부장의 하인이 중풍병에서 즉시 나았습니다. "나사로야 나오라" 말씀하시니 그가 무덤에서 걸어 나왔습니다. 생명을 창조하신 하나님은 모든 피조물들이 생명의 꽃을 피우며 풍성한 열매를 맺기 원하십니다. 말씀의 치유는 하나님의 약속이며 축복입니다.

경쟁과 불신과 미움으로 가득 찬 세상에서 살아가는 우리는 늘 아픕니다. 때론 몸이 통증에 시달리고, 때론 마음이 시리도록 아픕니다. 일터에서 억울함과 좌절을 맛보며 온몸이 저리도록 슬프기도 합니다. 깨어진 관계로 가슴에 멍이 들기도 합니다. 치유의 말씀이 시급한 위기상황들입니다. 말씀은 몸과 마음에 위로와 평안을 주시고 통증을 다스려주십니다. 생명의 말씀은 피 튀기는 일터마저 푸른 초장 쉴만한 물가로 치유해주십니다. 말씀을 만나야 합니다.

Prayer 치유의 하나님, 지친 몸과 영혼을 말씀으로 고쳐주소서.

눈을 밝히시는 말씀

여호와의 교훈은 정직하여 마음을 기쁘게 하고 여호와의 계명은 순결하여 눈을 밝게 하시도다 (시편 19:8)

우리는 사물이나 사람을 눈으로 본다고 생각지만 사실은 마음으로 봅니다. 눈으로 수집한 정보를 마음이 해석하고 인지합니다. 마음이 어두우면 세상이 어둡게 보이고, 마음이 밝으면 밝게 보입니다. 빛을 창조하신 사랑의 하나님이 주시는 교훈과 계명은 우리 마음을 기쁘게 하고 마음의 눈을 밝게 비추어 주십니다. 세상을 긍정하시는 하나님의 말씀으로 바라보면, 세상이 참 사랑스럽습니다. 말씀은 하나님의 마음입니다. 이 말씀이 세상을 바라보는 나의 안경이 되어야 합니다.

세상이 고통스럽다면, 세상이 아니라 그 마음이 고통스러운 것입니다. 하나님의 말씀으로 마음의 눈이 밝아지면 세상을 어둡게 하는 '정사와 권세들'을 분별해내고 저항할 능력이 생깁니다. 우리는 종종 "저 사람과는 같이 일 할 수 없어"라고 말합니다. 그 사람보다 그(녀)를 보는 내 마음이 더 큰 문제입니다. 그(녀)를 말씀으로 바라보면 "저 사람도 사랑해야지"라고 말합니다. 말씀은 나 같은 죄인도 사랑하시는 하나님의 순결한 마음입니다.

Prayer 빛이신 하나님, 순결한 당신의 말씀으로 내 영혼의 눈을 떠 주소서.

번성케 하시는 말씀

이스라엘아 듣고 삼가 그것을 행하라 그리하면 네가 복을 받고 네 조상들의 하나님 여호와께서 네게 허락하심 같이 젖과 꿀이 흐르는 땅에서 네가 크게 번성하리라 (신명기 6:3)

하나님이 이스라엘에게 약속하신 '젖과 꿀이 흐르는 땅'은 천혜의 조건을 가진 농토보다 야생 목초지와 같은 척박한 땅이 더 많았습니다. 땀 흘리고 수고하며 경작하지 않으면 먹고 살기 힘든 땅이었습니다. 하나님은 이런 땅에서 살아갈 이스라엘을 크게 번성케 하시겠다고 약속하셨습니다. 다만 그들에게 주신 말씀을 잘 듣고 지극히 삼가는 마음으로 지켜야 한다는 단서가 있습니다. 하나님이 뜻하신 번성은 나 홀로 부자 되는 번성이 아니라 주변에 배고파 죽는 사람이 없는 공동체적 유대로 함께 생명을 돌보는 사랑이 넘치는 번성입니다.

하나님 말씀의 요체는 '네 이웃을 네 몸처럼 사랑함으로 하나님을 사랑하라'입니다. 사랑하기 위해 노동하라는 말씀입니다. 이 말씀대로 살면 함께 번성할 수밖에 없습니다. 일터에서 생존하기 급급한 우리도 하나님의 말씀대로 일하면 번성하리라는 약속을 받았습니다. 정글 같은 세계이지만 말씀대로 살면서 함께 번성하는 약속을 믿고 따릅시다. 사랑으로 일한다면 잠시의 불이익과 어려움을 극복하고 꾸준히 번성할 것입니다. 모두 함께.

Prayer 복 주시는 하나님, 번성케 하는 말씀을 듣고 순종하며 일하게 하소서.

말씀을 듣는 자리

여호와께서 임하여 서서 전과 같이 사무엘아 사무엘아 부르시는지라 사무엘이 이르되 말씀하옵소서 주의 종이 듣겠나이다 하니 (사무엘상 3:10)

자기 주체성을 강조하는 현대인들은 자기 내면의 소리에 집중합니다. 이것이 성공의 길이라 확신합니다. 내면의 소리는 우리를 평안하고 행복하게 할까요? 끝없는 욕망으로 자기 자신을 더 깊은 수렁에 빠지게 하지는 않나요? 바쁘고 힘들수록 우리 내면은 진리를 향한 갈망보다 성공과 쾌락에 대한 갈증이 깊어집니다. 우리는 우리 자신이 누구인지 분명히 알아야 합니다. '하나님은 우리에게 말씀하시는 분이시고, 우리는 하나님의 말씀을 듣는 자이다'는 사실을. 하나님의 말씀을 듣는 것이 하나님의 피조물인 우리의 본분입니다.

하나님의 말씀이 잘 들리지 않는 이유는 분주함이나 염려나 쾌락이 가로 막기 때문입니다. 삶이 만족스럽지 않거나 당황스럽거나 혼란하다면, 자기 본연의 자리로 돌아가 사무엘처럼 기도해야 합니다. "말씀하옵소서. 주의 종이 듣겠습니다." 말씀을 향한 영적 안테나를 높이 세워야 합니다. 세상 속 일터에서는 더욱 높이 세워야 합니다. 말씀하시는 하나님에 대한 견고한 믿음, 말씀을 듣고자 하는 간절함, 하나님과 친밀한 교제로.

Prayer 하나님 아버지, 오늘도 저에게 말씀하소서. 주의 종이 듣겠습니다.

묵상의 즐거움

복 있는 사람은 악인들의 꾀를 따르지 아니하며 죄인들의 길에 서지 아니하며 오만한 자들의 자리에 앉지 아니하고 오직 여호와의 율법을 즐거워하여 그의 율법을 주야로 묵상하는도다 (시편 1:1~2)

묵상은 머무름입니다. 하나님의 모든 말씀은 영원성이라는 무게를 지니고 있습니다. 한 번 휙 읽고 지나가는 습성으로는 말씀에 담긴 하나님의 깊은 마음을 이해하기 어렵습니다. 많이 읽겠다는 욕심으로 말씀을 대하면 성경은 영혼의 가장자리에 머물고 맙니다. 한 말씀에 오래도록 머물러 뚫어지게 바라보아야 말씀이 영혼에 뿌리를 내립니다. 묵상하는 말씀은 문자에 그치지 않고 생생하게 살아서 나에게 말을 걸어옵니다. 이때 우리는 울고, 웃고, 감사하고, 안도하고, 찬양합니다. 많은 말씀을 알면 진실한 신앙인이 된다는 보장은 없습니다. 말씀을 깊이 묵상해야 영혼이 성숙합니다. 묵상하는 말씀은 달콤합니다.

하나님은 묵상하는 우리 영혼에 들어와 온갖 염려와 두려움을 녹여주십니다. 몸도 바쁘고 마음도 복잡한 일터에서 어떻게 말씀을 묵상할까요? 한 말씀을 반복적으로 읽으며 그 말씀에 마음을 던져보세요. 영혼의 필름에 사진 찍듯 박혀있는 말씀은 결정적으로 중요한 순간에 우리를 선한 길로 구원해주십니다.

Prayer 말씀하시는 하나님, 오늘 주신 말씀에 마음의 닻을 내리고 일하게 하소서.

들을 귀

귀 있는 자는 들으라 (마태복음 13:9)

예수님은 자주 비유로 말씀하시고 한 마디 덧붙이셨습니다. "들을 귀 있는 자는 들으라." 말씀은 들을 귀 있는 사람들에게 주시는 하나님의 계시입니다. 계시의 영을 받은 사람만 말씀을 듣고 깨닫습니다. 많은 사람들이 말씀을 듣지만 깨닫는 사람은 지극히 적습니다. 하나님은 패역한 이스라엘을 향해 들어도 듣지 못하고 깨닫지도 못하게 하겠다고 진노하셨습니다(이사야 6:9). 말씀을 듣되 자기 유익을 위해 왜곡하는 자들의 귀를 막아버리는 것이 차라리 하나님의 자비입니다. 말씀이 신성모독죄의 도구로 사용되지 못하도록.

교회에서는 그나마 좀 들리던 말씀이 일터와 같은 일상 현장에서는 먹통이 되는 경우가 부지기수입니다. 먹고 살아야 한다는 강박관념 혹은 부담감으로 스스로 귀를 막아버립니다. '여기는 말씀이 통하지 않는 곳이다'고 포기하는 그리스도인들이 적지 않습니다. 우리는 알아야 합니다. 하나님의 말씀을 듣게 하는 성령이 계시지 않는 빈틈이란 세상에 단 1mm도 없다는 사실을. 언제 어디서든지 영혼의 귀를 활짝 열고 성령께서 들려주시는 말씀을 들어야 합니다.

Prayer 말씀하시는 성령님, 언제 어디서든 말씀을 듣게 하소서.

원하지 않아도

내가 진실로 진실로 네게 이르노니 네가 젊어서는 스스로 띠 띠고 원하는 곳으로 다녔거니와 늙어서는 네 팔을 벌리리니 남이 네게 띠 띠우고 원하지 아니하는 곳으로 데려가리라 (요한복음 21:18)

하나님이 우리에게 말씀하시는 이유는 무엇일까요? 우리가 원하는 삶을 살도록? 사실은 정확히 그 반대입니다. 우리가 자발적으로 원하지 않지만 하나님이 원하는 곳으로 우리를 보내시려고 하나님은 우리에게 말씀하십니다. 베드로는 예수님을 앞세워 예루살렘에서 출세하고 싶었지만, 하나님은 그를 '엉뚱하게도' 이방인 고넬료에게 가라고 말씀하셨습니다. 마지막에는 순교지 로마로 가라고 말씀하셨습니다. 베드로는 말씀이 이끄시는 대로 따랐습니다.

우리는 태생적으로 화려하고 달콤한 인생을 좋아합니다. 영혼의 당뇨병에 걸린 인생이 말씀을 만나면 달라집니다. 자신이 원하는 곳보다 하나님이 보내시는 곳으로 갑니다. 일터에서도 결코 원하지 않지만 가라고 하는 자리로 묵묵히 떠납니다. 남들이 내 허리띠를 끌고 갈지라도 누군가의 구원과 유익에 도움이 된다면 감사하며 순종합니다. 선교지든 일터든 가정이든 그 어디든 보냄 받은 곳에서 버티고 인내하면서 작은 열매라도 열리기를 소원하면서. 하나님의 모략은 우리의 지혜와 비교할 수 없을 만큼 큽니다.

Prayer 말씀하시는 성령님, 말씀하소서. 비록 내가 원하지 않는 길일지라도 가게 하소서.

듣고 행하는 자

그러므로 누구든지 나의 이 말을 듣고 행하는 자는 그 집을 반석 위에 지은 지혜로운 사람 같으리니 (마태복음 7:24)

자전하는 지구에 항상 바람이 불 듯, 세상살이에도 풍파가 끝없습니다. 누가 풍파를 끝까지 이겨낼까요? 지식이 많은 사람? 돈 많은 사람? 권세 높은 사람? 아닙니다. 행동하는 사람입니다. 행동 없는 믿음은 바람에 나는 겨와 같지만, 행동하는 믿음은 반석 위에 세운 집과 같습니다. 하나님의 말씀을 듣고 곧바로 행동하는 사람은 강합니다. 잔뜩 두려움에 싸여 커피 잔을 만지작거리던 마틴 루터 킹 주니어 목사는 "핍박받는 사람들을 위해 내 대신 나서 달라"는 주님의 말씀을 듣고 즉시 일어나 집밖으로 나가 행진했습니다.

지식을 쌓기 위해 말씀을 들으려 해서는 안 됩니다. 행동하기 위해 들어야 합니다. 교회 안에 성경공부 프로그램이 많아질수록 교회가 약해지는 경향이 있습니다. 순종 없는 지적 호기심은 위험합니다. 말씀을 들으면 행동해야 한다는 부담감을 가져야 합니다. 행동 없는 성경공부는 중단해야 합니다. 쓸데없는 시간낭비입니다. 날마다 지진처럼 흔들리는 일터에서 반석 위에 세운 집처럼 안전하고 강하게 살려면 말씀을 듣고 들은 대로 행동해야 합니다.

Prayer 말씀하시는 예수님, 주시는 말씀을 듣고 일어나 행동하게 하소서.

필요 없는 '다른 신들'

너는 나 외에는 다른 신들을 네게 두지 말라 (출애굽기 20:3)

고대 세계는 신들의 세상이었습니다. 인간은 신들을 위해 창조되었다는 사고가 팽배했습니다. 인간은 본질적으로 신적 완전함에 모자라는 불완전한 존재여서 고통스러운 노동을 감내하며 일상을 살아야 한다는 숙명으로 삶을 강요받았습니다. 이스라엘의 하나님은 신적 존재로 인정받던 파라오의 압제로부터 이스라엘을 해방시켜 자유롭게 살게 함으로써 이러한 숙명론을 부정하셨습니다. 이스라엘은 하나님의 제사장 나라, 거룩한 백성이 되어 '다른 신들'이 필요 없게 되었습니다. 이제 사람은 신의 노예가 아니라 신의 동료(co-creators)가 되었습니다.

하지만 적지 않은 성도들이 여전히 '다른 신들'을 섬기고 살아갑니다. 돈, 명예, 쾌락, 지식 혹은 뛰어난 인물 같은 '다른 신들'이 불안하고 불완전한 우리를 구원해줄 것이라 믿고 섬깁니다. 일상의 노동은 우리를 신들의 노예로 전락시키는 숙명론으로 다시 돌아갔습니다. 그러나 유일하신 창조주 하나님 안에서 우리의 노동은 하나님의 축복이 되고 예배가 됩니다. 우리에게 더 이상 '다른 신들'은 필요 없습니다.

Prayer 유일하신 하나님, 하나님 외에 다른 신들을 내 안에 두지 않게 하소서.

불통하는 우상, 소통하는 하나님

너를 위하여 새긴 우상을 만들지 말고 또 위로 하늘에 있는 것이나 아래로 땅에 있는 것이나 땅 아래 물속에 있는 것의 어떤 형상도 만들지 말며 그것들에게 절하지 말며 그것들을 섬기지 말라 (출애굽기 20:4~5상)

하나님은 단호하게 우상 숭배를 금지하십니다. 하나님은 우상 숭배자를 향해 "나는 질투하는 하나님"이라고 강력하게 경고하십니다. 하나님이 우상을 경쟁자로 여기기 때문이 아닙니다. 우상은 우리가 우리 자신을 위해 만든 것이기에 애초부터 하나님의 경쟁 상대가 되지 못합니다. 하나님과 소통해야 자신의 소명을 알고 멋지게 살아갈 수 있는 우리가 허망한 우상들에게 가로막히는 것에 하나님은 분노하십니다.

하나님은 하나님을 사랑하는 자에게는 후손 천 대까지 은혜를 베풀고, 미워하는 자에게는 삼사 대까지 죄를 갚겠다고 하셨습니다. 하나님은 이처럼 압도적으로 비대칭적인 복을 약속하실 정도로 우리와 소통하기 원하십니다. 우상은 우리 눈에 보이는 형상을 가지고 있지만 아무것도 듣지도 보지도 말하지도 못합니다. 우리 하나님은 비록 우리 눈에 보이지 않지만 매 순간 듣고 보고 말씀하십니다. 상황이 어렵고 불안할수록 하나님에게 더 우리 마음을 쏟아야 우상이 우리 마음을 잠식하지 못합니다.

Prayer 들으시고 말씀하시는 하나님, 늘 하나님과 소통하며 우상을 멀리하게 하소서.

증거가 뚜렷한 이름

너는 네 하나님 여호와의 이름을 망령되게 부르지 말라 여호와는 그의 이름을 망령되게 부르는 자를 죄 없다 하지 아니하리라 (출애굽기 20:7)

우리 하나님 여호와의 이름을 망령되게 부르지 말라는 명령은 그 이름을 무의미하게 사용하지 말라는 뜻입니다. 하나님의 이름이 불리는 곳에는 반드시 하나님이 거하시는 증거가 뚜렷하게 보여 찬미를 받습니다. 하나님의 이름을 부르는데도 아무런 회개의 열매도, 성령의 능력도, 성품의 거룩한 변화도, 공동체의 질적 혁신도 없다면 하나님의 이름은 공허하고 무의미한 종교적 표상에 불과합니다. 세상은 그 이름을 조롱합니다. 그러나 두려움과 떨리는 마음으로 하나님의 이름을 부르는 사람들에게 하나님의 이름은 모든 것의 모든 것이 됩니다. 삶의 두려움과 불안은 더 이상 우리를 지배하지 못하고 하나님의 이름 아래 통제됩니다.

하나님의 이름을 부르는 자는 하나님의 이름으로 주어진 말씀을 천금보다 무겁게 받아들여 순종합니다. 하나님이 그들의 하나님이 됩니다. 반면, 종교적 가벼움으로 하나님의 이름을 부르는 자는 심판을 받습니다. 우리가 순종하는 믿음으로 하나님의 이름을 부른다면, 하나님은 죄악들이 넘실대는 불안하고 힘든 일터를 통제하시는 전능하신 하나님으로 오십니다.

Prayer 전능하신 하나님, 추호라도 하나님의 이름을 가볍게 부르지 않게 하소서.

예배자 본연의 자리로

안식일을 기억하여 거룩하게 지키라 (출애굽기 20:8)

안식일(주일)은 엿새 동안 열심히 일하고 기운을 회복하기 위해 하루 쉬는 날이 아닙니다. 안식일은 분주했던 일상에서 한 발짝 뒤로 물러나 하나님의 존재 안으로 들어가 머무는 날입니다. 창조의 일곱째 날에 하나님은 창조하는 일을 마치시고 모든 피조물들과 함께 기쁨의 안식을 누리셨습니다. 하나님과 함께 안식하는 세상은 참으로 보기 좋았습니다. 안식일을 기억하는 우리는 창조주 하나님을 예배하는 본연의 자리로 돌아갑니다.

우리는 하루 동안 일을 중단하고 세상 한 가운데에서 멈춰서는 '위험한 도전'으로 안식일을 거룩하게 합니다. 우리는 안식일(주일)을 지킴으로 세상에 창조주 하나님을 선포하고 우리는 그의 백성임을 고백합니다. 안식하지 않고 계속 일하는 사람들은 자기 자신을 스스로 채찍질하는 '셀프 노예'로 살아갈 위험이 큽니다. 과로와 중독과 허무함의 함정에 빠지지 않으려면 하나님을 예배하며 삼위일체 하나님의 사랑과 평화와 기쁨으로 들어가는 리듬을 타야 합니다. 다만 예배가 또 하나의 일이 되지 않도록 조심하면서.

Prayer 안식의 하나님, 하루 일을 중단하고 예배자 본연의 자리로 돌아가게 하소서.

하나님이 세우신 권위

네 부모를 공경하라 그리하면 네 하나님 여호와가 네게 준 땅에서 네 생명이 길리라 (출애굽기 20:12)

부모는 하나님의 위임을 받아 자녀를 양육하고 보호합니다. 하나님은 부모를 통해 자녀를 낳으시고 독립할 때까지 기르십니다. 부모는 어린 자녀에게 밥을 먹이며 하나님의 말씀과 축복을 전달하는 생명의 통로입니다. 부모도 사람이기에 부족한 사람입니다. 자녀들은 부모의 불완전함을 금방 눈치 챕니다. 그럼에도 불구하고 자녀가 부모를 공경해야 하는 이유는 부모의 성품 때문이 아니라 부모의 자리 때문입니다. 세상의 모든 부모는 하나님이 세우신 자리입니다. 자녀들은 부모의 권위를 무겁게 받아들이며 공경할 때 하나님을 공경합니다.

부모를 공경하는 사람들은 "모든 권세는 하나님께서 정하셨다(로마서 13:1)"는 말씀에 근거해 세상 권위자들의 권위를 존중합니다. 스승, 지도자, 상사, 선배 등은 하나님이 세상을 통치하고 질서 있게 유지하기 위해 세우신 자리들입니다. 이분들을 통해 세상을 살아가는 지혜를 배우려는 사람은 현명합니다. 물론 이분들도 인간적 한계와 단점과 죄를 가지고 있기에 하나님의 말씀에 비춰 권위를 인정하고 배우는 분별력이 있어야 하겠지요.

Prayer 창조의 하나님, 하나님께서 정해주신 권위의 자리들을 존중하게 하소서.

하나님 나라, 생명의 세상

살인하지 말라 (출애굽기 20:13)

하나님은 우리의 생명이 상처받지 않고 번성하는 세상을 꿈꾸십니다. 살인하지 말라는 계명은 하나님이 창조하신 생명들을 존귀하게 여기며 보호하라는 포괄적 의미를 갖고 있습니다. 우리의 말과 행위가 타자의 생명을 파괴하기 보다는 오히려 타자의 생명이 번성하도록 협력한다면, 하나님의 꿈은 실현될 것입니다. 하나님이 우리에게 땀 흘리고 수고하며 살라고 하신 말씀은 우리의 노동에 대한 저주가 아니라 타자의 생명에 봉사하라는 권면입니다.

그런데 살인을 금지하시는 하나님이 때론 사형에 처하라고 하십니다. 율법에서 고의적 살인, 우상 숭배, 심각한 근친상간 등의 죄는 사형죄입니다. 이러한 죄들을 방치하면 약한 자들의 생명이 위태로워지기 때문입니다. 죄의 근원을 제거함으로써 '약한 생명'을 악으로부터 보호하시려는 하나님의 뜻입니다. 자기 유익을 위해 타자의 생명을 훼손하는 어떤 행위도 하나님 앞에서는 용납되지 않습니다. 나의 일상적 말과 행위는 타자의 생명에 영향을 미칩니다. 긍정적인 영향을 미치도록 자신을 관리하고 타자를 배려하는 것이 이 계명의 핵심입니다.

Prayer 생명의 하나님, 타자의 생명을 내 생명처럼 소중히 여기게 하소서.

하나님 나라, 순결한 세상

간음하지 말라 (출애굽기 20:14)

하나님은 성적으로 순결한 세상을 꿈꾸십니다. 성적 순결은 성적 욕망을 억제하는 것만을 뜻하지 않습니다. 순결은 성적 욕망이 가진 폭력적 성향이 표출되지 않도록 막아줍니다. 폭력적인 성적 욕망은 성적 약자를 억압하고 그들의 생명을 위협하는 반생명적 성향입니다. 성적 폭력성은 순결하기 원하는 사람들을 힘으로 억눌러 인간성을 짓누릅니다. 소돔과 고모라는 순결함을 상실한 '간음 공화국'의 상징입니다. 간음은 나그네를 환대하기는커녕 동물적 쾌락의 희생물로 삼아버립니다. 간음은 자신의 힘에 의존하는 제국주의적 죄악 문화의 전형입니다.

사내(社內) 간음이 생각보다 많습니다. 지위를 이용해 아랫사람의 순결을 짓밟는 문화가 '돈 공화국'에 팽배합니다. 잘못된 성적 욕망을 억제하기 위해서는 하나님이 짝지어주신 자기 배필과 깊은 사랑을 나눠야 합니다. 순결한 사랑은 생명을 잉태하고 생명을 보호하고 생명을 축복합니다. 하나님이 정해주신 나의 반쪽을 진심으로 인정하고 사랑하지 않거나 보호하고 존중하지 않으면, 내 안의 성적 욕망은 비틀어져 엉뚱한 피해자를 낳게 됩니다.

Prayer 사랑의 하나님, 순결한 사랑으로 생명을 잉태하고 보호하게 하소서.

하나님 나라, 안전한 세상

도둑질하지 말라 (출애굽기 20:15)

하나님은 우리의 재산이 분쟁과 갈등의 근원이 아니라 축복의 도구가 되기를 바라십니다. 재산에 지나친 마음을 두면, 우리는 자연스럽게 더 많은 재산을 갖고 싶은 욕망을 갖게 됩니다. 도둑질해서라도 내 재산을 키우고 싶어 합니다. 삶을 안전하게 해줄 것이라 믿었던 재산 때문에 삶이 불안해지는 모순이 우리의 일상이 되어버렸습니다. 일의 '소명'보다 일의 결과로 얻을 '재산'에 집착할수록 일터에서 스트레스는 높아지고 불안해집니다.

아무나 도둑질하지는 않지만, 누구나 도둑질할 가능성이 있습니다. 재산으로 삶의 안전을 보장받으려 한다면 도둑질도 마다하지 않을 세상입니다. 하지만 안전한 삶은 많은 재산이 아니라 정직한 노동과 공정한 보상, 감사하는 마음에 달려있습니다. 재산은 근본적으로 하나님이 주신 선물이라는 믿음이 넓어질 때, 세상이 더욱 안전해집니다. 하나님은 "내 계명을 지키면 배부르게 먹고 나를 찬송케 하겠다(신명기 8:1~10)"고 약속하셨습니다. 안전한 세상은 나 혼자 힘만으로는 만들어갈 수 없지만 나의 믿음이 그 출발점입니다.

Prayer 만복의 근원 하나님, 정직한 노동과 공정한 보상과 감사의 마음으로 안전하게 살게 하소서.

하나님 나라, 정의로운 세상

네 이웃에 대하여 거짓 증거하지 말라 (출애굽기 20:16)

하나님은 힘없는 자들이 부당하게 대접받지 않는 세상을 꿈꾸십니다. 우상 숭배자들은 자기만족을 위해 힘으로 약자의 것을 빼앗는 '능력'을 자랑합니다. 법정에서 거짓증거를 도모하는 모략을 '지혜'로 여깁니다. 아합과 이세벨이 거짓 증거자들을 내세워 선량한 나봇의 포도원을 빼앗고 우쭐했듯이 말입니다. 아무리 보잘것 없어 보이는 작은 생명일지라도 하나님의 피조물이기에 경외감으로 바라보며 대해야 합니다. 정직과 정의는 윤리 문제 이전에 생명의 문제입니다. 우리에게 생명을 주신 하나님은 정의롭고 공의로운 생명의 하나님이십니다.

모든 종류의 거짓말이 용납될 수 없다는 뜻은 아닙니다. 생명을 살리기 위한 '진정성 있는 거짓말'은 용서받을 수 있을 것입니다. 반대로 사실(fact)을 말한다 해도 교묘한 짜맞춤으로 생명을 해칠 때는 진실(truth)이 아닙니다. 진리의 하나님이 결국 심판하십니다. 다만 우리는 자신의 진술과 행위가 자기 욕망을 위해 약한 사람들을 위험에 빠뜨리지는 않도록 조심해야 합니다. 정직하고 정의로운 말은 우리 사회를 건강하고 강하게 만듭니다.

Prayer 정의로우신 하나님, 정직하고 정의로운 말로 건강하고 강하게 살게 하소서.

하나님 나라, 은혜로운 세상

네 이웃의 집을 탐내지 말라 네 이웃의 아내나 그의 남종이나 그의 여종이나 그의 소나 그의 나귀나 무릇 네 이웃의 소유를 탐내지 말라 (출애굽기 20:17)

하나님은 우리가 하나님의 은혜를 갈망하며 사는 세상을 꿈꾸십니다. 우리는 원래 갈망하는 존재입니다. 아기가 젖을 먹여주는 엄마를 갈망해야 살 수 있는 것처럼, 우리도 창조주 하나님의 은혜를 갈망해야 살아갈 수 있습니다. 영원하신 하나님 외에 다른 것을 갈망하면, 우리 영혼은 끝없는 갈증으로 이웃의 소유를 갈망합니다. 우상숭배와 같은 탐심입니다. 어떤 이들은 갈망하는 마음을 비워야 한다고 하지만, 비우면 금방 또 다른 것들로 채워집니다. 갈망은 인간의 연약한 본성입니다. 우리는 '무소유'가 불가능한 존재입니다.

탐심의 갈증은 오직 하나님의 은혜로만 해갈됩니다. 목마른 사슴이 시냇물을 찾아 헤매듯이, 우리가 하나님의 은혜를 갈급해 하는 이유입니다. 은혜는 하나님이 우리에게 필요한 모든 것들을 공급해주신다는 간증이며 믿음의 고백입니다. 하나님의 은혜로 사는 사람에게는 물질의 소유를 향한 갈망이 바람에 나는 겨와 같이 부질없습니다. 우리가 일터에서나 어디에서나 진정 탐내야 할 것은 타인의 소유물이 아니라 영원히 은혜로운 하나님 나라입니다.

Prayer 은혜로우신 하나님, 날마다 필요를 채워주시는 하나님의 은혜만을 갈망하게 하소서.

52주 일터와 일상의 신실함을 위한

말씀묵상

Meditation in the Workplace

섭리와 일터

누가 실제적 주체(主體)인가?

너희는 가만히 있어 내가 하나님 됨을 알지어다 내가 뭇 나라 중에서 높임을 받으리라 내가 세계 중에서 높임을 받으리라 (시편 46:10)

많은 사람들이 마치 자기가 역사와 삶의 유일한 주인공인 것처럼 착각하며 살아갑니다. 길어봤자 100년 안팎 살다 가는 인생들이인데. 길고 긴 인간 역사를 시작부터 지금까지 지켜보시고 이끄신 존재는 창조주 하나님밖에 없습니다. 하나님은 자신이 창조한 세계를 자기 뜻대로 완성하실 때까지 인간의 역사를 이끄시며 스스로 하나님 되시고 세계 중에서 가장 높은 분이심을 증명하십니다. 세상에서 하나님의 지혜를 이길 자는 없습니다. 자기 스스로 인생을 기획하려는 시도는 행복하지 않습니다.

하나님이 역사와 삶에서 가장 중요한 실제적 주체이십니다. 우리 삶은 하나님의 섭리 안에 있습니다. 섭리를 벗어나 자기 뜻과 욕망에 이끌리지 않는다면, 삶은 하나님께서 선하게 이끄시는 방향으로 흘러갑니다. 광장에서, 일터에서, 가정에서, 교회에서 하나님의 섭리를 감지하고 그 파도를 탄다면, 삶은 망망한 바다 위를 떠도는 슬픈 일엽편주(一葉片舟)가 아니라 섭리의 역사 한 자락을 당당하게 차지하는 멋진 작품이 됩니다.

Prayer 섭리의 하나님, 내 삶을 이끄시는 하나님의 섭리를 의식하며 살게 하소서.

DATE . . .

창세 전부터

곧 창세 전부터 그리스도 안에서 우리를 택하사 우리로 사랑 안에서 그 앞에 거룩하고 흠이 없게 하시려고 (에베소서 1:4)

우리를 향하신 하나님의 선택과 사랑은 세상이 창조되기 전부터 시작됐습니다. 시간과 함께 창조된 세상은 영원하신 하나님의 품 안에서 영원히 존재합니다. 덧없는 시간의 흐름 속에 사는 우리이지만 그리스도를 통해 영원이라는 하나님의 시간 속으로 들어갑니다. 우리의 생물학적 탄생과 죽음의 경험들은 하나님의 영원 안에서 생성과 소멸의 비극이 아니라 사랑과 섭리가 임한 흔적들입니다. 영원하신 하나님의 섭리는 우리의 허무함을 거룩함으로 바꾸십니다.

분치기, 초치기로 살아가는 숨 가쁘고 불안한 일터도 하나님의 영원 안에서는 사랑의 섭리에 둘러싸여 있습니다. 외롭게 세상에 던져진 것처럼 느껴지는 불안한 순간도 섭리하시는 하나님의 부드러운 눈 길 아래 있습니다. 힘들수록 잠시 눈을 감고 긴 호흡으로 영원하신 하나님의 섭리를 느껴보세요. 거칠었던 우리의 행동들이 사랑의 섭리 속에서 거룩하게 변할 것입니다. 생성되고 소멸하는 모든 것들이 하나님의 영원 안에서는 사랑을 위해 사용됩니다.

Prayer 섭리의 하나님, 분주한 삶이 사랑이라는 영원한 가치를 표현하게 하소서.

주의 성실하심으로

여호와 만군의 하나님이여 주와 같이 능력 있는 이가 누구리이까 여호와여 주의 성실하심이 주를 둘렀나이다 (시편 89:8)

오늘도 세상은 우리의 노력이 아니라 우리 주 여호와 하나님의 성실하심(신실하심)으로 사라지지 않고 존재합니다. 하나님이 성실하심으로 지탱하여주시지 않는다면 내일 새벽에는 동쪽에서 해가 떠오르지 않을 것입니다. 오직 하나님의 성실하신 섭리가 자연법칙의 원동력입니다. 세상에 필연은 없습니다. 필연으로 보이는 현상 뒤에 하나님의 성실하신 사랑이 숨어 있습니다. 하나님은 어떤 필연에도 얽매일 필요가 없는 분입니다. 하나님의 사랑과 섭리가 오늘의 세상을 사람 수만큼 많은 서로 다른 욕망 가운데서 유지하십니다.

우리 삶은 어떤 필연 때문이 아니라 성실하신 하나님의 사랑에 대한 응답입니다. 삶이 아무리 힘들고 고달프게 느껴지더라도 그리 염려할 필요가 없습니다. 하나님이 우리의 필요를 다 아십니다(마태복음 6:32). 생노병사(生老病死)의 모든 순간들은 '나'를 향한 하나님의 세심한 돌봄 아래 있습니다. 비록 최악의 경험을 할지라도 하나님의 성실하심으로 반드시 선을 이루기에 감사합니다. 죽음의 순간이라 할지라도.

Prayer 섭리의 하나님, 하나님의 성실하신 세계 경영을 믿고 편안한 마음으로 살게 하소서.

하나님의 뜻대로

땅의 모든 사람들을 없는 것 같이 여기시며 하늘의 군대에게든지 땅의 사람에게든지 그는 자기 뜻대로 행하시나니 (다니엘 4:35상)

하나님은 참 따뜻하고 자비롭고 감사하신 분입니다. 그러나 때론 하나님이 냉혹하고 잔인하고 낯설게 느껴지기도 합니다. 우리의 인지력과 감수성은 대개 자아(自我)의 한계를 넘지 못하지만, 하나님은 우리의 한계를 훌쩍 뛰어 넘어 집요하게 자신의 뜻을 향해 세상을 이끄십니다. 우리 스스로는 깨닫지 못합니다. 오직 우리에게 계시하신 말씀의 빛 아래 영적 안목이 열려야 내 뜻이 아니라 하나님의 뜻대로 세상과 인생이 움직인다는 사실을 알 수 있습니다.

섭리의 하나님은 우리 기도를 세밀하게 들으시고 응답하시지만 결국 자기 뜻을 이루십니다. 자존심 강한 현대인들에게는 불편한 하나님이겠지요. 사실 우리는 무엇을 구해야 할지도 모르고 혼란 가운데 살아갑니다. 하늘의 군대도, 땅의 사람도 결국 하나님의 뜻에 달려 있습니다. 하나님이 우리의 욕망에 흔들리지 않고 자신의 선한 뜻을 이루시기에 그나마 이 혼돈의 세상이 살아남은 것 아닐까요? 모든 사람의 소원을 들어주신다면 세상은 단 하루도 지탱하지 못할 것입니다. 내 뜻이 아니라 하나님의 뜻을 구하면, 초조하고 불안한 마음이 사라집니다.

Prayer 섭리의 하나님, 혼란한 삶일수록 하나님의 뜻을 구하게 하소서.

반드시 이루리라

만군의 여호와께서 맹세하여 이르시되 내가 생각한 것이 반드시 되며 내가 경영한 것을 반드시 이루리라 (이사야 14:24)

주전 8세기에 북이스라엘을 정복한 고대 앗수르 제국을 이길 자가 없었습니다. 잔인하기로 소문난 앗수르에 감히 대항해 맞설 자가 없었습니다. 그러나 하나님은 정복자 앗수르를 이스라엘 땅에서 파멸시켜버리겠다고 말씀하셨습니다. 하나님은 결국 바벨론으로 앗수르를 멸망시켰습니다. 역사의 주체이신 하나님이 생각하고 경영한 것이 반드시 이뤄지는 것은 너무나 당연합니다. 하나님이 말씀하신 것은 반드시 이뤄집니다. 지혜로운 사람은 하나님의 말씀에 귀를 쫑긋 세워 듣습니다.

하나님의 말씀은 진실하고 선하고 아름답습니다. 폭력적인 세상에서는 연약해 보일지 몰라도 하나님은 자기 입에서 나간 말씀을 반드시 이루십니다. 거짓되고 악하고 추한 것들은 결단코 하나님의 나라에 들어갈 수 없습니다. 오직 거룩하고 영광스러운 하나님에게 합당한 것들만 들어갑니다. 종말을 향해 가고 있는 오늘도 하나님은 말씀에 합당한 열매를 고르십니다. 악한 세상에서 우리의 노동은 '반드시 이루시는 하나님의 섭리'에 타당해야 합니다.

Prayer 섭리의 하나님, 오늘도 반드시 이루시는 하나님의 말씀에 합당한 일만 하게 하소서.

은총, 예배의 출발

이 땅 백성도 안식일과 초하루에 이 문 입구에서 나 여호와 앞에 예배할 것이며 (에스겔 46:3)

예배는 하나님을 경배하며 찬양하는 행위입니다. 우리는 하나님이 보여주신 놀라운 일들에 경탄하기에 하나님을 예배합니다. 온 몸으로 전율하는 하나님의 지혜와 은총이 우리를 예배로 이끕니다. 이스라엘은 죽음의 골짜기에 버려진 마른 뼈들처럼 아무런 소망이 없다가 벌떡 일어나 훼파된 예루살렘 성전을 재건하는 기적을 경험했습니다. 이들이 가장 먼저 해야 할 일은 예배였습니다. 하나님의 영이 통과해 들어간 예루살렘 성전 동문 앞에서.

하나님은 사이비 교주들처럼 우리에게 무조건 예배를 요청하지 않으십니다. 하나님은 고통 받는 우리들에게 하나님 되심을 보여주시고 예배를 요청하십니다. 예배는 '나를 구원하신 하나님'에 대한 믿음과 사랑과 헌신을 고백하는 것입니다. 하나님을 예배하는 삶에서 '소소한' 일상은 더 이상 무의미한 작은 일들의 반복이 아니라 하나님의 놀라운 일들로 충만한 축복의 연속입니다. 평범하고 지루하게 느껴졌던 일상이 날마다 새롭습니다. 일터에서든 가정에서든 사회에서든 예배는 상상을 초월하는 삶을 선물합니다.

Prayer　지혜의 하나님, 오늘도 놀라운 은총을 경험하고 하나님을 예배하게 하소서.

회개, 예배의 관문

그러므로 내가 스스로 거두어들이고 티끌과 재 가운데에서 회개하나이다 (욥 42:6)

예배는 두려움과 떨림 가운데 새로운 존재로 들어가는 행위입니다. 옛 자아(自我)를 벗고 십자가로 새 옷을 입지 않으면 하나님을 예배할 수 없습니다. 동방의 의인 욥은 매일 아침 예배를 드렸지만 이해할 수 없는 고난을 겪고 합리적 이성으로 하나님을 원망했습니다. 그러나 항변할 수 없는 하나님의 영광과 자비와 능력을 눈으로 본 뒤에 모든 이성적 주장을 철회하고 티끌을 뒤집어쓰고 재를 머리에 올리며 회개했습니다.

회개는 영혼의 눈이 천지개벽하듯 완전히 새로워지는 사건입니다. 회개하는 영혼은 영원하신 하나님의 세계를 눈으로 보며 내 자신이 얼마나 좁은 세계에 갇혀 살아왔는지 가슴 치며 통회합니다. 끝없이 몰려오는 고난이 하나님의 선하심을 결코 넘어설 수 없음을 확신합니다. 기쁘나 슬프나 어떤 일이 다가오든 하나님의 주권을 인정하며 예배하지 않을 수 없습니다. 회개는 하나님 예배로 들어가는 관문입니다. 회개하는 영혼은 일터에서 어떤 일을 당하든 하나님의 압도적인 선하심을 경험하고 예배하며 하나님의 선을 위해 일합니다.

Prayer 영원하신 하나님, 오늘도 회개하는 영혼으로 하나님을 예배하며 일하게 하소서.

말씀에 반응하는 예배

에스라가 모든 백성 위에 서서 그들 목전에 책을 펴니 책을 펼 때에 모든 백성이 일어서니라 (느헤미야 8:5)

예배할 때, 우리는 온 몸과 마음을 집중하여 하나님의 말씀 속으로 들어갑니다. 하나님은 인간의 언어로 도달할 수 없는 분이시지만 우리가 알아들을 수 있는 언어로 먼저 말씀을 걸어오십니다. 말씀은 영혼 속에 들어와 육신을 움직이는 힘입니다. 듣고자 소망하는 우리를 새롭게 창조하시는 하나님의 능력입니다. 예배할 때마다 우리는 극도의 긴장감과 기대감과 설렘으로 말씀 앞에 서지 않을 수 없습니다.

바벨론에서 돌아온 이스라엘은 하나님의 백성으로 거듭 태어나기 위해 오랫동안 잊고 지냈던 말씀 앞에 일어섰습니다. 말씀을 깨닫고 울었습니다. 영혼 깊은 곳에서 솟구쳐 올라오는 통회, 부끄러움, 감사, 감격, 안도감이 뒤섞인 눈물이었습니다. 그들은 말씀 중심의 단단한 유대 공동체를 만들었습니다. 들려오는 말씀에 정직하게 반응할 때 우리는 진정한 예배자가 됩니다. 말씀에 반응이 없는 예배는 죽은 예배입니다. 하나님을 모르는 일터 한 모서리에서 조용히 말씀 앞에 서서 반응할 때, 내가 변화하고 일터가 달라지기 시작합니다.

Prayer 말씀하시는 하나님, 오늘도 주신 말씀에 반응하는 예배자로 일하게 하소서.

영으로 드리는 예배

하나님은 영이시니 예배하는 자가 영과 진리로 예배할지니라 (요한복음 4:24)

예배에서 우리는 영으로 하나님을 만납니다. 하나님은 우리가 살아가는 시간과 공간을 창조하셨지만 여기에 얽매이지 않고 자유롭게 초월하십니다. 특정한 시간과 공간 안에 살아가는 우리는 하나님을 전통과 교리와 제도 안에서 쉽게 만나려는 '편의적 종교성'에 익숙합니다. 그러나 영이신 하나님은 우리에게 영을 보내주셔서 두꺼운 종교적 갑옷을 뚫고 나가 지금 나에게 말씀하시는 하나님을 만나게 해주십니다. 예배는 하나님의 성령에 이끌려 영이신 하나님을 만나는 초월적 사건입니다.

하나님의 영은 우리의 예배가 몽환적 분위기에 잠기는 신비 경험이 아니라 그토록 갈망하던 진리를 만나는 기쁨이 되게 하십니다. 진리는 영원하고 무한대이신 하나님의 아들이 우리의 시간과 공간 안으로 들어오신 나사렛 예수 그리스도입니다. 그리스도는 땅에서 살아가는 우리가 하늘 시민권자로 살아가는 영적 존재임을 깨닫게 해주십니다. 영과 진리로 예배할 때 우리는 진흙탕 같은 일터에서도 그리스도를 닮아 영적 존재로 살아가기를 소망합니다.

Prayer 영이신 하나님, 성령에 이끌려 일터에서 영적 존재로 살아가게 하소서.

몸으로 드리는 예배

그러므로 형제들아 내가 하나님의 모든 자비하심으로 너희를 권하노니 너희 몸을 하나님이 기뻐하시는 거룩한 산 제물로 드리라 이는 너희가 드릴 영적 예배니라 (로마서 12:1)

우리는 일상의 삶에서 몸으로 하나님을 예배합니다. 성서에서 초기 예배는 성전에서 살아있는 동물을 희생 제물로 드리는 제사였습니다. 예배의 핵심은 '드림(dedicate)'입니다. 이 드림은 내 소유권을 양도한다는 의미가 아니라 원래의 소유자에게 돌려드리는 것입니다. 하나님은 우리 것을 빼앗는 분이 아닙니다. 원래 하나님의 소유였던 것들의 일부를 돌려받으시는 데에 만족하십니다. 우리는 가정과 일터와 교회를 포함함 모든 곳에서 하나님께 드림으로써 우리 자신이 하나님의 소유임을 고백합니다.

몸으로 살아가는 우리가 드려야 할 제물은 우리 자신의 몸입니다. 하나님의 은혜와 말씀에 합당한 행위와 말을 함으로써 우리는 하나님을 예배합니다. 영적 예배는 몸으로 드려져야 합니다. 몸으로 드리는 예배의 모범은 예수님입니다. 예수님이 우리를 위해 자신의 몸을 희생하신 것처럼 우리도 타자를 위해 우리 자신의 몸을 드릴 때 예배자가 됩니다. 몸으로 자신을 희생하지 않는 예배는 위선입니다. 우리는 서로 사랑함으로 하나님을 예배합니다.

Prayer 사랑의 하나님, 나도 예수님처럼 몸으로 하나님을 예배하며 살게 하소서.

해방을 기다리는 일터에서

어려운 노동으로 그들의 생활을 괴롭게 하니 곧 흙 이기기와 벽돌 굽기와 농사의 여러 가지 일이라 그 시키는 일이 모두 엄하였더라 (출애굽기 1:14)

우리는 일을 해야 먹고 삽니다. 노동은 생명을 살리는 필요조건입니다. 하지만 노동이 쉼이라는 충분조건과 병행하지 않으면 오히려 생명을 해롭게 합니다. 노동은 생명에 대한 봉사라는 절대 가치를 놓치는 순간 생명을 해치는 수단으로 돌변할 위험이 큽니다. 애굽 사람들은 이스라엘 자손이 생육하고 번성하고 매우 강해져 온 땅에 가득하게 되자 혹시나 반역하거나 집단 탈출할까 두려워했습니다. 그들은 이스라엘이 피곤에 지쳐 더 이상 번성하지 못하도록 노동 강도를 극대로 높였습니다.

노동 조건이 제도적으로 보장돼 있는 선진 사회에서도 노동은 반생명적 흉기로 악용되기도 합니다. 이윤 극대화를 추구하는 회사, 성공 신화를 좇는 자아, 인정받기 위한 극도의 노력 등으로 노동은 그 어떤 시대보다 피곤해졌습니다. 업적이 많을수록 허무의 그림자도 길어졌습니다. 노동하는 자기 자신이 사라지는 비극이 일어났습니다. 노동 해방이 너무나 절실한 때입니다. 쉼을 찾아 노동의 필요충분조건을 확보해야 합니다.

Prayer 생명의 하나님, 끝없는 일의 괴로움과 허무함에서 나를 구원하소서.

DATE . . .

거짓이 판치는 일터에서

그대들의 아버지가 나를 속여 품삯을 열 번이나 변경하였느니라 그러나 하나님이 그를 막으사 나를 해치지 못하게 하셨으며 (창세기 31:7)

어떤 일터에서는 사기와 술수와 거짓이 판칩니다. "생존을 위해 불가피하다"는 변명 아래 양심을 잠시 철수시킵니다. 생존의 요구가 급할 때에는 불가피하게 윤리적 요구를 충족시키지 못합니다. 생존은 윤리에 앞서는 것이 사실입니다. 하지만 생존을 핑계로 비윤리적 행위를 반복하면 탐욕입니다. 타인의 생명과 재산을 위협합니다. 정직과 정의의 하나님이 가만히 있을 리 없습니다. 야곱의 고용주였던 삼촌 라반의 탐욕은 야곱을 탈출시킨 하나님의 작전에 물거품이 되어버렸습니다.

야곱도 형 에서를 상습적으로 속이다 결국 도망자 신세가 되었습니다. 그러나 벧엘에서 하나님을 만난 뒤 야곱은 '악독한 주인'을 옛 습관으로 보복하지 않고 약속대로 일하면서 당했습니다. 하나님이 보호해주시겠다고 하신 약속에 자신을 맡겼습니다. 하나님은 우리가 속이는 행위를 내려다보시고 정직하고 정의로운 약자를 구원해주십니다. 거짓에 대한 최선의 저항은 정직하고 정의로운 대응입니다. 그것이 하나님의 성품입니다.

Prayer 정의로우신 하나님, 거짓에 거짓으로 응대하지 않고 정직과 정의로 반응하게 하소서.

사람이 안 보이는 일터에서

여호와께서 이와 같이 말씀하시되 이스라엘의 서너 가지 죄로 말미암아 내가 그 벌을 돌이키지 아니하리니 이는 그들이 은을 받고 의인을 팔며 신 한 켤레를 받고 가난한 자를 팔며 (아모스 2:6)

일터는 사람들로 가득 차 있지만 '사람'이 잘 보이지 않습니다. 내 이름을 부르지만 대체로 인격 없는 메마른 호칭에 그칩니다. 일터에서 사람들은 일한 결과로 평가받는 기능인처럼 대우받고 있습니다. 그들의 기능이 떨어지거나 불필요해지면 일터에서 쫓겨나기 일쑤입니다. 더 싸고 기능 좋은 인력이 그 자리를 대체합니다. 의인이 은 한 세겔에 팔리고 가난한 자가 신 한 켤레로 팔리는 현대판 죄악입니다. 이들은 '사람'이 아니라 단지 '노동력'일 뿐입니다. 하나님의 형상으로서 사람은 온데간데없습니다.

하나님의 마음으로 일터를 바라보면 제일 먼저 '사람'이 보입니다. 그 사람의 이름에 담겨있는 삶의 히스토리가 들리고 그 사람의 삶으로 들어가게 됩니다. 그 사람의 삶과 내 삶이 연대를 이룹니다. 감정이 메마른 일터에 사랑의 시냇물이 흐릅니다. 사람을 사랑으로 대하면 모든 가치를 냉정한 숫자로 평가하는 돈의 무소불위 패권적 힘을 이겨낼 수 있습니다. 그 사람과 함께 일하면 놀라운 결과물을 만들어냅니다. 사람을 사랑할 때 창조와 혁신이 일어납니다.

Prayer 사랑의 하나님, 일터 동료들을 기능인이 아니라 사람으로 대하게 하소서.

거짓 열매를 먹는 일터에서

너희는 악을 밭 갈아 죄를 거두고 거짓 열매를 먹었나니 이는 네가 네 길과 네 용사의 많음을 의뢰하였음이라 (호세아 10:13)

악을 밭 갈아 죄를 거두는 일은 쉽습니다. 원래 악한 우리의 본성대로 물 흐르듯 자연스럽게 사는 길입니다. 힘 있는 사람들 편이 더 안전해 보입니다. 그렇게 얻은 거짓 열매는 입에는 달콤하지만 뱃속에 들어가면 복통을 일으킵니다. 거짓 열매는 약한 자들의 생명을 갉아먹고 자랐기에 잘 소화되지 않습니다. 그들의 절규와 눈물로 맺혀진 열매가 어찌 먹는 이의 영혼을 살찌우는 영양분이 되겠습니까? 내가 돈 버는 과정에 누군가 억울한 눈물을 흘리는 사람이 있었다면, 그 돈은 반드시 내 영혼을 파괴합니다.

거짓 열매를 먹는 일터에서 선을 밭 갈아 진리를 거두는 일은 쉽지 않습니다. 본성을 거스르는 길입니다. 존경 대신 경멸이 많은 길입니다. 세상의 힘과 지혜 대신 하나님의 말씀에 목숨 거는 사람은 주변 사람들을 세심하게 돌봅니다. 비용이 많이 들어갑니다. 많은 이윤을 남기지 못합니다. 하나님이 원망스러울 때도 있습니다. 그래도 이 길이 영원히 사는 길입니다. 누군가 나로 인해 웃을 때 하나님은 파안대소(破顔大笑)하십니다.

Prayer 공의로우신 하나님, 선을 밭 갈아 진리를 거두는 영원한 길을 가게 하소서.

탄식하는 일터에서

여러 해 후에 애굽 왕은 죽었고 이스라엘 자손은 고된 노동으로 말미암아 탄식하며 부르짖으니 그 고된 노동으로 말미암아 부르짖는 소리가 하나님께 상달된지라 (출애굽기 2:23)

아무리 수고하고 땀 흘리며 일해도 영혼의 기쁨이 충만한 노동이 있습니다. 자신의 노동이 정당하게 평가받고 합리적으로 보상받으며 타인의 생명에 유익이 되는 제도가 작동하는 일터에서 직장인들은 충성을 다 합니다. 정의와 공의는 노동의 기쁨을 보장하는 절차적 제도입니다. 안타깝게도 이런 직장은 희귀합니다. 많은 직장인들이 일하면서 영혼의 탄식을 부르짖습니다. 부당하고 불의한 과정과 결과를 경험하는 사람들의 일차적 반응은 탄식입니다.

정의와 공의의 하나님은 세상 모든 일터에서 들려오는 탄식 소리를 듣고 계십니다. 탄식은 영혼의 슬픈 기도입니다. 탄식을 들으시는 하나님은 구원의 길을 열어주십니다. 시간이 오래 걸릴지도 모르지만 하나님은 반드시 탄식의 근원을 찾아 진리와 선의 이름으로 심판하십니다. 세상에 하나님이 개입할 수 없는 일터는 없습니다. 모두 하나님의 소유입니다. 이스라엘의 탄식은 애굽 왕 바로를 침몰시켰습니다. 이스라엘이 상상하지도 못한 그 사건은 그들의 탄식에서 비롯됐습니다. 정의와 공의가 깨진 일터에서 우리는 탄식함으로 하나님을 불러야 합니다.

Prayer 정의와 공의의 하나님, 불의하고 부당한 현실에서 탄식하며 드리는 기도를 들으소서.

DATE . . .

부르짖고 들어야 한다

너는 내게 부르짖으라 내가 네게 응답하겠고 네가 알지 못하는 크고 은밀한 일을 네게 보이리라 (예레미야 33:3)

우리 자신의 잘못이든 아니든 고난을 당하고 고통스러울 때, 우리가 가장 먼저 해야 할 일은 하나님께 부르짖는 기도입니다. 원인 분석이나 시시비비 판정은 그 다음입니다. 구원은 우리의 분석능력이 아니라 하나님께 달려있습니다. 고통은 묵상의 대상 이전에 치유의 대상입니다. 하나님은 우리가 상상할 수 없는 크고 은밀한 치유책을 이미 마련해 놓으셨기에 고통을 허용하십니다. 이 사실을 믿기만 해도 우리는 얼마든지 고통을 극복할 수 있습니다.

신실한 그리스도인들은 일터에서 수시로 고통을 경험합니다. 차별 대우, 불의와 불공정, 구조조정, 권력 남용, 탐욕과 갈등과 같은 위험이 매순간 도사리고 있습니다. 악을 강요당하기도 합니다. 이러한 때 우리는 무기력하거나 좌절하거나 무절제하게 분노해서는 안 됩니다. 우리가 아무리 성숙해도 이런 일들은 우리와 상관없이 언제든 찾아옵니다. 이런 상황을 허용하신 하나님께 부르짖어야 합니다. 하나님은 우리의 부르짖음을 들으십니다. 부르짖고 결정하면 후회하지 않습니다. 싸우든지 수용하든지 인내하든지 떠나든지.

Prayer 구원의 하나님, 고통 가운데 부르짖는 우리 기도를 들어주소서.

하나님이 미리 준비하신다

너는 뿔에 기름을 채워 가지고 가라. 내가 너를 베들레헴 사람 이새에게로 보내리니 이는 내가 그의 아들 중에서 한 왕을 보았느니라 (사무엘상 16:1하)

무엇을 먹고 마시고 입을까 염려하지 말라는 예수님의 말씀은 하나님 안에서 자기 자신을 바라보는 사람에게만 실제가 됩니다. 우리의 미래는 하나님에게는 현재입니다. 하나님은 우리의 미래에 닥칠 위험을 지금 알고 대책을 준비하십니다. 하나님은 자신이 역사의 최종 결정권자이며 책임자가 되기로 결정하셨기에 세상이 파탄나지 않도록 미리 역사의 길을 마련하시고 사람을 준비하십니다. 사울 왕의 실패를 미리 알고 계신 하나님이 다윗 왕을 준비하셨듯이.

개인의 삶도 마찬가지입니다. 역사는 개인으로 구성되고 개인은 역사 속에 있기에, 하나님은 역사와 우리 각자 개인들의 필요를 미리 알고 준비하십니다. 하지만 안타깝게도 우리는 하나님의 준비를 미리 알 도리가 없습니다. 그저 믿고 따라가는 수밖에 없습니다. 이 직장을 떠나면 어떻게 살 수 있을까 염려하는 마음을 이렇게 바꿔보면 어떻겠습니까? 우리의 미래를 미리 아시고 준비하시는 하나님에 대한 믿음과 설레는 기다림으로. 역사와 인생은 결국 하나님의 선한 의지에 따라 움직입니다.

Prayer 구원의 하나님, 우리의 미래를 준비하시는 하나님을 믿을 믿음을 주소서.

DATE . . .

하나님이 길을 여신다

내가 맹인들을 그들이 알지 못하는 길로 이끌며 그들이 알지 못하는 지름길로 인도하며 암흑이 그 앞에서 광명이 되게하며 굽은 데를 곧게 할 것이라 내가 이 일을 행하여 그들을 버리지 아니하리니 (이사야 42:16)

우리가 안다고 확신하는 길은 조금만 가도 막히기 일쑤입니다. 지름길은 오히려 끝없이 돌아가는 우회로일 가능성이 큽니다. 우리에겐 아직 오지 않은 미래를 내다볼 예지력이 극히 부족합니다. 우리가 유일하게 아는 것은 "나는 지금 어디론가 가고 있다"는 사실뿐입니다. 삶을 기획하거나 역사를 창조하려는 우리의 시도는 항상 성공하지는 않습니다. 자세히 들여다보면 삶도 역사도 내 뜻대로 뻗어나간 적이 없습니다. 굴곡과 우연과 혼란과 불연속의 연속입니다.

그렇다고 슬퍼할 일이 아닙니다. 변덕쟁이 같고 심술꾸러기처럼 보이는 미로의 신이 바로 우리를 구원하시는 하나님이십니다. 우리 각자가 꿈꾸는 길을 다 모아 하나님은 하나님 자신의 길로 통합하여 우리 앞에 열어놓으십니다. 우리가 저항하고 실망하고 좌절하는 것은 하나님의 길보다 내 길을 더 원하는 마음이 크기 때문입니다. 우리가 하나님 안에 있기를 소원하면 결국 하나님이 열어주시는 길을 가게 됩니다. 내가 가던 길이 막히면 잠시 쉬면서 하나님이 열어주시는 길을 기다렸다가 다시 떠나는 사람이 참된 지혜자입니다.

Prayer 구원의 하나님, 가다 막히면 하나님이 열어주시는 길을 기다리게 하소서.

하나님이 함께 하신다

두려워하지 말라 내가 너와 함께 함이라 놀라지 말라 나는 네 하나님이 됨이라 내가 너를 굳세게 하리라 참으로 너를 도와 주리라 참으로 나의 의로운 오른손으로 너를 붙들리라 (이사야 41:10)

하나님은 우리의 부르짖음을 듣고 구원의 길을 준비하시고 길을 열어주실 뿐 아니라 그 길을 가는 동안 우리와 함께 하십니다. 그 길의 마지막 순간까지. 하나님이 주시는 구원의 길은 우리 혼자 갈 수 없습니다. 그 길에는 헤아릴 수 없이 많은 시험과 도전과 함정이 기다리고 있습니다. 『천로역정』의 주인공 크리스찬이 걸어갔던 길처럼. 하나님이 앞서고 뒤를 막아주고 좌우를 보호하고 위를 닫아주고 아래를 평탄하게 해주셔야 그 길을 완주할 수 있습니다.

우리는 수시로 우리와 함께 계시는 하나님께 이 길일지 저 길일지 물어야 합니다. 확신이 서지 않으면 잠시 기다리면 됩니다. 앞서가던 엄마가 돌아와 손을 잡아줄 때까지 요지부동 서 있는 어린아이처럼, 우리는 멈춰 서서 하나님의 손을 기다려야 합니다. 기다림의 시간은 우리 인내력의 한계를 넘지 않을 것입니다. 취업이나 다음 진로가 불투명할 때에는 먼 길 가는 나그네를 위한 숨고르기 시간으로 여기면 좋겠습니다. 기다림을 두려워하지 마세요. 하나님이 매의 눈으로 지켜보시며 함께 하십니다. 우리는 곧 일어나 가게 될 것입니다.

Prayer　구원의 하나님, 항상 함께 하시는 하나님의 손을 잡고 걷게 하소서.

DATE . . .

하나님이 이미 '주셨다'

내가 모세에게 말한 바와 같이 너희 발바닥으로 밟는 곳은 모두 내가 너희에게 주었노니 (여호수아 1:3)

이스라엘은 아직 요단강을 건너지 않았습니다. 건널 준비를 하고 있었습니다. 하지만 하나님은 완료형으로 말씀하셨습니다. "모두 내가 너희에게 주었다." 상황은 아직 시작되지 않았지만 이미 끝났습니다. 이스라엘은 여전히 기준 미달이지만 하나님 나라를 약속받았기에 40년 광야 생활을 끝내고 가나안을 차지했습니다. 하나님의 약속은 종말론적 완료형입니다. 반드시 성취됩니다. 하나님이 우리에게 요구하시는 것은 딱 한 가지, 곧 믿음입니다.

종말론적 완료형 약속을 받았다고 곧바로 우리에게 믿음이 생기지는 않습니다. 약속을 믿을 능력이 우리 안에는 원초적으로 없습니다. 믿음은 하나님을 갈망하고 기다리는 사람들에게 주시는 성령의 선물입니다. 일터나 가정에서 위기가 닥치면 하나님을 목이 마르도록 갈망해야 합니다. 위기는 믿음의 눈이 열리는 순간 이미 돌파됐습니다. 믿음은 모든 것을 이해하는 능력이 아니라 하나님께서 자기 의를 위해 내 위기를 "극복하게 하셨다"는 종말론적 고백입니다. 믿음으로 우리는 요단강 앞에서 이미 요단강을 건넜습니다.

Prayer 구원의 하나님, 나에게 믿음을 주소서.

죄에서 떠나 하나님께로

주 여호와의 말씀이니라 이스라엘 족속아 내가 너희 각 사람이 행한 대로 심판할지라 너희는 돌이켜 회개하고 모든 죄에서 떠날지어다 그리한즉 그것이 너희에게 죄악의 걸림돌이 되지 아니하리라 (에스겔 18:30)

하나님의 구원은 우리를 저주의 심판에서 건져주시는 경험에서 끝나지 않습니다. 구원은 새로운 삶으로 떠나는 여정입니다. 회개하는 자를 구원해주시는 여호와 하나님은 죄에서 떠나 새롭게 사는 여행길로 떠날 것을 요구하십니다. 죄는 피조물인 우리가 창조주 하나님이 정해주신 정의롭고 공의롭게 살아가는 길을 벗어나는 반역(rebellion) 행위입니다. 그동안 우리가 지은 죄의 대가를 더 이상 묻지 않겠다고 선언하신 하나님은 그동안 우리가 가던 길의 반대, 즉 하나님이 우리에게 정해주신 길을 걸어가는 충성을 보여야 한다고 말씀하셨습니다.

죄를 떠나 하나님께 돌아가는 길이 우리가 구원받아 사는 길입니다. 구원은 인생이 유턴하는 일생일대의 사건입니다. 우리의 생명이 시작된 하나님께로 돌아가 다시 풍성한 생명을 향유하는 삶이 시작되는 사건입니다. 일터에서 가정에서 교회에서 여전히 정의롭지 않고 공의롭지 않은 길을 걸어간다면, 이는 하나님의 구원을 외면하고 심판을 재촉하는 어리석은 일입니다. 구원을 갈망하지 않으면 이 뻔한 길이 안 보입니다.

Prayer 구원의 하나님, 오늘도 죄에서 벗어나 하나님께 돌아가는 일을 하게 하소서.

멍에를 풀고 자유로

그리스도께서 우리를 자유롭게 하려고 자유를 주셨으니 그러므로 굳건하게 서서 다시는 종의 멍에를 메지 말라 (갈라디아서 5:1)

하나님의 구원은 잃어버렸던 자유를 회복하는 여정입니다. 그리스도를 만나기 전에 우리의 자유는 스스로 작은 신(神)이 되고자 하는 욕망 때문에 오히려 삶에 족쇄가 되었습니다. 우리는 자유를 '얽매이지 않고 자기 마음대로 하고자 하는 상태'로 정의하는데 절반만 맞습니다. 자유는 '무엇을' 마음대로 하려고 하는지가 더 중요합니다. 다른 사람보다 더 높아지고, 더 잘 살고, 더 유명하고, 더 인정받기 위한 일을 자기 마음대로 하는 사람은 자유인이 아니라 종의 멍에를 메고 살아갑니다. 성공의 기쁨은 잠시, 곧 불안과 두려움이 엄습합니다.

진정한 자유는 그리스도께서 십자가에서 보여주신 것처럼 타자를 위해 자신을 내어주는 사랑으로 살아가려는 의지입니다. 하나님이 에덴동산에서 아담에게 주셨던 자유는 그리스도를 본받는 사랑입니다. 의지적으로 사랑하는 자유는 샘물처럼 송송 솟아나는 기쁨과 평안과 감사로 충만합니다. 이 자유는 손쉽게 얻을 수 없습니다. 우리가 모두 성공하고 싶어 하는 일터에서 그리스도인의 자유를 향유하려면 정말 독하게 나 자신과 세상과 싸워야 합니다.

Prayer 구원의 하나님, 그리스도의 본을 따라 사랑하는 자유로 살게 하소서.

마음을 땅에서 하늘로

위의 것을 생각하고 땅의 것을 생각하지 말라 (골로새서 3:2)

하나님의 구원은 하늘의 원리로 땅에서 사는 긴 여정입니다. '위'는 그리스도께서 하나님 우편에 앉아계시는 그곳, '하늘'이라고 부르는 영적 세계입니다. 세상 사람들은 하늘(영)과 땅(육)을 천양지차(天壤之差)라 생각하지만 그리스도 안에서 하늘과 땅은 하나입니다(에베소서 1:10). 그리스도께서는 마음으로 위를 바라보며 몸으로 땅에서 살아가는 성도들을 통해 지금도 땅을 통치하십니다. 성도는 땅을 방치하는 사람이 아니라 첫 사람 아담에게 주셨던 "땅을 경작하고 지키라"는 말씀에 순종하는 사람입니다.

바쁘게 살아가는 우리의 시선은 곧잘 땅에 고정됩니다. 구원받은 사람은 시선을 조금 올려 지평선 위를 바라보며 살아갑니다. 중세 수도사들의 인물화를 보면 그들의 시선이 내 눈이 아니라 내 눈 위를 바라보는 듯 하는 느낌을 받습니다. 위의 것을 생각하는 일상의 습관이 그들의 눈을 하늘 향해 깊게 만들었기 때문입니다. 깊은 마음의 눈으로 하나님이 기뻐하시는 뜻대로 일터를 경작하는 구원의 삶을 살고 싶습니다.

Prayer　구원의 하나님, 분주한 일상에서 마음의 눈을 하늘로 향하게 하소서.

함께, 그러나 다르게

너희는 믿지 않는 자와 멍에를 함께 메지 말라 의와 불법이 어찌 함께 하며 빛과 어둠이 어찌 사귀며 (고린도후서 6:14)

하나님의 구원은 예수 그리스도의 멍에를 메고 걸어가는 여정입니다. 믿지 않는 자들과는 도무지 한 자리에 있지도 말라는 뜻이 아닙니다. 그들이 살아가는 방식(불법, 어둠, 우상 등)을 따라가지 말라는 경고입니다. 오직 그리스도가 가르쳐주시고 보여주신 대로 다르게 살라는 명령입니다. 간단하고 쉬워 보이지만 실제로는 참 어려운 말씀입니다. 믿는 자와 믿지 않는 자가 함께 어울려 이웃으로 살아가는 현실에서는 서로 영향력을 미치지 않을 수 없습니다.

우리는 세상에 보내진 그리스도의 편지이고 향기입니다. 편지는 그리스도의 십자가에서 발송되고, 향기는 십자가에 달린 그리스도의 몸에서 내 몸으로 들어와 밖으로 은은하게 퍼집니다. 그리스도의 멍에는 십자가의 멍에입니다. 일상에서 믿지 않는 이웃들을 위해 짊어져야 하는 내 십자가를 지고 걸어가는 삶을 꾸준히 살아내는 멍에입니다. '다르게 살아야 한다'는 강박관념은 그리 향기롭지 않습니다. 다만 우리 앞서 가신 그리스도의 발꿈치를 바라보며 하루하루 걸어갈 때 몸에서 아름다운 향기가 납니다. 자기를 죽이는 값비싼 향기입니다.

Prayer 구원의 하나님, 이웃들과 함께 하지만 그리스도의 향기를 내며 살게 하소서.

이 땅에서 천국으로

지금 이후로 주 안에서 죽는 자들은 복이 있도다 하시매 성령이 이르시되 그러하다 그들이 수고를 그치고 쉬리니 이는 그들의 행한 일이 따름이라 (요한계시록 14:13)

이 땅에서 하나님의 구원 여정은 성도의 죽음으로 마무리됩니다. 우리는 본능적으로 죽음을 두려워합니다. 죽음의 상상은 우리를 외롭고 쓸쓸하고 어둡고 절망적인 세계로 끌고 갑니다. 그러나 믿음의 상상은 죽음을 이 땅에서 주어진 시간 동안 소명을 다 하고 손 흔들며 환송하는 성도들의 사랑 안에서 원래 우리가 나왔던 하나님께 돌아가는 관문으로 생각합니다. 죽음은 이 땅에서 땀 흘리고 수고하며 사느라 늙고 병들어가는 육신의 고통을 끝내고 자비로운 주님의 품 안에서 영혼의 안식을 누리는 육신의 구원입니다.

성도의 죽음은 주 안에서 구원 여정을 온 몸으로 살아온 육신에 대한 하나님의 축복입니다. 성실하게 구원의 삶을 살아온 성도일수록 죽음의 두려움이 얇아집니다. 반대로 구원의 삶에서 멀어질수록 죽음의 공포가 커집니다. 천국을 바라보며 살아가는 사람들에게 이 땅은 오래 머물고 싶은 곳이 아닙니다. 다만 예수님처럼 보냄 받은 삶을 성실하게 살아갈 소명지입니다. 일터도 언젠가는 떠나야 할 땅이니 가벼운 마음으로 살면 좋겠습니다.

Prayer 구원의 하나님, 늘 죽음을 생각하며 살아가게 하소서.

52주 일터와 일상의 신실함을 위한

말씀묵상

Meditation in the Workplace

안식과 평화

안식, 피조물의 소명

하나님이 그 일곱째 날을 복되게 하사 거룩하게 하셨으니 이는 하나님이 그 창조하시며 만드시던 모든 일을 마치시고 그 날에 안식하셨음이니라 (창세기 2:3)

모든 피조물들에게 가장 먼저 주어진 소명은 안식입니다. 일하라는 소명은 그 다음입니다. 하나님이 창조의 일곱째 날을 복되게 하셨다는 말씀은 그 날에 안식하는 모든 피조물들을 축복하셨다는 뜻입니다. 피곤을 모르시는 하나님이 창조의 마지막 날 하신 '일'은 안식하기였습니다. 안식은 창조의 마무리이자 목적입니다. 하나님은 피조물들과 함께 창조의 아름다움과 생명력을 누리며 기뻐하셨습니다. 하나님과 함께 안식을 누리는 곳이 하나님의 피조물인 사람이 원래 있어야 할 자리입니다. 하나님 안에서 안식하는 행위가 예배입니다.

하지만 우리는 얼마나 자주 안식 없는 삶을 사나요? 조금 더 돈을 벌기 위해 조금 더 안식을 포기합니다. 우리는 안식하는 존재로 지음 받았습니다. 일하기 위해 안식하는 삶이 아니라, 안식하기 위해 일하는 삶입니다. 안식 없이 일만 하는 인생은 창조의 목적에 부합하지 않는 삶을 삽니다. 바쁜 일상을 잠시 멈춰야 합니다. 하루를 쉬어도 우리는 잘 살 수 있습니다. 안식하며 하나님을 예배하는 사람을 하나님은 결코 외면하지 않으십니다.

Prayer 창조의 하나님, 하나님을 예배하며 안식을 누리게 하소서.

안식, 생명의 근원으로

너는 이스라엘 자손에게 말하여 이르기를 너희는 나의 안식일을 지키라 이는 나와 너희 사이에 너희 대대의 표징이니 나는 너희를 거룩하게 하는 여호와인 줄 너희가 알게 함이라 (출애굽기 31:13)

안식일(주일)은 내 생명의 근원을 기억하고 감사하고 예배하는 날입니다. 여호와 하나님이 출애굽 백성들에게 반복적으로 강조하며 주신 명령이 안식일 준수입니다. 척박한 가나안 땅에 들어가 정착해야 하는 이스라엘 백성들은 부지런히 땅을 경작하고 동물을 키워야 먹고 살 수 있었습니다. 한 시라도 더 일해야 생존할 수 있는 힘든 환경이었습니다. 이 사정을 잘 아시는 하나님이 아무리 바쁜 농사철이라도 엄격하게 안식일을 지키라고 명령하셨습니다(출애굽기 34:21). 생명의 근원이신 여호와 하나님을 기억하라는 신신당부였습니다.

생명의 근원이신 하나님을 믿지 않는 사람들은 상습적으로 과로합니다. 스스로 생명을 책임져야 한다는 강박관념으로 쉼 없이 일합니다. 일상이 피곤합니다. 그러나 안식하며 만나는 하나님은 우리에게 "내가 너의 하나님이다"고 안심시켜주십니다. 하나님이 우리 삶을 책임지신다는 약속입니다. 이 언약의 말씀을 듣는 날이 안식일입니다. 우리는 안식할 때 생명의 근원이신 하나님 안에서 영혼의 쉼을 얻습니다.

Prayer 구원의 하나님, 안식하며 생명의 근원이신 하나님을 만나게 하소서.

안식, 사랑의 선물

일곱째 날은 네 하나님 여호와의 안식일인즉 너나 네 아들이나 네 딸이나 네 남종이나 네 여종이나 네 소나 네 나귀나 네 모든 가축이나 네 문안에 유하는 객이라도 아무일도 하지 못하게 하고 네 남종이나 네 여종에게 너 같이 안식하게 할지니라 (신명기 5:14)

안식은 사랑입니다. 우리는 함께 안식합니다. 나 홀로는 안식을 누릴 수 없습니다. 안식은 처음부터 하나님과 함께 누리는 공동체적 성격을 가지고 있었습니다. 내 이웃들과 가장 안전하고 평화로운 관계에 있을 때 우리는 진정으로 안식할 수 있습니다. 안식의 주어는 항상 복수입니다. 하나님은 이스라엘의 자영농민들에게 안식일에는 종들도 차별 없이 주인과 함께 일을 중단하고 안식해야 한다고 명령하셨습니다. 안식일 계명은 경제적으로 절대 약자인 종들에게 안식을 선물하라는 이웃 사랑 계명입니다.

현대인들은 함께 일하는 직장 동료들에게 안식을 선물하는데 인색합니다. 효율적인 삶에 익숙하기에 쉼도 생산성의 관점에서 바라봅니다. 상대에 대한 인격적 배려나 사랑이 부족합니다. 쉼은 수단이지 목적이 아니라고 생각합니다. 하지만 우리는 반드시 기억해야 합니다. 내 동료들이 안식하지 않으면 나도 안식하지 못한다는 사실을. 안식하지 않고 일에 몰두하는 삶은 허무해진다는 사실도. 서로 안식을 선물하며 사랑할 때, 삶은 풍성해집니다.

Prayer 사랑의 하나님, 우리 서로 안식을 선물하게 하소서.

안식, 다른 피조물과 함께

일곱째 해에는 그 땅이 쉬어 안식하게 할지니 여호와께 대한 안식이라 너는 그 밭에 파종하거나 포도원을 가꾸지 말며 (레위기 25:4)

사람뿐만 아니라 땅도 안식해야 합니다. 땅도 피조물입니다. 영원한 신적 존재가 아닙니다. 땅도 한계가 있습니다. 사람이 쉽 없이 땅을 경작하면 땅도 피곤해집니다. 땅은 창조의 셋째 날에 동물들과 사람들에게 먹거리를 생산하라는 소명을 하나님께 받았습니다. 땅이 소명을 다 하려면 사람처럼 안식년을 가져야 합니다. 하나님은 안식년을 통해 끝없이 땅을 착취해 더 많은 식량을 얻으려는 사람의 탐욕을 억제하려 했습니다. 만약 사람이 땅을 쉬지 않고 이용하면, 땅이 사람을 토해내 더 이상 그 땅에서 살지 못하도록 쫓아냅니다.

이 세상은 사람만 사는 곳이 아닙니다. 세상은 모든 피조물들이 사람들과 함께 번영하며 살도록 하나님이 창조하신 곳입니다. 사람은 땅을 지배하는 존재가 아니라 땅에서 살아가는 모든 피조물들을 섬기는 하나님의 제사장입니다. 제사장은 욕심을 버려야 소명의 자리를 지킬 수 있습니다. 땅의 사막화와 기후변화는 사람이 제사장 소명을 지키지 못했다는 증거입니다. 욕심을 버리고 모든 피조물들과 평화롭게 공존하는 안식의 지혜로 살아야 합니다.

Prayer 창조의 하나님, 땅에게 안식의 기회를 주게 하소서.

안식, 선과 생명을 위해

그들에게 이르시되 안식일에 선을 행하는 것과 악을 행하는 것, 생명을 구하는 것과 죽이는 것, 어느 것이 옳으냐 하시니 그들이 잠잠하거늘 (마가복음 3:4)

안식일(주일)은 종교적인 날입니다. 안식일의 핵심은 예배입니다. 기독교 예배는 세상을 창조하신 하나님의 영광을 찬송하고 하나님의 말씀을 들으며 순종을 서약하는 행위입니다. 자칫 예배는 복잡한 종교적 절차 속에서 핵심을 놓치기 쉽습니다. 예배에서 우리는 생명의 근원이신 하나님을 만납니다. 하나님은 생명이 충만한 '보기에 참 좋은(선한)' 세상을 창조하시고 우리를 그 한 가운데 세우셨습니다. 교회 문을 열고 나가 세상이 생명으로 충만한 선한 곳이 되도록 일하라는 부탁과 함께. 우리는 예배에서 하나님의 부탁을 세밀하게 들어야 합니다.

주일은 평일과 고립돼 있지 않고 긴밀하게 연계돼 있습니다. 주일을 엄격하게 성수하는 믿음은 평일에 타자의 생명을 충만하게 하고 선한 일을 행하는 일상의 예배가 뒷받침 되어야 합니다. 그렇지 않으면 종교적 열심에 불과합니다. 이 열심은 자칫하면 세상을 위태롭게 하는 위선이 될 수 있습니다. 생명의 날인 안식일에 생명을 치유하신 예수님을 비난하는 종교적 함정에 빠지지 않으려면 주일 예배가 일상의 예배와 분리되지 않도록 해야 합니다.

Prayer 생명의 하나님, 선한 일과 생명에 대한 봉사로 영혼의 안식을 누리게 하소서.

DATE . . .

일용할 양식, 하늘로부터

그 때에 여호와께서 모세에게 이르시되 보라 내가 너희를 위하여 하늘에서 양식을 비 같이 내리리니 백성이 나가서 일용할 것을 날마다 거둘 것이라 이같이하여 그들이 내 율법을 준행하나 아니하나 내가 시험하리라 (출애굽기 16:4)

하늘에서 내려온 만나는 40년 동안 광야에서 살았던 출애굽 이스라엘 백성들의 생명줄이었습니다. 일용할 양식은 땅이 아니라 하늘에서 내려왔습니다. 만나는 광야의 특수한 자연 현상이 아니라 하나님의 선물이었습니다. 엿새 동안 새벽마다 내려온 만나는 일곱째 날 안식일에는 내려오지 않았습니다. 하나님이 의도적으로 칠일 단위로 만나 사이클을 만드셨습니다. 여호와 하나님이 그들의 일용할 양식을 공급해주시는 하나님이심을 깨달으라고.

대부분의 현대인들은 일용할 양식이 일하는 우리 자신의 손에서 나온다고 믿습니다. 양식을 구하러 쉼 없이 손을 움직입니다. 그러나 하나님이 하늘 문을 닫으시면 일용할 양식은 더 이상 우리 입에 들어오지 않습니다. 우리 손은 하늘에서 내려온 일용할 양식을 거두는 도구입니다. 지혜로운 사람은 마음으로 기도하며 부지런히 손을 움직입니다. 하나님께서 하늘 문을 열어 오늘도 우리에게 일용할 양식을 만나처럼 내려주시도록. 우리는 하늘로부터 내려오는 일용할 양식을 두 손으로 겸손하게 받아먹으며 하나님께 감사합니다.

Prayer 사랑의 하나님, 오늘도 감사함으로 만나를 먹게 하소서.

모든 사람에게 충분히

오멜로 되어 본즉 많이 거둔 자도 남음이 없고 적게 거둔 자도 부족함이 없이 각 사람은 먹을 만큼만 거두었더라 (출애굽기 16:18)

하늘의 만나는 모든 사람들이 충분히 먹을 만큼 내려왔습니다. 하나님은 한 사람에 한 오멜씩 식구 수대로 만나를 거두라고 말씀하셨습니다. 만나의 원칙은 '모든 사람들에게 부족함 없이 충분하게'입니다. 하늘의 은혜가 늘 그러하듯 하나님은 남녀노소 빈부격차 없이 모든 사람들이 골고루 먹고 살 수 있는 만나를 내려주셨습니다. 불안한 마음에 욕심을 내어 더 많이 거둬 보관해둔 사람의 만나에서는 벌레가 생기고 냄새가 났습니다.

우리는 습관적으로 더 많은 양식, 더 많은 양식을 살 수 있는 더 많은 돈을 '나와 내 가족을 위해' 보관하려 합니다. 불필요하게 많은 돈에는 벌레가 생기고 악취로 진동합니다. "오늘 하루 배부르게 먹게 하신 하나님의 은혜는 내일 아침에도 내려온다."는 이 단순한 믿음을 가지고 주변에 널린 탐욕의 군상들과 맞서 싸워야 합니다. 하늘의 만나를 향한 믿음으로 살면 우리 삶은 훨씬 가볍고 단순해집니다. 이웃들과 함께 더불어 먹는 평화를 사랑합니다. 하늘의 만나는 영혼의 다이어트 식품입니다.

Prayer 생명의 하나님, 믿음으로 평화의 만나를 먹게 하소서.

하나님 안으로

엿새 동안은 너희가 그것을 거두되 일곱째 날은 안식일인즉 그 날에는 없으리라 (출애굽기 16:26)

일용할 양식보다 더 중요하고 우선적인 가치, 더 소중한 것은 하나님입니다. 사람들은 먹지 못하면 죽는다는 두려움으로 삽니다. 하나님 없는 삶보다 훨씬 더 실제적으로 느끼는 두려움입니다. 양식으로 생명을 유지하기 때문입니다. 하지만 양식으로 생명을 유지하도록 만드신 분이 하나님입니다. 양식은 하나님의 자비로운 섭리입니다. 하나님은 일곱째 날에 만나를 내려주시지 않은 대신 여섯째 날에 두 배로 내려주셨습니다. 우리는 일용할 양식을 거두는 손을 하루 쉬면서 하나님을 묵상하며 하나님 안으로 들어갑니다.

불행하게도 많은 사람들이 날마다 양식을 먹으면서도 하나님 안으로 들어갈 줄 모릅니다. 자기 배 불리기에 급급한 사람들은 항상 자기 자신 안으로 들어가기 바쁩니다. 양식의 주인이신 하나님은 안중에도 없습니다. 안식일에 만나를 거두지 말라는 명령은 내 자신의 동굴에서 나와 하나님 안으로 들어가라는 말씀입니다. 매일 식사할 때마다 우리는 기도하며 양식을 주신 하나님 안으로 들어갑니다. 이렇게 일용할 양식은 우리를 영원한 생명으로 인도합니다.

Prayer 자비로우신 하나님, 밥을 먹으며 밥을 주신 하나님 안으로 들어가게 하소서.

만나와 소출

그 땅의 소산물을 먹은 다음 날에 만나가 그쳤으니 이스라엘 사람들이 다시는 만나를 얻지 못하였고 그 해에 가나안 땅의 소출을 먹었더라 (여호수아 5:12)

광야의 만나와 가나안 땅의 소출은 모두 하나님이 이스라엘에게 주신 일용할 양식이었습니다. 예수님의 오병이어처럼 하늘에서 내려온 광야의 만나는 기적의 양식이었습니다. 먹을 것이 없는 상황에서 하나님이 백성들의 생명을 위해 주신 특별한 양식입니다. 이스라엘 백성들이 요단강 건너 가나안 땅에 들어간 다음 날 만나는 더 이상 내려오지 않았습니다. 가나안은 일을 해서 양식을 얻을 수 있는 땅이 많았습니다. 하지만 그 땅은 하나님의 말씀을 지켜야 배부르게 먹을 수 있는 소출을 거둘 수 있는 곳이었습니다(신명기 11:13).

우리는 만나와 소출을 전혀 다른 것으로 생각합니다. 만나는 하나님의 값없는 은혜에서, 소출은 우리의 힘든 노동에서 온다고 구분합니다. 만나는 하나님의 것, 소출은 우리의 것이라고. 그렇지 않습니다. 만나와 소출은 모두 우리의 생명을 위해 주시는 하나님의 사랑입니다. 우리의 노동은 하나님의 은혜 안에 있습니다. 일용할 양식은 만나든 소출이든 '보기에 참 좋은 세상'을 유지하려고 하시는 하나님의 선물입니다.

Prayer 사랑의 하나님, 소출을 얻으려는 우리의 노동에 선물을 내려 주소서.

영원한 만나, 그리스도

내 살을 먹고 내 피를 마시는 자는 영생을 가졌고 마지막 날에 내가 그를 다시 살리리니 내 살은 참된 양식이요 내 피는 참된 음료로다 (요한복음 6:54-55)

하늘 문을 열어 만나를 내려주시고 땅의 소출을 주신 하나님은 결국 이 땅에 내려와 자기 몸을 내어주셨습니다. 만나, 소출, 몸은 하나님이 우리의 생명을 위해 주신 것들입니다. 셋 모두 우리의 영과 육에 생명을 주기 위해. 하나님의 아들 예수 그리스도는 자기 몸을 우리에게 생명의 양식으로 내어주려고 자신이 창조하신 땅에 오셨습니다. 우리는 그리스도의 살과 피를 먹음으로 그분의 생명을 나눠받습니다. 그리스도가 주시는 생명은 영원한 사랑입니다.

그리스도께서 주시는 떡과 음료는 우리가 잘못 먹고 있는 땅의 소출을 다시 잘 먹게 도와주는 해독제입니다. 우리는 조금 더 많은 소출을 얻기 위해 치열하게 경쟁하며 싸우듯 살아갑니다. 그렇게 얻은 소출은 생명의 영양분이 아니라 사망의 독소로 가득합니다. 그리스도를 먹는 사람은 자신을 내어주신 그 사랑에 감사하여 자신의 소출을 이웃과 나눕니다. 이렇게 그리스도의 몸은 우리 영혼에서 탐욕을 제거합니다. 영원한 생명의 나라는 마음껏 먹어도 고갈되지 않는 양식이 아니라 함께 나눠 먹는 평화로운 양식으로 충만한 곳입니다.

Prayer 생명의 하나님, 날마다 영원한 만나이신 주님을 먹으며 평화롭게 살게 하소서.

땅의 양식, 땅의 만나

하나님이 이르시되 내가 온 지면의 씨 맺는 모든 채소와 씨 가진 열매 맺는 모든 나무를 너희에게 주노니 너희의 먹을거리가 되리라 (창세기 1:29)

땅에서 나오는 양식은 하나님이 땅을 통해 주시는 만나입니다. 창조의 셋째 날, 하나님은 땅에게 말씀하셨습니다. "땅은 풀과 씨 맺는 채소와 각기 종류대로 씨 가진 열매 맺는 나무를 내라." 땅은 하나님의 말씀에 순종했습니다. '씨'는 생명의 상징입니다. 씨 있는 채소와 열매는 스스로 생명을 재생산하고 먹는 사람의 생명을 유지시켜줍니다. 우리의 먹을거리는 땅에서 나옵니다. 하나님이 말씀으로 창조하시고 우리에게 주셨기에 그것은 하늘에서 내려온 만나와 다르지 않습니다. 생명을 창조하신 하나님은 이 땅의 생명을 돌보십니다.

우리가 양식을 얻기 위해 땅을 경작하는 수고는 땅의 만나를 거두는 보조적 역할에 머뭅니다. 우리는 땅의 만나에 대해 제한적 권리만 가집니다. 우리는 땅을 만들지 못합니다. 이미 있는 땅을 이용할 따름입니다. 땅의 만나를 독과점하는 행위는 땅의 원 주인이신 하나님을 무시하는 신성모독입니다. 우리는 필요한 만큼만 거두고 먹으면 됩니다. 땅이 사라지지 않는 한 땅의 만나는 영원하다고 믿는 사람은 신성한 만나로 사람을 속이며 장난치지 않습니다.

Prayer 창조의 하나님, 땅의 양식을 먹으며 자족하는 삶을 살게 하소서.

첫 열매에 마음을 담아

네 토지에서 처음 거둔 열매의 가장 좋은 것을 가져다가 너의 하나님 여호와의 전에 드릴지니라 (출애굽기 23:19상)

첫 수확의 가장 좋은 열매를 하나님께 드림으로써 우리는 하나님을 경배합니다. 오랜 기다림 끝에 얻은 첫 번째 열매는 농부들에게 첫째 자녀와 같은 소중한 열매입니다. 얼마나 사랑스럽고 감동스럽겠습니까? 이마에 땀을 흘리고 온갖 악조건을 극복하고 수고하여 얻은 소중한 열매가 주는 감격은 정말 큽니다. 하지만 농부는 그렇게 소중한 첫 열매를 하나님께 정성껏 바칩니다. 하나님이 주신 은혜의 선물이라는 고백과 함께.

목축업자 아벨은 양의 첫 새끼와 기름을 하나님께 바쳤습니다. 농사꾼 가인은 마지막 날에 땅의 소산을 하나님께 드렸습니다. 하나님은 아벨의 제사를 받았지만 가인의 제사는 받지 않았습니다. 하나님께 마지못해 바치거나 바치지 않는 사람은 땅의 만나를 자기 멋대로 사용합니다. 가인처럼 하나님마저 자신의 마음대로 평가하고 움직이려 합니다. 그러나 하나님께 기쁨으로 바치는 사람은 하나님을 경외하며 땅의 만나를 하나님의 뜻대로 사용합니다. 하나님은 가장 소중한 첫 열매를 바치는 우리의 마음을 요구하십니다.

Prayer 복 주시는 하나님, 첫 수확처럼 소중한 노동의 열매를 먼저 하나님께 바치게 하소서.

함께 즐겁게

절기를 지킬 때에는 너와 네 자녀와 노비와 네 성중에 거주하는 레위인과 객과 고아와 과부가 함께 즐거워하되 (신명기 16:14)

땅의 만나는 우리들의 삶이 고립되지 않고 즐거움에 충만하게 합니다. 만나는 공동체의 양식입니다. 만나는 한 사람만을 위해 주어지지 않습니다. 땅이 특정인을 위해 창조되지 않고 모든 피조물들의 생명을 위해 창조되었기에, 땅의 만나는 모든 사람들의 생명을 위한 것입니다. 이스라엘 백성들은 타작마당과 포도주 틀의 소출을 거두고 초막절을 지켰습니다. 이 절기에는 성 안에 있는 모든 사람들이 함께 하나님 앞에서 즐겁게 먹고 축제를 즐겼습니다. 양식을 생산할 능력이 없는 레위인, 객, 고아, 과부도 예외가 아니었습니다.

현대의 개인주의적 사유재산제도는 각자 능력껏 벌어 각자 알아서 먹고 사는 세상을 만들었습니다. 명절에도 각자 먹고 각자 쉽니다. 외로움의 바이러스가 번지는 속도만큼 함께 먹고 함께 웃는 즐거움이 빠르게 사라지고 있습니다. 땅의 만나를 아는 사람은 자기 지갑을 열고 시간을 내어 이웃들을 식탁으로 초대합니다. 특별히 어려운 사람들을. 땅의 만나를 주시는 하나님은 우리들에게 고립되지 말고 함께 즐겁게 살라고 말씀하십니다.

Prayer 사랑의 하나님, 이웃들과 함께 만나를 먹고 즐기게 하소서.

의롭게 먹으라

심는 자에게 씨와 먹을 양식을 주시는 이가 너희 심을 것을 주사 풍성하게 하시고 너희 의의 열매를 더하게 하시리니 (고린도후서 9:10)

땅의 만나는 의(義)의 열매입니다. 의로우신 하나님은 우리가 의롭게 살도록 일용할 양식을 주십니다. 하나님의 의는 사랑과 진리에 신실하신 하나님의 성품입니다. 양식은 의롭게 먹어야 비로소 생명의 만나가 됩니다. 하나님은 셀 수 없이 많은 구절들에서 가난한 자를 먹여 그들이 땅에서 끊어지지 않게 하라고 명령하십니다. 그것이 우리의 영원한 의라고 말씀하십니다(시편 112:9). 가난한 사람의 입에 땅의 양식이 들어갈 때, 만나는 의의 열매를 풍성하게 맺습니다. 만나가 내 창고에서 썩어가고 있다면, 그 만나는 불의의 증거입니다.

사도 바울은 가난한 예루살렘 교회 성도들을 돕기 위한 연보를 부탁하면서 하나님이 우리를 넉넉하게 채우시는 이유는 선한 일을 넘치게 하라는 뜻이라고 가르쳤습니다. 의의 열매를 적게 심는 자는 적게 거두고 많이 심는 자는 많이 거둡니다. (만나를) 주는 자가 받는 자보다 복되다고 주님이 말씀하셨습니다. 땅의 만나는 육신의 양식일 뿐만 아니라 영혼의 일용할 양식입니다. 우리는 의롭게 만나를 먹으며 하나님을 예배합니다.

Prayer 의로우신 하나님, 일용할 양식을 의롭게 먹고 의로운 열매를 맺게 하소서.

천국 만나의 예표

강 좌우에 생명나무가 있어 열두 가지 열매를 맺되 달마다 그 열매를 맺고 그 나무 잎사귀들은 만국을 치료하기 위하여 있더라 (요한계시록 22:2)

땅의 양식은 천국에서 먹게 될 양식의 예표입니다. 지금 우리가 먹고 있는 땅의 양식은 일시적인 생명력만 주지만, 종말에 우리 앞에 펼쳐질 하나님 나라의 양식은 상처를 치료하고 영생의 에너지를 줄 것입니다. 종말의 하나님 나라는 먹지 않고 영원히 사는 나라가 아니라 모두가 풍성하게 먹으며 즐기고 축복하는 나라입니다. 천국의 만나에는 생명을 상하게 하는 독이 없고 오직 생명의 비타민으로 충만할 것입니다. 하나님은 우리 모두를 만나로 항상 배부르게 하실 것입니다. 광야의 만나처럼 남는 사람도 모자라는 사람도 없이 풍족하게 먹고 하나님을 예배할 것입니다.

우리는 땅에서 수확하는 만나를 먹으며 천국을 소망합니다. 지금은 땅의 만나를 둘러싸고 분쟁과 전쟁이 끊이지 않지만 천국의 만나는 우리에게 사랑과 평화를 줄 것입니다. 그곳에서는 병들어 먹지 못하는 사람이 없을 것입니다. 천국 만나는 치유의 효능으로 건강하게 해줄 것입니다. 천국 만나를 소망하는 성도들은 땅의 만나를 거룩하고 의롭게 먹습니다.

Prayer 영원하신 하나님, 오늘도 천국 만나를 먹듯 땅의 만나를 먹게 하소서.

52주 일터와 일상의 신실함을 위한

말씀묵상

Meditation in the Workplace

현실 속 믿음

편리함에 감춰진 독성

잔치는 희락을 위하여 베푸는 것이요 포도주는 생명을 기쁘게 하는 것이나 돈은 범사에 이용되느니라 (전도서 10:19)

예나 지금이나 돈은 사람들이 가장 가지고 싶어 하는 것입니다. 시장이 안정된 사회에서는 사람들이 돈으로 거의 모든 것을 구매합니다. 사람들은 시장에서 더 이상 물물교환을 하지 않고 돈을 매개로 물건과 서비스를 사고팝니다. 돈은 세상에서 가장 편리한 생활 도구입니다. 어쩌면 인간이 만든 것들 가운데 가장 유용한 것이 돈일지도 모릅니다. 돈은 범사에 이용됩니다. 영어성경 번역처럼, 돈은 모든 것에 대한 해답이 되었습니다.

그런데 현대인들은 돈의 편리함에 빠져 심각한 착시현상을 겪고 있습니다. 돈만 있으면 모든 것을 수중에 넣을 수 있다고 생각합니다. 사람의 영혼까지도(요한계시록 18:13). 인간이 교환의 편리함을 위해 만든 돈이 인간을 지배하는 힘이 되었습니다. 이제 돈은 권력입니다. 돈은 돈으로 교환하여 얻을 수 있는 모든 것에 대한 봉사의 수단이었지만, 지금은 거꾸로 모든 것이 돈을 얻기 위한 수단이 되어버렸습니다. 돈은 편리하지만 주객을 전도시키는 독성이 강한 물질이라는 사실을 잊지 말아야 합니다. 돈에 영혼의 치명상을 입지 않으려면.

Prayer 구원의 하나님, 돈이라는 권력에 취하지 않게 하소서.

DATE . . .

단호하게 선택하지 않으면…

너희가 하나님과 재물을 겸하여 섬기지 못하느니라 (마태복음 6:24)

하나님과 재물(맘몬)은 서로 반대 방향으로 가는 신적 존재입니다. 양쪽을 다 섬기는 사람은 위선자입니다. 하나님은 끊임없이 자신을 피조물들에게 내어주는 신입니다. 하나님의 관심사는 피조물들의 생명입니다. 특히 가난하고 병들고 외로운 사람들의 생명에 관심이 많으십니다. 하나님은 자기 백성을 통해 세상을 생명으로 충만케 하십니다.

반면, 재물(돈)은 탐욕스럽게 세상을 자신에게 모으는 흡혈귀와 같습니다. 먹어도 먹어도 만족을 모르는 신입니다. 이 신은 오직 자기 배 불리는 데에 관심이 있습니다. 재물을 숭배하는 사람은 항상 배고파 주변 사람들에게 인색합니다. 가난하고 힘없는 사람들을 이용해 더 많은 돈을 벌려고 합니다. 돈은 인간을 본질로부터 소외시키는 악한 능력을 가지고 있습니다.

하나님과 돈 사이에는 완충지대가 없습니다. 하나님을 섬기지 않으면 돈을 섬기게 됩니다. 선택은 우리의 몫입니다. 돈을 최우선 가치로 여기는 일터에서 그리스도인은 어떻게 하나님을 섬기는 삶을 살아갈 수 있을까요? 단호해야 합니다. 단호하게 하나님을 선택하지 않으면 자연스럽게 돈이 우리의 신으로 등극합니다.

Prayer 구원의 하나님, 단호하게 돈보다 하나님을 택하게 하소서.

돈을 사랑? 돈으로 사랑!

돈을 사랑함이 일만 악의 뿌리가 되나니 이것을 탐내는 자들은 미혹을 받아 믿음에서 떠나 많은 근심으로써 자기를 찔렀도다 (디모데전서 6:10)

믿음에서 벗어난 돈은 그 주인을 배반합니다. 사람들은 돈을 행복의 파랑새로 생각합니다. 사람들은 돈 자체 보다 돈이 주는 영향력을 사랑합니다. 현대인들은 더 많은 돈이 더 큰 행복을 줄 것이라 믿지만, 이 믿음은 진실하지 않기 때문에 결국 무너집니다. 진실은 그 반대입니다. "더 많은 돈은 더 많은 근심을 가져온다." 돈을 갈망하는 사람은 그 안에 하나님이 없기에 홀로 삶을 책임지며 살아야 합니다. 우리 인생을 향해 불화살처럼 날아오는 그 많은 근심, 걱정, 염려 가운데 돈으로 막을 수 있는 것은 몇 개나 될까요?

모든 악은 하나님 대신 돈에 의지해 살려는 마음에서 나옵니다. 정말 행복하게 살고 싶다면 돈을 사랑하지 말고 우리의 노동을 통해 돈을 주시는 하나님과 내 돈이 필요한 사람들을 사랑해야 합니다. 나도 돈이 필요하지만 내 가족, 내 친구, 내 교인, 내 국민이 모두 돈을 필요로 합니다. 이들을 사랑하면 이들을 위해 내 돈을 합리적으로 사용하게 됩니다. 돈은 하나님을 사랑하고 이웃을 사랑하는 매우 효율적인 도구입니다.

Prayer 사랑의 하나님, 돈을 사랑하지 않고 오히려 돈으로 이웃을 사랑하게 하소서.

맘몬이 아니라 복이 되도록

다섯 달란트 받은 자는 바로 가서 그것으로 장사하여 또 다섯 달란트를 남기고. (마태복음 25:16)

예수님의 유명한 달란트 비유는 돈 버는 능력을 최대한 발휘하라는 뜻이 아닙니다. 예수님은 이 비유에서 하나님 나라를 알면 알수록 더욱 그 나라 백성에 걸맞게 살라고 말씀하셨습니다. 달란트는 서민들이 꿈도 꾸지 못할 정도로 어마어마하게 많은 돈입니다. 하나님 나라는 이처럼 풍성한 곳입니다. 하나님 나라는 날마다 더 풍성해지는 역동적인 곳입니다. 다섯 달란트로 다섯 달란트를 남긴 행위는 하나님 나라를 위한 헌신과 열매를 뜻합니다.

예수님이 하나님 나라를 굳이 돈으로 비유하신 이유는 무엇일까요? 지상에서 하나님 나라를 살아가려는 사람들에게 돈은 매우 중요합니다. 돈은 하나님 나라 백성들을 구분하는 한 가지 표지입니다. 그들은 돈을 정의롭게 벌고 공의롭고 자비롭게 사용하려 애씁니다. 이러한 돈은 맘몬이 아니라 하나님의 복입니다. 하나님 나라의 비밀을 알고도 게으른 사람은 세 번째 종처럼 고의적으로 하나님을 배반하고 맘몬을 따라가는 악한 사람입니다. 돈은 하나님 나라를 위해 사용될 때 맘몬이 아니라 하나님의 복이 됩니다.

Prayer 복 주시는 하나님, 돈을 맘몬이 아니라 하나님의 복으로 사용하게 하소서.

불의한 돈으로 사랑을

내가 너희에게 말하노니 불의의 재물로 친구를 사귀라 그리하면 그 재물이 없어질 때에 그들이 너희를 영주할 처소로 영접하리라 (누가복음 16:9)

예수님은 우리에게 수정처럼 깨끗한 도덕주의자를 기대하지 않으셨습니다. 오히려 우리의 혼탁한 삶을 수용하시고 그 안에서 사랑하며 살기를 바라십니다. 완전하지 않고 흠이 많은 사랑일지라도 "괜찮아, 수고했어"라고 부드럽게 어깨를 두드려주십니다. 주인(예수님)은 왜 주인 몰래 채무자들에게 채무를 삭감해준 청지기를 칭찬했을까요? 주인의 재산을 축낸 그의 '불의한' 행위로 주인이 채무자들에게 인심 좋은 채권자라는 칭송을 받았기 때문입니다.

"불의한 재물로 친구를 사귀라." 돌고 돌아 내 손에 들어온 돈은 항상 깨끗하지만은 않습니다. 시장에서 유통되다 내 손에 들어온 돈이 지하경제에서 나온 것인지 아닌지 아무도 모릅니다. 중요한 것은 이러한 돈으로 도움이 필요한 사람과 친구를 사귀는 사랑과 은혜의 '사건'이 일어나는 것입니다. 예수님은 비도덕적인 현실을 거부하기 보다는 차라리 이 현실을 구원의 도구로 활용하는 지혜를 제안하셨습니다. 사랑과 은혜를 나누는 행위에는 죄로 오염된 돈을 정화시키는 힘이 있습니다.

Prayer 사랑의 예수님, 세상 재물로 친구를 사귀는 지혜를 주시옵소서.

평생의 수고를 덜려면

아담에게 이르시되 네가 네 아내의 말을 듣고 내가 네게 먹지 말라 한 나무의 열매를 먹었은즉 땅은 너로 말미암아 저주를 받고 너는 평생에 수고하여야 그 소산을 먹으리라 (창세기 3:17)

우리는 평생 일개미처럼 바쁘게 살아갑니다. 새벽부터 열심히 땀 흘리며 일해야 겨우 먹고 사는 사람들이 많습니다. 복덩어리로 창조된 하나님의 형상이 노예 같은 고대 근동 신화의 인간상으로 추락했습니다. 그들은 밤낮 없이 강바닥 퇴적물을 퍼내는 힘겨운 '수고'에서 벗어날 수 없었습니다. '수고'는 말 그대로 고통스러운 통증(pain)입니다. 일터는 가시덤불과 엉겅퀴 같은 불안과 불신과 불만족으로 가득합니다. 일터에서 먹고 살면서 상처받지 않는 사람은 아무도 없습니다. 더 오래 더 많이 일할수록 더 많은 상처를 입습니다.

이처럼 상처가 많은 분주한 일상은 꼭 죄에 대한 하나님의 심판일까요? 어쩔 수 없는 운명인가요? 우리를 향한 하나님의 생각은 오직 구원인데, 현실에서는 바쁘게 일하지 않으면 생존하기 어렵습니다. 어떻게 이 평생 수고하는 통증을 줄일 수 있을까요? 바쁘게 사는 목적을 바꿔야 합니다. 불안과 불신과 불만에서 감사와 사랑과 봉사로. 목적이 달라지면 방법이 달라지고 과정도 달라집니다. 우리는 하나님의 구원을 일상으로 살아낼 권리와 의무가 있습니다.

Prayer 구원의 하나님, 감사와 사랑과 봉사로 일하게 하소서.

허무함의 무게를 줄이려면

내가 해 아래에서 한 모든 수고에 대하여 내가 내 마음에 실망하였도다 (전도서 2:20)

일터에서 정신없이 바쁘게 일하다 우리는 종종 자문(自問)합니다. "왜 이렇게 바쁘게 살아야 하나?" 이 질문은 대부분 허무한 자답(自答)으로 끝납니다. 내 노동이 내면 가장 깊은 곳까지 터치하지 못하기 때문입니다. 일하는 의미를 월급이나 승진과 같은 외적 평가로 생각하면 노동과 내면은 쉽게 분리됩니다. 반면, 내가 지금 하고 있는 일로 맺어지는 다양한 사람들을 충분히 배려하며 일한다면, 우리는 마음을 다 해 일하게 됩니다.

전도자가 자신의 수고에 실망하는 이유는 일해서 얻은 열매들을 자신이 전부 향유하지 못하고 타인들이 누리는 현실이 불만족스럽기 때문입니다. "남 좋은 일만 했다"고 억울해 합니다. 대체적으로 사장님은 종업원들이 일하는 것보다 더 많이 받는다고 불만입니다. 종업원은 사장님이 일하는 것보다 적게 준다고 의심합니다. 생각을 바꿔서 사장님은 종업원들에게 어떻게 하면 더 줄까 고민하고, 종업원은 내가 부당하게 더 많이 받는 것은 아닌지 조심한다면 어떨까요? 일터 분위기가 훨씬 유쾌하고 신명나고 의미 있게 될 겁니다.

Prayer 구원의 하나님, 내 일터가 더욱 재미있고 의미 있는 곳이 되게 하소서.

일상의 중심인 그리스도

또한 모든 것을 해로 여김은 내 주 그리스도 예수를 아는 지식이 가장 고상하기 때문이라 (빌립보서 3:8상)

우리의 일상은 바쁘게 바쁘게 흘러가기 마련입니다. 수많은 사람들의 일상이 서로 연계되어 함께 비슷한 속도로 흘러갑니다. 흘러가는 일상은 자연스럽지만, 떠밀려 내려가는 일상은 위험합니다. 자기뿐만 아니라 인생의 물길에서 만나는 많은 사람들에게 상처를 줍니다. 율법에 투철했던 사도 바울도 홍수처럼 떠내려가고 있었습니다. 열심히 교회를 박해했습니다. 하나님을 위한다는 그의 열심은 오히려 하나님을 슬프게 했습니다.

떠내려가지 않으려면 중심을 바로 잡고 어디로 어떻게 흘러가는지 의식해야 합니다. 우리를 위해 십자가를 지신 그리스도는 흘러가는 일상에서 가장 안전하고 확실한 무게중심입니다. 바울은 그리스도를 만난 뒤에 매우 바쁜 선교사로 살았지만 떠밀려가지 않고 그리스도와 성령에 이끌려 이리저리 흘러 다녔습니다. 그리스도가 중심이 되면 타인에게 상처 보다는 유익을 줍니다. 바쁘지만 발걸음이 가볍습니다. 그리스도는 거센 탁류가 이는 일터에서도 우리의 노동이 떠내려가지 않게 잡아주시는 무게중심입니다.

Prayer　나의 주 예수님, 오늘도 주님을 중심 삼아 살게 하소서.

묵상하며 바쁘게

너는 엿새 동안 일하고 일곱째 날에는 쉴지니 밭 갈 때에나 거둘 때에도 쉴지며 (출애굽기 34:21)

현대인들은 이 구절을 읽으면서 엿새 동안 일하라는 말씀에 방점을 찍습니다. 일곱째 날 쉼은 일하는 엿새를 위한 보조적 역할이라 생각합니다. 바쁘게 사는 사람이 더 인정받는 문화에서 우리의 삶은 위험할 정도로 가속도가 붙습니다. 이 구절의 실제 방점은 일곱째 날 쉼에 있습니다. 이 쉼에는 육체적 회복만이 아니라 하나님을 예배하고 말씀을 묵상하는 영적 회복에 더 깊은 의도가 있습니다. 묵상하지 않는 쉼에서 우리는 삶의 풍요로움을 경험하지 못합니다.

바쁜 일상은 고요한 묵상 안에 있어야 합니다. 바쁘게 움직임은 육신의 일이고, 묵상은 영혼의 일입니다. 바쁜 일상은 묵상의 지휘를 받아야 합니다. 묵상하지 않고 바쁘게 사는 사람은 자신과 공동체에 해(害)를 줄 수 있습니다. 묵상하지 않으면 무엇 때문에 바쁘게 사는지 곧잘 잊어버리기 때문입니다. 어린 아이 손에 들린 칼처럼 위험한 삶입니다. 주일이 평일과 평일 사이에 끼어 있는 형국에서 일상은 메마르기 마련입니다. 평일(엿새)이 주일(일곱째 날)과 주일 사이에 끼어 있어야 일상이 풍요로워집니다.

Prayer 안식의 하나님, 바쁜 일상에서 묵상하며 살게 하소서.

뜻 있는 부지런함으로

부지런한 자의 손은 사람을 다스리게 되어도 게으른 자는 부림을 받느니라 (잠언 12:24)

세상은 분주한 사람들이 아니라 부지런한 사람들이 이끌고 갑니다. 분주한 사람들은 눈앞에 닥친 일이나 욕망하는 일을 쫓아서 이리저리 바쁘게 뛰어다닙니다. 중대한 결정을 앞두고 불안에 감싸여 우왕좌왕하기도 합니다. 반면 잠언의 부지런한 사람들은 하나님의 정의와 공의를 준행하며 하나님이 맡겨주신 일을 미루지 않고 성실하게 감당하는 소명의 사람들입니다. 하나님은 부지런한 사람들에게 창조 세계를 다스리는 권한과 책임을 맡기십니다. 이들은 이웃들과 함께 부지런히 일하고 공정하게 분배하는 선한 삶을 살아갑니다.

게으름은 자기 충동에 따라 움직이는 느릿느릿한 성품입니다. 시키지 않은 일은 하지 않고 어려운 상황에서는 뒤로 숨거나 변명을 앞세웁니다. 이웃에 대한 사랑이 없습니다. 뜻 없이 분주한 일상을 살아가는 사람도 몸은 바쁘지만 영혼은 한없이 게을러집니다. 자기 몸 하나 건사하기도 힘들어 합니다. 사랑의 하나님은 지금도 쉬지 않고 우리를 위해 일하고 계십니다. 우리도 하나님처럼 사랑으로 일하면, 정신없이 분주한 삶이 뜻 있는 부지런함으로 바뀝니다.

Prayer 사랑의 하나님, 나도 사랑으로 부지런히 일하게 하소서.

바벨탑의 실패

여호와께서 거기서 그들을 온 지면에 흩으셨으므로 그들이 그 도시를 건설하기를 그쳤더라 (창세기 11:8)

하나님은 왜 바벨탑 건설을 막았을까요? 인류 문명 발전에 대한 하나님의 질투인가요? 아닙니다. 바벨탑은 '우리 이름'을 내려는 사람들의 야심작이었습니다. 이런 사람들은 약한 자를 억압하는 성향이 강합니다. 하나님의 형상인 동료 인간을 희생시켜 자기 목적을 이루려는 욕망을 권력과 성취로 그럴 듯하게 미화합니다. 화려한 문명 뒤에 숨겨진 약한 자들의 눈물과 한숨과 탄식을 들은 하나님은 자기 이름을 내려는 사람들을 용납하지 않으십니다.

타자의 억울한 희생과 눈물 위에 얻는 성공은 반드시 무너집니다. 비윤리적 혹은 비인간적인 방법으로 얻은 성공은 크면 클수록 더 짙어지는 심판의 그늘 아래 있습니다. 높이 올라갈수록 추락의 속도는 빨라집니다. 자신의 한계를 무한 확장하려는 시도는 자신이 타인의 하나님이 될 때까지 멈추지 않습니다. 하나님은 이런 사람들의 무한질주를 비극적으로 멈추게 하십니다. 이때 멈출 줄 아는 사람은 마지막으로 구원의 기회를 얻습니다. 신의 세계에 도전하려는 현대 과학기술의 속도가 두렵습니다. 바벨탑은 반드시 무너집니다.

Prayer 구원의 하나님, 우리의 교만한 바벨탑을 무너뜨려 주소서.

한계와 바침, 그리고 믿음

여호와께서 이르시되 네 아들 네 사랑하는 독자 이삭을 데리고 모리아 땅으로 가서 내가 네게 알려 준 한 산 거기서 그를 번제로 드리라 아브라함이 아침에 일찍이 일어나 나귀에 안장을 지우고 두 종과 그의 아들 이삭을 데리고 번제에 쓸 나무를 쪼개어 가지고 하나님이 자기에게 일러 주신 곳으로 가더라 (창세기 22:2~3)

하나님은 어느 날 갑자기 아브라함에게 사랑스런 독자 이삭을 바치라고 명령하셨습니다. 이삭은 하나님이 기적으로 주신 유일한 적자(嫡子)였습니다. 자기 노력으로 얻은 아들이 아니기에 이삭의 원소유권은 하나님께 있다는 사실을 아브라함은 잘 알고 있었습니다. 하나님의 명령 앞에 아브라함은 자신의 한계를 인정하고 이삭을 향해 품었던 모든 꿈을 체념했습니다. 그는 이른 아침에 이삭을 데리고 모리아 산으로 떠나 제단에 바쳤습니다. 이삭에 대한 사랑보다 하나님에 대한 믿음이 더 컸습니다. 믿음은 이런 것입니다. 하나님 앞에 자신의 한계를 인정하고 일체의 권리를 하나님께 바치는 것.

말씀하시는 하나님 앞에서 발견하는 우리의 한계와 체념은 실패가 아니라 거룩한 순종입니다. 하나님은 이런 순종의 믿음을 보여주는 사람을 통해 세상을 통치하십니다. 우리의 한계를 훌쩍 뛰어넘는 놀라운 능력으로. 자신의 한계를 알고 하나님께 바치는 믿음의 행위는 세상이 보지 못했던 일을 펼치는 하나님의 창조적 수단입니다.

Prayer 말씀하시는 하나님, 하나님의 것을 하나님께 바치는 믿음을 주소서.

고독에로의 초대

내 하나님이여 내가 낮에도 부르짖고 밤에도 잠잠하지 아니하오나 응답하지 아니하시나이다 (시편 22:2)

고독(solitude)은 현대인들에게 가장 익숙하지 않은 '홀로 있음'입니다. 세상과 고립되어 고요하게 자신을 마주하며 한계를 바라보는 치열하고도 무거운 정중동(靜中動)입니다. 빠져나올 수 없는 네트워킹 속에서 끊임없이 움직이고 바쁘게 흘러가는 도시의 속도가 몸에 밴 사람들에겐 매우 낯설고 힘겨운 경험입니다. 고독이 찾아오면 하나님도 상당 기간 우리를 내버려두십니다. 적막 속에 고독의 문을 통과하도록 지켜보십니다.

실패는 고독에로의 초대입니다. 실패의 감정은 좌절과 절망으로 시작해 외로움(loneliness)으로 이어집니다. 다 떠나고 나 혼자 남아 있는 소외감. 여기서 끝나면, 삶은 피폐해집니다. 반면 다윗처럼 외로움 가운데 절규하듯 기도하는 사람은 고독으로 이끌림을 받습니다. 기도하기를 포기할 때쯤 하나님이 찾아오시고, 고독은 환희의 송가로 마무리됩니다. 고독은 처음에는 썩 유쾌하지 않지만 영혼을 살찌웁니다. 고독에로의 초대를 받아들여야 합니다. 실패는 기도하며 고독에 머물 용기 있는 자에게만 성공의 어머니가 됩니다.

Prayer 십자가 예수님, 불현 듯 찾아오는 고독을 외면치 않고 통과하게 하소서.

가치 재배열

형제들아 내가 그리스도 예수 우리 주 안에서 가진 바 너희에 대한 나의 자랑을 두고 단언하노니 나는 날마다 죽노라 (고린도전서 15:31)

사도 바울은 자신의 사도 자격을 의심하는 자들에게 강력한 어조로 사도권을 방어했습니다. 그의 주장을 뒷받침하는 근거들 가운데 하나가 "나는 날마다 죽노라"는 자랑입니다. 그리스도와 함께 죽고 그리스도와 함께 일어나 살아가는 영적 일상입니다. 바울이 중요하게 생각하는 삶의 가치가 완전히 재배열됐습니다. 바리새인으로서 추구했던 학문과 박해의 가치를 배설물로 여기고 그리스도 안에서 발견한 은혜와 사랑의 가치를 영원한 푯대로 삼았습니다. 심판관 베스도의 눈에도 바울은 예수님에게 미친 사람이었습니다(사도행전 26:24).

그리스도의 십자가 앞에 서면 일상의 가치가 재배열되기 시작합니다. 평생 싸워야 하는 인생의 프론트라인(frontline)이 달라집니다. 예전 기준에 따르면 실패인 길을 선택합니다. 살아남기 위해 발버둥치는 대신 오히려 죽는 길을 찾게 됩니다. 빠른 승진과 월급 인상과 능력 인정을 좇아 죽기 살기로 사는 게 재미없어집니다. 세속의 한가운데서 거룩하게 살기 위해 날마다 자신과 세상과 싸웁니다. 십자가에서 가치가 달라진 삶은 나이 들수록 아름다워집니다.

Prayer 부활의 예수님, 주님의 십자가에서 영원한 가치를 발견하게 하소서.

영원한 실패자, 악(惡)

또 그들을 미혹하는 마귀가 불과 유황 못에 던져지니 거기는 그 짐승과 거짓 선지자도 있어 세세토록 밤낮 괴로움을 받으리라 (요한계시록 20:10)

누가 진정한 실패자일까요? 하나님의 천지 창조 이야기는 우리에게 온갖 고통을 주는 악이 세상을 영원히 지배할 수 없다는 종말론적 메시지를 담고 있습니다. 현재 악으로 세상을 지배하려는 사탄의 시도는 성공하지 못한다고 예정돼 있습니다. 악은 영원한 실패자로 선포되었습니다. 지금 우리는 육체적 한계 안에서 수없이 많은 실패를 경험하고 아파하지만 일시적 현상일 따름입니다.

하나님 나라 백성이 매일 경험하는 능력의 한계는 하나님의 영원 안에서 해소됩니다. 이 백성에게 '실패'란 언어는 종말에 소멸됩니다. 종말이 다가올수록 악의 몸부림이 커집니다. 하나님 나라 백성들이 상처를 받을 수 있지만 이미 영생을 받았기에 곧 치유됩니다. 실패와 한계는 육체로 살아가는 우리에게 상당한 괴로움을 주지만 종말론적 지평 안에서 반드시 극복됩니다. 바쁜 일터에는 악이 디테일하게 숨어있습니다. 창조와 종말의 시각으로 오늘을 묵상하면 교묘한 악에 굴복하지 않을 믿음의 지혜와 능력을 얻게 됩니다.

Prayer 창조의 하나님, 결단코 영원한 실패자 악의 편에 서지 않게 하소서.

양보하고 타협하시는 하나님

아브라함이 또 이르되 주는 노하지 마옵소서 내가 이번만 더 아뢰리이다 거기서 십 명을 찾으시면 어찌 하려 하시나이까 이르시되 내가 십 명으로 말미암아 멸하지 아니하리라 (창세기 18:32)

그리스도인은 일터에서 거의 매일 믿음과 세상의 충돌을 경험하며 혼란을 겪습니다. 이럴 때 그리스도인은 믿음의 본질적인 것과 비본질적인 것을 구분해서 대처해야 합니다. 본질은 붙잡되 비본질은 유연한 자세로 양보하고 타협해야 할 때가 있습니다. 그리스도인은 세상과 믿음의 교차로에서 '선교적 긴장'을 유지하면서 세상과 대화하고 타협하면서 세상을 조금씩 변혁해야 합니다. 힘들다고 세상에서 벗어나 교회 안으로 후퇴하면 안 됩니다.

양보와 타협을 부정적으로만 볼 필요는 없습니다. 하나님은 신들 가운데 유일하게 사람에게 양보하고 타협하는 인격적 신입니다. 소돔을 멸하려던 하나님은 아브라함과 여섯 번에 걸쳐 타협한 끝에 의인 열 명만 있으면 멸하지 않겠다고 물러섰습니다. 하나님은 자신의 뜻을 위해 양보와 타협을 아끼지 않으셨습니다. 심지어 하늘 보좌까지 버리고 가난한 땅의 사람으로 자신을 양보하셨습니다. 하나님께서 양보하지 않는다면 이 세상은 벌써 없어졌을 것입니다. 일터에서 우리는 하나님처럼 유연하게 이웃을 사랑해야 합니다.

Prayer　구원의 하나님, 나도 하나님처럼 유연하게 이웃을 사랑하게 하소서.

구원과 사랑의 심정으로

에브라임이여 내가 어찌 너를 놓겠느냐 이스라엘이여 내가 어찌 너를 버리겠느냐 내가 어찌 너를 아드마 같이 놓겠느냐 어찌 너를 스보임 같이 두겠느냐 내 마음이 내 속에서 돌이키어 나의 긍휼이 온전히 불붙듯 하도다 (호세아 11:8)

하나님은 범죄한 이스라엘에게 심판할 권리를 스스로 유보하셨습니다. 남은 자들을 구원하시려는 하나님의 열정 때문입니다. 하나님은 사람들과 타협하는 것처럼 보여도 사실은 오직 하나님 자신과 타협하십니다. 십자가 사건이 대표적입니다. 하나님은 바늘로 찔러도 꿈쩍 않는 무감각한 신이 아닙니다. 긍휼한 마음으로 불타는 하나님은 백성들의 죄에 냉정한 심판자로 돌변하기 보다는 사랑하다 상처받은 연인의 심정으로 속앓이를 하십니다. 결국 분노의 심판에서 스스로 한 발짝 물러서십니다.

하나님의 형상인 우리의 가슴에도 하나님처럼 사랑의 숯불이 들어있습니다. 이 사랑이 이웃들을 향한 구원과 사랑의 열정으로 많은 것들을 양보하게 합니다. 구원과 사랑의 열정은 딱딱한 우리의 마음과 태도를 이웃들에게 개방적이고 부드럽게 다듬어줍니다. 그들의 영적 육적 생명을 구원할 수 있다면, 내가 좀 휘어져도 괜찮습니다. 일터에서는 불타협의 자세보다는 사랑의 유연성으로 하나님이 주신 소명을 성취하는 것이 좋습니다.

Prayer 긍휼하신 하나님, 나도 구원과 사랑의 열정으로 살게 하소서.

포기 아닌 우회의 길을

예수께서 이르시되 모세가 너희 마음의 완악함 때문에 아내 버림을 허락하였거니와 본래는 그렇지 아니하니라 (마태복음 19:8)

모세는 하나님이 짝지어주신 것을 사람이 나누지 못한다는 결혼 계명에도 불구하고 이혼을 허락했습니다. 아내가 남편으로부터 위험한 박해를 받고 살기 보다는 차라리 헤어져 생명을 안전하게 지키게 하라는 의도였습니다. 하나님이 정하신 신성한 결혼 제도가 사람들의 완악함으로 흠이 났지만 생명의 보존이란 하나님의 최우선 관심은 지켜져야 했습니다. 완전하신 하나님의 뜻이 완전하게 실현되기 참 어려운 세상입니다.

아무리 좋은 이상(理想)이라도 현실에서는 굴절되고 변형되기 마련입니다. 나의 이상이 항상 타인에게 인정받지는 않습니다. 이럴 때에는 이상을 포기하기 보다는 이상의 정신(spirit)을 지키기 위해 우회적으로 돌아가기도 합니다. 현실은 끝없는 대화와 타협과 절충 덩어리입니다. 우리가 일터에서 하나님께 받은 소명을 실천하는 길도 그렇습니다. '생명에 대한 사랑의 섬김'이라는 일터 소명을 따라 가려면 "여기는 안 되겠다"고 포기하지 않고 끈질기게 우회하는 길을 찾아야 합니다.

Prayer 사랑의 하나님, 소명의 꿈을 포기하기 보다는 돌아가는 지혜를 주소서.

안개 속 등불을 향해

내가 이미 얻었다 함도 아니요 온전히 이루었다 함도 아니라 오직 내가 그리스도 예수께 잡힌바 된 그것을 잡으려고 달려가노라 (빌립보서 3:12)

다메섹 도상에서 부활하신 주님을 직접 만난 사도 바울은 “어떻게 해서든지 죽은 자 가운데서 부활에 이르려” 하는 간절한 소망을 가지고 있었습니다. 오직 부활하신 그리스도와 함께 영원한 생명의 자리에 안착하고 싶은 열망으로 오늘도 어렵고 위험한 선교 현장에서 주님을 향해 달려갔습니다. 복음을 거부하거나 박해하는 안개 속 사역 일선에서 바울은 오직 그리스도의 등불을 향해 버티고 전진하기를 거듭했습니다.

일터는 안개와 같은 삶의 현장입니다. 밀고 당기면서 겨우 한 걸음 앞으로 나가는 일터 현실은 앞이 잘 보이지 않습니다. 어느 누구에게도 쭉쭉 뻗어나갈 기회는 허용되지 않습니다. 오늘도 우리는 후퇴하고 버티고 전진하는 버겁고 고통스러운 순간들을 헤치며 걸어갈 뿐입니다. 대화하고 타협하면서 소명을 따라가는 길은 꽃길이 아니라 가시덤불과 엉겅퀴로 가득 찬 길입니다. 바울처럼 우리에게도 그리스도와 함께 부활에 참여하고자 하는 강렬한 소망이 필요합니다. 부활하신 그리스도의 등불을 바라보지 않으면 안개 속에서 길을 잃게 됩니다.

Prayer　부활의 주님, 안개 같은 일터에서 부활의 등불을 바라보게 하소서.

미완성의 소명

하나님을 사랑하는 자 곧 그의 뜻대로 부르심을 입은 자들에게는 모든 것이 합력하여 선을 이루느니라 (로마서 8:28)

모든 사람의 삶은 미완성으로 끝납니다. 삶의 완성은 종말론적 소망으로 남습니다. 하나님이 우리 각자에게 주신 소명의 길도 골인 지점이 없습니다. 소명은 목적지가 아니라 방향입니다. 소명의 삶은 이어달리기와 같습니다. 나는 달릴 만큼 달리고 다음 주자에게 넘겨주어 계속 가도록 디딤돌을 놓아주는 역할을 합니다. 하나님은 우리들이 놓은 디딤돌들을 사용하셔서 우리에게 주신 소명을 스스로 완성하십니다. 우리가 미완성으로 마친 삶의 조각들을 하나님이 이어 붙여 뜻하신 계획을 이루십니다.

생각처럼 잘 살지 못했다 해도 애석해 하지 마십시오. 대신 내가 했던 일들을 통해 하나님께서 선을 이뤄주시도록 기도하십시오. 능력과 믿음이 부족해서 후퇴하고 굽어지고 타협하고 돌아간 나를 용서해달라고 자비로우신 하나님께 간구하십시오. 두렵고 떨리는 마음으로 소명을 마치지 못한 삶을 하나님께 맡기고 감사하며 일터를 그리고 삶을 떠나는 것이 우리의 마지막 사명입니다.

Prayer 선하신 하나님, 여기까지 살아온 내 미완성의 삶을 받아주소서.

52주 일터와 일상의 신실함을 위한

말씀묵상

Meditation in the Workplace

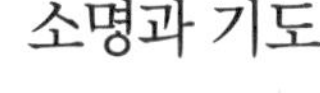

소명과 기도

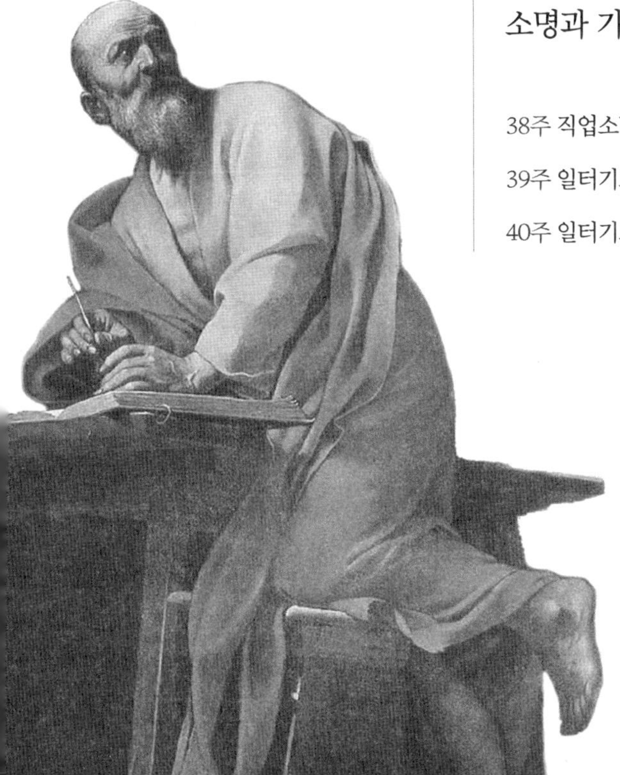

생존하라는 부르심

여호와 하나님이 에덴동산에서 그를 내보내어 그의 근원이 된 땅을 갈게 하시니라 (창세기 3:23)

타락 사건 이후 아담은 에덴동산 밖으로 쫓겨났습니다. 생명나무 열매를 따먹지 못하게 되었습니다. 영생을 박탈당하고 죽음이 오기 전까지만 살도록 허용됐습니다. 하나님은 아담에게 에덴 밖에서 자기 생명의 근원인 땅을 갈며 먹고 살아가라고 명령하셨습니다. 비록 죽음에 이를 운명이지만 그때까지는 살아남으라는 생존의 축복이며 소명이었습니다. 고달픈 삶의 여정을 걸어가는 우리가 일해야 하는 이유이기도 합니다. 모든 사람은 직업 소명을 받았습니다. 직업 소명의 최우선 목적은 생존입니다. 사람은 일해야 생존할 수 있다는 뜻입니다.

직업은 기쁨이자 슬픔입니다. 생존의 기회이기에 기쁘지만, 힘들게 수고해야하기에 슬픕니다. 그러나 직업의 기쁨은 슬픔보다 비교할 수 없을 정도로 큽니다. 우리가 일한다는 것은 살아있다는 증거입니다. 일하지 않고 놀기만 하면 죽은 사람과 마찬가지입니다. 영생의 나라인 천국의 사람들은 영원히 일하면서 살 것입니다. 그곳에서 하는 일에는 슬픔이 사라지고 기쁨만 있겠지요. 비록 제한적이지만 지금 우리가 하는 일에도 천국의 맛이 담겨있습니다.

Prayer 하나님 아버지, 내 일에서 더 많은 기쁨을 누리게 하소서.

하나님과 함께 하라는 부르심

여호와께서 요셉과 함께 하시고 그에게 인자를 더하사 간수장에게 은혜를 받게 하시매 (창세기 39:21)

우리에게 직업 소명을 주신 하나님은 우리 직업 안으로 들어오십니다. 직업은 생존의 터전이고, 하나님은 우리의 생존에 지대한 관심을 가지고 계십니다. 아무리 험한 직업 현장이라도 그곳으로 보내신 사람들의 생존을 기꺼이 책임지십니다. 17세 소년 요셉이 누명 쓰고 억울하게 끌려간 감옥에도 하나님은 따라가셨습니다. 감옥은 요셉에게 갇힌 곳이 아니라 일터가 되었습니다. 여호와 하나님께서 베푸신 신실한 사랑 덕분에 감옥 책임자로부터 은혜를 받았습니다. 인간성의 밑바닥이 드러나는 감옥에서도 은혜가 가능합니다.

직업에는 생존을 위한 고된 노동만 있는 것이 아닙니다. 고된 직업 현장일수록 하나님의 관심은 더욱 깊어집니다. 생존의 현장이 죽음의 현장이 되지 않도록 하나님의 관심이 쏟아집니다. 직업에 임하는 하나님의 은혜는 과도한 슬픔을 기쁨으로 바꿔 일하는 사람들의 생존을 돕습니다. 하나님은 이 일을 하려고 우리를 그곳에 보내 하나님 대신 일하게 하십니다. 하나님이 우리를 직업으로 보내심은 그곳에 계시는 하나님과 함께 하라는 부르심입니다.

Prayer 하나님 아버지, 나를 보내신 이 직업에서 나와 함께 하여주소서.

직업을 달리 보는 부르심

각 사람은 부르심을 받은 그 부르심 그대로 지내라 (고린도전서 7:20)

마틴 루터는 종교개혁으로 교회뿐 아니라 세상을 개혁하는 길을 열었습니다. 루터는 일상을 살아가는 사람들이 하는 모든 합법적인 직업은 하나님의 부르심이라고 설파했습니다. 이 부르심은 목사나 수도사, 선교사 같은 종교적 직업에 머물지 않고 사람들이 살아가는데 필요한 물건과 서비스를 생산하고 교환하는 '세속적' 직업들을 모두 포괄합니다. 하나님은 이런 직업들을 통해 세상을 축복한다고 루터는 설교했습니다.

로마시대에 많은 종(노예)들이 그리스도인이 되었습니다. 바울은 그들에게 "부르심 받은 그대로 지내라"고 말했습니다. 루터는 '그리스도의 구원으로' 라는 영적 부르심을 '세속적 직업(Beruf)으로' 부르심이라고 해석했습니다. 당시 종의 일은 기껏해야 기계적인 일 같은 하찮은 의미밖에 부여받지 못했습니다. 그러나 영적 부르심의 관점에서 보면 종의 일도 하나님이 세상을 다스리고 유지하는 거룩한 수단이기에, 루터는 종들에게 그 자리를 함부로 떠나지 말라고 했습니다. 그리스도 안에서는 직업을 바라보는 관점이 이처럼 혁명적으로 달라집니다.

Prayer 하나님 아버지, 그리스도 안에서 내 직업의 가치를 새롭게 발견하게 하소서.

익명으로 섬기라는 부르심

기쁜 마음으로 섬기기를 주께 하듯 하고 사람들에게 하듯 하지 말라 (에베소서 6:7)

루터는 우리가 일하는 다양한 종류의 직업을 하나님이 주신 은사라고 말합니다. 하나님은 이 세상을 통치하기 위해 여러 가지 직업과 지위를 필요로 하십니다. 대통령, 정부관료, 정치인, 성직자, 교사, 농민, 기술자 등이 없으면 세상이 어떻게 돌아가겠습니까? 우리 각자는 서로 다른 직업에 종사하는 사람들을 필요로 합니다. 자기 직업에 충실한 사람은 기쁜 마음으로 이웃에게 봉사함으로써 그 직업을 주신 주님을 섬기는 결과를 가져오게 됩니다.

세상 모든 사람들은 각자에게 주어진 직업으로 서로 긴밀히 연결되어 있습니다. 내가 일터에서 하는 작은 일이 나비효과를 일으켜 지구 반대편에 있는 사람들에게 큰 영향을 미칠 수 있습니다. 하나님은 내가 모르는 익명의 이웃들에게까지 선한 영향력을 끼치도록 나를 직업으로 부르셨습니다. 악한 영향력을 끼치는 직업은 하나님의 부르심을 부정하는 죄입니다. 직업을 신분 상승이나 돈 버는 기회로 바라보지 않고 주님 섬기듯 이웃을 섬기는 기회로 받아들이는 관점이 종교개혁의 유산입니다. 직업은 익명으로 이웃을 섬기는 자리입니다.

Prayer 하나님 아버지, 내 직업을 통해 내가 모르는 이웃들을 섬기게 하소서.

'특별한' 자리와 직무로 부르심

너희는 택하신 족속이요 왕 같은 제사장들이요 거룩한 나라요 그의 소유가 된 백성이니 이는 너희를 어두운 가운데서 불러 내어 그의 기이한 빛에 들어가게 하신 이의 아름다운 덕을 선포하게 하려 하심이라 (베드로전서 2:9)

모든 그리스도인은 하나님께서 그리스도 안에서 택하신 제사장입니다. 제사장은 하늘과 땅을 중재하는 역할을 합니다. 하나님은 그리스도인들을 상황에 따라 특별한 자리와 직무로 부르셔서 특별한 자리에서 제사장으로 일하게 하십니다. 상황이 끝나면 특별한 부르심도 끝납니다. '특별한'이란 용어는 '임시적', '일회적', '특정한' 등을 뜻합니다. 다른 자리보다 더 큰 가치가 있다는 말이 아닙니다. 한 사람의 '특별한' 부르심은 평생 동안 다양할 수도 있습니다.

성직자는 일정기간 성직이라는 영역에 봉사하도록 부르심을 받은 사람이지 '지울 수 없는 특별한 성품'을 가진 사람이 아닙니다. 민간 회사나 공직에서 일하는 사람과 동일한 가치를 가지고 있지만 하나님이 부르신 자리가 교회인 사람입니다. 루터는 '한 번 성직자는 영원히 성직자'라는 생각을 거부합니다. 성직자도 그 직무가 끝나면 일반인이 되는 것이 당연하다고 했습니다. 하나님은 특별한 시점과 특별한 장소에 필요한 사람을 보내 선한 일을 하도록 하십니다. 우리는 하나님이 세상 직업들에 파송하시는 성도(聖徒·거룩한 사람)입니다.

Prayer 하나님 아버지, 보냄 받은 '특별한' 소명의 길을 가게 하소서.

 DATE . . .

하나님이 가까이 오시는 기도

내가 주께 아뢴 날에 주께서 내게 가까이 하여 이르시되 두려워하지 말라 하셨나이다 (예레미야애가 3:57)

하나님께서 우리를 일터로 부르신다고 믿는 사람은 일터에서 기도합니다. 일터는 생존의 전쟁터 이전에 영적 전쟁터입니다. 우리의 생존은 이미 하나님께서 약속하셨습니다. 우리의 과제는 '어떻게 생존하는가'입니다. 생존에 위협받는다고 생각할 때, 세상 사람들은 각종 연줄이나 자신의 능력, 술 등에 의지해 해결하거나 피하려 합니다. 반면 그리스도인은 가장 먼저 하나님 앞에 나아가 도움을 구합니다. 문제 해결방식이 다릅니다.

물론 그리스도인들도 일터에서 다른 사람들의 도움이 필요하지만 하나님의 도우심이 우선입니다. 우리를 일터로 보내신 하나님이 가장 바라시는 것은 하나님께 도움을 구하는 기도입니다. 우리가 기도하지 않으면 우리에게 가까이 다가오시는 하나님을 경험할 기회가 없습니다. 기도는 광야 같은 일터에 하나님을 초청하는 우리의 권리이자 의무입니다. 하나님께 우리 상황을 알려드려야 합니다. 하나님이 오시지 않을 것 같은 살벌한 일터일지라도 하나님이 들어오시도록 활짝 문을 열어드리고 하나님과 함께 걸어가며 두려움을 이겨냅시다.

Prayer 우리를 부르신 하나님, 우리의 기도를 들으시고 가까이 오소서.

은밀하고 깊은 기도

너는 기도할 때에 네 골방에 들어가 문을 닫고 은밀한 중에 계신 네 아버지께 기도하라 은밀한 중에 보시는 네 아버지께서 갚으시리라 (마태복음 6:6)

우리는 큰소리로 공개적으로 기도할 때가 있습니다. 공적인 목적을 위한 기도 혹은 교회 공동체를 위한 기도에는 이런 기도가 적합합니다. 하지만 다양한 신앙을 가진 사람들과 불신자들이 함께 어울려 일하는 일터 현장에서는 은밀하고 깊은 기도가 필요합니다. 자신의 책상이나 막혀있는 공간 등에서 절박한 심정으로 깊이 드리는 기도가 좋습니다. 기도는 우리의 간구를 하나님의 마음에 심어주는 역할에 충실하면 됩니다.

일터에서 은밀하고 깊은 기도는 대체로 굵고 짧습니다. 일터에서는 길게 기도할 시간적 여유가 없습니다. 불과 몇 초라도 잠시 눈을 감고 하나님을 응시하며 지혜와 용기를 간구하는 기도도 훌륭한 기도입니다. 오래 깊이 드리는 기도만큼 강렬하고 진실한 기도입니다. 업무로 만나는 상대를 바라보며 대화할 때도 이 대화를 위해 영으로 드리는 기도를 해야 합니다. 일터로 부르신 하나님께 신실하게 살려면, 손발은 업무로 바쁘지만 영혼은 기도에 부지런해야 합니다.

Prayer 소명을 주시는 하나님, 짧고 은밀하게 드리는 기도를 들어주소서.

 DATE . . .

숨겨진 것들을 보는 기도

쉬지 말고 기도하라 (데살로니가전서 5:17)

쉬지 말고 기도하라는 명령에는 일과 기도를 분리시키지 말고 하나가 되게 하라는 하나님의 의도가 담겨있습니다. 기도하지 않고 일만 하면 악에 둔감해지기 쉽고, 일하지 않고 기도만 하면 기도가 공허해집니다. 열심히 일하다보면 인격 없는 사물의 세계에서 사람의 길을 잃기도 합니다. 원리 원칙이 지배하는 사물의 세계에서는 사람이 자칫 기계처럼 되기 십상입니다. 기도는 이러한 세계를 하나님이 살아계신 생명의 세계로 만들어줍니다.

그리스도인은 출근할 때 오늘의 일과를 위해 기도합니다. 퇴근하면서 일터에서 함께 보낸 사람들과 했던 일들을 돌아보며 기도합니다. 근무 중 시시때때로 기도합니다. 중요한 보고를 앞두고, 어려울 때, 화가 날 때, 감사할 때 기도합니다. 기도하는 사람은 일터에서 돈보다 사람을 먼저 봅니다. 성공한 사람보다 실패한 사람이 먼저 보입니다. 빠른 효과보다 공정한 절차가 먼저 보입니다. 쉼 없이 기도하는 사람은 기도하지 않은 사람들이 보지 못하는 숨겨져 있는 것들을 봅니다. 진리와 생명의 성령이 기도하는 사람과 함께 하시기 때문입니다.

Prayer 우리를 부르신 하나님, 쉬지 않고 기도하며 숨겨진 것들을 보게 하소서.

일상의 디테일을 깨우는 기도

어찌하여 자느냐 시험에 들지 않게 일어나 기도하라 (누가복음 22:46)

'악마는 디테일에 있다(Devil is in the details)'는 말은 원래 '신은 디테일에 있다(God is in the details)'는 한 건축가의 명언을 반대로 활용한 협상전략입니다. 하나님은 성전에만 계시지 않습니다. 하나님은 매일 온 지구를 가득 채우고 있는 세세하고 지루하고 반복적인 일상의 세계에 충만하십니다. 계산기 두드려 매출전표를 정리하는 책상 위에 계십니다. 평범하기 그지없는 세계가 하나님의 세계입니다. 그리스도인들은 교회당 예배보다는 일상의 세계에서 주로 시험에 듭니다. 일상의 디테일에서 악마의 유혹에 빠지는 일이 잦습니다.

일터는 가장 대표적인 일상의 생활세계입니다. 그리스도인들이 가장 많은 시험과 유혹에 빠지는 곳이기에 가장 많은 기도가 필요한 세계입니다. 주님처럼 습관에 따라 깨어 기도하지 않으면 우리 일상은 악마의 놀이터가 됩니다. 일터 일상의 디테일에 하나님이 계시도록 쉼 없이 기도합시다. 숨어있는 악을 보게 해달라고 기도합시다. 기도하며 일상의 디테일을 깨웁시다. 기도는 일상에서 영적 감수성을 고양시켜줍니다.

Prayer　우리를 부르신 하나님, 깨어 기도하며 악마의 시험에 들지 않게 하소서.

DATE . . .

연대하여 중보하는 기도

모든 기도와 간구를 하되 항상 성령안에서 기도하고 이를 위하여 깨어 구하기를 항상 힘쓰며 여러 성도를 위하여 구하라 (에베소서 6:18)

일터는 그 어느 곳보다 영적 싸움이 크게 일어나는 곳입니다. 우리에게 싸움을 걸어오는 상대는 눈에 보이는 사람들이 아니라 '통치자들과 권세들과 이 어둠의 세상 주관자들과 하늘에 있는 악의 영들'입니다(에베소서 6:12). 이 세력들은 우리의 마음을 자기 뜻대로 움직여 파멸에 이르게 합니다. 한 개인이 혼자 대적할 수 없는 영적 힘을 가진 상대들입니다. 이들 앞에서 나 혼자의 힘은 너무 연약합니다. 쉽게 좌절하고 포기합니다.

일터에서 영적 싸움은 많은 경우 조직의 구조적 차원에서 이뤄지고 있습니다. 같은 일터에 있는 그리스도인들이 기도로 연대해야 합니다. 일터 안에서 부딪히는 문제들은 혼자 힘으로 해결되지 않은 경우가 많습니다. 일터에서 기도의 동지들이 손을 맞잡고 함께 싸워야 합니다. 일터 신우회나 주변의 그리스도인들과 함께 기도합시다. 함께 기도하면 불의와 악에 쉽게 물러서지 않는 용기를 얻습니다. 하나님의 응답을 올바르고 안전하게 분별하는 지혜를 얻습니다. 서로 힘이 되어줍니다. 중보 기도는 서로를 세워주는 위대한 사랑입니다.

Prayer 우리를 부르신 하나님, 함께 기도할 동료 그리스도인들을 보내주소서.

자기를 버리는 기도

그러므로 너희는 이렇게 기도하라 하늘에 계신 우리 아버지여 이름이 거룩히 여김을 받으시오며 (마태복음 6:9)

우리는 일터에서 무엇을 기도할까요? 흔히 부족한 것들을 위해 기도하게 됩니다. 물론 하나님께서 기뻐하시는 기도입니다. 우리에게 필요한 것을 위해 다른 사람에게 달려가기 전에 먼저 하나님께 구하면 우리의 아버지이신 하나님께서 얼마나 기뻐하실까요? '하늘에 계신' 아버지는 이미 우리의 필요를 다 아시고 준비하고 기다리고 계시니까요. 반대로 우리가 하나님보다 먼저 달려가 구하는 대상을 하나님은 미워하십니다. 우상이니까요.

우리의 첫 번째 기도는 하나님 아버지의 이름이 거룩해지는 것이어야 합니다. 나를 아는 사람들 사이에서 내가 아니라 하나님의 이름이 영광받기를 갈망하는 기도입니다. '이름이 거룩히 여김을 받는다'는 말은 '무겁고 영광스럽게 불려진다'는 뜻입니다. 우리 필요를 채우기 위해 드리는 기도는 필요를 채워주신 하나님의 이름에 대한 찬양으로 연결되어야 합니다. 우리는 기도한 뒤에 반드시 하나님의 응답을 뚜렷하게 기억하며 감사해야 합니다. 이렇게 우리는 기도를 통해 자기를 버리는 신앙을 고백합니다.

Prayer 주 예수님, 내 기도로 하나님의 이름이 거룩해지소서.

회심으로 드리는 기도

나라가 임하시오며 뜻이 하늘에서 이루어진 것 같이 땅에서도 이루어지이다 (마태복음 6:10)

회심은 이제부터는 내가 원하는 삶 대신 하나님이 원하시는 삶을 살기로 마음을 돌이키는 것입니다. 예수님은 우리가 다스리는 나라가 아니라 하나님이 다스리는 나라, 우리의 뜻보다 하나님의 뜻을 간구하라고 가르치셨습니다. 기도의 회심이 필요하다는 뜻입니다. 회심하면 비로소 내 자신에게 무엇이 필요한지를 제대로 알게 됩니다. 우리에게 필요한 것은 우리가 원하는 것이 아니라 하나님이 원하시는 것입니다. 이것은 한 번 맛보면 압니다.

교활한 마귀는 우리가 하나님께 기도하는 것을 막지는 않지만 기도 내용을 타락시켜 기도하며 죄짓게 합니다. 정욕과 탐심으로 구하는 기도제목들을 빼내야 합니다. 대신 겸손과 순종에서 우러나오는 진실한 소원들을 기도제목에 올려야 합니다. 이미 집이 있는 사람이 또 다른 고가의 집을 분양받으려는 기도는 타락한 기도입니다. 일자리를 찾는 내 이웃에게 일할 기회를 달라는 기도는 아름다운 기도입니다. 회심한 사람은 타인의 희생을 유발하는 것을 위해서는 결단코 기도하지 않습니다. 차라리 내 희생으로 타인이 유익을 얻도록 기도합니다.

Prayer 주 예수님, 기도하며 죄 짓지 않게 하소서.

은혜와 사랑을 구하는 기도

오늘 우리에게 일용할 양식을 주시옵고 (마태복음 6:11)

기도하면 평범해 보이는 일상이 하나님의 은혜에 감싸여 있음을 발견합니다. 내가 열심히 일한다고 하루 세끼 양식을 당연히 먹을 수 있는 것이 아닙니다. 하나님이 은혜로 주셔야 먹을 수 있습니다. 아무리 풍요로운 사회일지라도 하늘 문이 닫혀 비가 내리지 않으면, 세 끼는 고사하고 한 끼 먹기도 힘듭니다. 식사하기 전에 습관적으로 드리는 감사의 기도가 사소해 보여도 매우 겸손한 기도입니다. 비록 내가 일해서 밥을 먹지만, 하나님이 일할 수 있는 힘과 일터와 동료들을 허락하셨기에 오늘도 먹는다고 고백하는 멋진 기도입니다.

'우리에게'라는 표현에 주목해야 합니다. 우리는 홀로 배부르게 먹을 양식이 아니라 이웃들과 함께 먹을 양식을 위해 기도해야 합니다. 이 기도를 드리면, 우리는 이웃을 배고프게 할 수 없습니다. 세상의 모든 일터는 우리가 함께 일해서 함께 먹고 사는 사랑의 공동체입니다. 우리 일터에 일거리가 떨어지지 않도록 기도합시다. 일거리가 줄어 일터가 사라지면 이웃이 굶어야 합니다. 이런 일이 일어나지 않도록 기도합시다. 일용할 은혜와 사랑을 구합시다.

Prayer　주 예수님, 오늘도 은혜와 사랑으로 우리가 함께 먹을 양식을 주소서.

DATE . . .

용서를 구하는 기도

우리가 우리에게 죄 지은 자를 사하여 준 것 같이 우리 죄를 사하여 주시옵고 (마태복음 6:12)

누구나 인생의 마지노선이 있습니다. 그리스도인에게 그것은 하나님의 용서입니다. 우리가 아무리 큰 죄를 짓고 실수를 해도, 타인에게 실망과 손해를 끼쳐도, 심지어 죽어 마땅한 잘못을 해도 우리에게는 모든 죄를 용서해주시고 의롭다고 인정해주시는 하나님이 계십니다. 용서는 "나는 계속 당신과 함께 하고 싶다"는 마음의 표현입니다. 우리를 향한 하나님의 마음입니다. 힘들수록 더욱 담대히 하나님께 용서를 구하는 기도를 해야 합니다. 하나님의 용서를 받으면, 인생 방향이 바뀝니다. 전에는 알지 못했던 자유와 평화와 신뢰의 기쁨을 경험합니다.

하나님의 용서는 우리들의 용서와 연결돼 있습니다. 하나님이 우리를 용서하셨는데, 우리가 용서 못할 사람이 없습니다. 만약 당신 마음에 용서할 수 없는 그 누군가가 있다면, 당신은 한 번도 용서를 받아본 적이 없는 사람입니다. 더 큰 비극은 당신이 하나님의 용서를 구할 수 없다는 사실입니다. 용서는 받아본 사람만이 구합니다. 용서는 꽉 닫힌 삶을 활짝 여는 열쇠입니다. 기도하며 용서하고, 용서하며 기도합시다.

Prayer 주 예수님, 매일 용서받고 용서하며 살게 하소서.

분별을 구하는 기도

우리를 시험에 들게 하지 마시옵고 다만 악에서 구하시옵소서 (나라와 권세와 영광이 아버지께 영원히 있사옵니다 아멘) (마태복음 6:13)

영적 싸움이 어느 곳보다 치열하고 교묘한 일터에서 그리스도인들은 싸움의 본질을 정확하게 분별해야 합니다. 사탄은 대부분 사람을 통해 우리를 시험에 들게 하고 악에 빠지게 합니다. 우리의 대적은 사탄이지 사람이 아닙니다. 그(녀)는 사탄의 포로가 된 불쌍한 사람일 따름입니다. 우리는 시험과 악을 대면할 때마다 그 배후를 분별하는 영적 안목을 주시도록 기도해야 합니다. 나를 기도의 자리로 가게 하는 그 사람을 위해서는 구원의 기도를 올리되, 그 사람을 집어삼킨 사탄에 대해서는 분노해야 합니다.

억울하거나 불의를 요구받을 때나 위태로울 때, 우리는 흥분하거나 분노하거나 좌절하거나 포기해서는 안 됩니다. 즉각적인 반응은 절대 금물입니다. 사탄의 시험이고 악의 유혹입니다. 오히려 한 발 뒤로 물러나 사탄이 쳐놓은 그물에 빠지지 않고 나도 덩달아 악해지지 않도록 기도해야 합니다. 차분하고 냉철하게 분별하도록. 그리고 우리의 대장이신 예수님을 앞세워 지혜롭게 싸워 이기도록 마음을 내어드리고 기다립시다.

Prayer 주 예수님, 악을 대면할 때 분별할 능력을 주소서.

52주 일터와 일상의 신실함을 위한

말씀묵상

Meditation in the Workplace

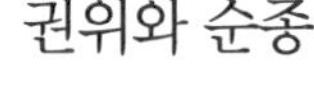

권위와 순종

그리스도께 순종하듯

종들아 두려워하고 떨며 성실한 마음으로 육체의 상전에게 순종하기를 그리스도께 하듯 하라 (에베소서 6:5)

사도 바울은 먼저 높은 곳에 있는 상전에게 낮아지라고 말하는 대신 약자인 종들에게 순종하라고 요구했습니다. 더 낮아질 자리도 없는 종들에게. 순종은 당시 종들에게 부과된 직업윤리였습니다. 바울은 참된 순종의 모델로 그리스도를 제시합니다. 그리스도는 하나님 아버지의 뜻에 순종하며 아버지에 대한 믿음과 사랑을 표현했습니다. 아버지는 항상 선하고 정의로우며 자비로우셨기에 그리스도가 순종하지 않는 것은 상상할 수도 없는 죄였습니다. '두려워하고 떨며 성실한 마음'은 죄짓지 않으려 경계하는 마음입니다.

순종은 죄에 굴복하는 것이 아니라 선하고 정의롭고 자비로운 지시에 따르는 하나님 나라 시민들의 행동양식입니다. 주인은 합당하게 다스리고 종은 성실하게 순종할 때, 일터는 하나님 나라가 됩니다. 주인이 불의하게 다스린다면, 종은 예수님처럼 순종해야 합니다. 예수님은 불의에 굴복해 십자가를 짊어지시지 않았습니다. 불의를 이기고 선을 세우기 위해 정의롭게 자기를 희생하셨습니다. 이것이 우리가 그리스도께 순종하는 방법이고 목적입니다.

Prayer 정의로우신 하나님, 일터에서 그리스도에게 하듯 정의롭게 순종하며 일하게 하소서.

그리스도를 기쁘게 하도록

눈가림만 하여 사람을 기쁘게 하는 자처럼 하지 말고 그리스도의 종들처럼 마음으로 하나님의 뜻을 행하고 (에베소서 6:6)

당시 종들은 팔려오거나 끌려와 주인의 소유물로 취급받았습니다. 종들은 해방되어 자유인이 되거나 집으로 돌아갈 꿈을 꾸었습니다. 주인을 기쁘게 하여 자기 목적을 성취하려고 열심히 일하지만 뒤에서는 주인에게 적개심을 품는 종들이 적지 않았습니다. 이에 반해 그리스도를 주인으로 섬기는 종들은 주인이 보이나 보이지 않으나 사랑하는 마음으로 말씀에 따르기를 좋아합니다. 그리스도의 종들은 그리스도를 떠나지 않으려 합니다. 오히려 더 깊이 그리스도께 속하기 바랍니다.

일터에서 우리는 그리스도의 종으로서 상급자의 하급자입니다. 그리스도의 종이기 때문에 상급자보다 그리스도를 기쁘시게 하기 위해 일합니다. 상급자를 사랑하고 순종하는 것도 "네 이웃을 사랑하라"고 말씀하신 그리스도의 법에 순종하기는 것이지 반대급부를 목적으로 하는 것이 아닙니다. 온 몸과 마음으로 하나님의 뜻대로 살기 위해 일합니다. 내가 하는 일의 일차적 수혜자는 그리스도이십니다.

Prayer 사랑의 예수님, 내가 오직 주님이 기뻐하시도록 일하게 하소서.

기쁜 마음으로

기쁜 마음으로 섬기기를 주께 하듯 하고 사람들에게 하듯 하지 말라 (에베소서 6:7)

우리가 하는 모든 일은 그리스도를 향합니다. 우리는 그리스도 안에서 세상과 하나님 사이에 있는 제사장입니다. 제사장은 세상을 하나님 앞에 서게 하고 하나님의 사랑을 세상에 전하는 역할을 합니다. 제사장이 하는 일은 궁극적으로 하나님을 섬기는 것입니다. 우리는 일터에서 만나는 사람들을 섬김으로써 하나님을 섬깁니다. 사람들을 이해관계로 대하지 않고 기쁜 마음으로 대함으로써 하나님을 기쁘시게 합니다.

경제 영역에서 사람은 흔히 인적자원, 곧 비인격적 존재로 취급받습니다. 노동자는 노동 시간을 파는 노동력으로 다뤄집니다. 자본가는 가진 돈만큼 인정받습니다. "사람들에게 하듯 하지 말라"는 말씀은 노동자든 자본가든 그리스도의 사랑이 필요한 한 인격으로 대하라는 뜻입니다. 그리스도께서 우리에게 하셨듯이 우리도 모든 사람을 사랑으로 만나라는 말씀입니다. 사랑이 모든 인간관계의 기준이며 기술이고 목적입니다. 그리스도의 사랑이 가장 필요한 곳이 사랑의 공백지대로 오래 방치되어온 일터가 아니면 어디일까요?

Prayer 사랑의 예수님, 오늘 만나는 사람들을 주님 섬기듯 기쁜 마음으로 섬기게 하소서.

DATE . . .

종말의 심판을 의식하며

이는 각 사람이 무슨 선을 행하든지 종이나 자유인이나 주께로부터 그대로 받을 줄을 앎이라 (에베소서 6:8)

그리스도인의 삶은 근본적으로 종말론적이고 또 종말론적이어야 합니다. 그리스도인은 지상의 삶이 마지막 순간에 하나님의 심판대 앞에서 평가받는다는 사실을 믿습니다. 우리가 오늘 여기에서 먹고 마시고 즐기는 행위가 나쁜 것이 아닙니다. 하지만 하나님으로부터 "그때 참 좋았다"고 인정받지 못한다면 문제입니다. 하나님의 심판대에서는 지위 고하에 상관없이 자기 자리에서 했던 일이 선했는지 여부만이 중요합니다.

오늘 내가 일터에서 하는 일이 하나님의 피조물들에게 선한 영향을 미칠 때, 하나님의 얼굴이 유쾌해집니다. 하나님은 그 순간을 영원히 기억하시겠지요. 내가 하고 있는 일이 내 동료와 소비자들의 생명 번성과 행복에 일조하고 있는지 곰곰이 따져봐야 합니다. 환경과 타인의 생명에 해를 끼치는 일이라면 하나님의 심판대 앞에서 어떻게 변명할 수 있을까요? 타인의 얼굴을 미소 짓게 하는 일은 하나님의 마음을 시원하게 합니다. 잠시 동안 사람들을 속일 수는 있을지 몰라도 아무도 영원히 하나님을 속이지는 못합니다.

Prayer 심판 주 하나님, 무슨 일을 하든지 종말의 심판을 통과하도록 일하게 하소서.

리더란...

상전들아 너희도 그들에게 이와 같이 하고 위협을 그치라 이는 그들과 너희의 상전이 하늘에 계시고 그에게는 사람을 외모로 취하는 일이 없는 줄 너희가 앎이라 (에베소서 6:9)

리더는 권력을 휘두르는 사람이 아닙니다. 리더는 자기에게 주어진 힘과 자원을 다른 사람들을 위해 합리적으로 사용하도록 권한을 위임받고 책임을 지는 사람입니다. 리더는 성취의 자리가 아니라 섬김의 자리입니다. 리더는 타인보다 더 많은 경험과 지식을 쌓았기에 더 많이 사랑할 수 있는 역량을 가진 사람입니다. 예수님은 제자들에게 주기만 했지 그들에게서 아무것도 취하지 않았습니다. 그리스도에 속한 리더는 어디서나 자신을 내어주는 역할을 성실하게 수행합니다. 아랫사람을 위협하는 리더는 그리스도에게 속한 사람이 아닙니다.

리더는 하나님이 외모로 사람을 취하지 않는 것처럼 자신의 영향력 아래 있는 사람들을 지위나 능력이나 배경과 같은 외모로 판단하지 않으려 부단히 노력해야 합니다. 영국을 신사의 나라로 만든 윌리엄 윌버포스 의원은 항상 생명을 위협받고 있던 노예들을 형제로 여기고 해방시킨 참된 리더였습니다. 선한 리더는 잃어버린 양을 찾는 심정으로 조직을 이끌어갑니다. 리더는 과업의 목표보다 과업을 수행하는 사람을 더 소중히 여깁니다.

Prayer 자비로우신 예수님, 내가 누군가의 리더로서 군림하지 않고 섬기며 일하게 하소서.

모든 이에게 주신 권위

각 사람은 위에 있는 권세들에게 복종하라 권세는 하나님으로부터 나지 않음이 없나니 모든 권세는 다 하나님께서 정하신 바라 (로마서 13:1)

모든 사람에게는 권위(권세·authority)가 있습니다. 하나님은 사람을 창조하는 동시에 사람에게 다스리는 권위를 주셨습니다(창세기 1:28). 하나님은 자신이 직접 세계를 다스리기 보다는 사람들에게 자신의 권위를 위임하여 다스리게 하셨습니다. 남자 여자 가릴 것 없이 모든 사람이 다스리는 권위를 하나님으로부터 받았습니다. 사람들은 각자 받은 권위로 서로에게 영향을 끼칩니다. 세상에 권위가 없는 사람은 단 한 명도 없습니다.

권위는 높은 지위에 있는 사람들의 전유물이 아닙니다. 사장이 종업원에게 권위를 가지듯, 종업원도 사장에게 권위를 가집니다. 팀장과 팀원은 서로에게 권위를 행사합니다. 권위는 지위와 권력 이전에 각자 맡은 역할과 책임의 범위를 규정합니다. 합리적이고 정의로운 권위 행사는 조직을 단단하게 결합하고 생산성을 높입니다. 모든 권위는 하나님에게서 나왔다는 사실을 기억해야 권위 남용을 막을 수 있습니다. 내 권위를 생각한다면 상대의 권위도 인정해야 합니다. 윗사람뿐 아니라 아랫사람에게도 천부적 권위가 있습니다.

Prayer　창조의 하나님, 모든 사람을 권위자로 인정하는 마음을 주소서.

생명을 번영케 하는 권위

주께서 주신 권세는 너희를 무너뜨리려고 하신 것이 아니요 세우려고 하신 것이니 내가 이에 대하여 지나치게 자랑하여도 부끄럽지 아니하리라 (고린도후서 10:8)

하나님이 주신 권위(권세)는 연약한 피조물의 생명을 이용하는 능력이 아니라 반대로 그 생명을 세워주는 사랑의 섬김을 의미합니다. 첫 사람 아담은 자기보다 먼저 창조된 동물들의 이름을 지어줌으로써 첫 번째 권위를 행사했습니다. 누구를 혹은 무엇을 이름으로 부르는 행위는 상대가 가진 고유한 개체성을 존중하고 관심을 가져주는 사랑입니다. 권위로 상대를 위압하거나 무시하는 사람은 창조주 하나님과 그의 아들 예수 그리스도를 모르는 사람입니다. 권위는 내 도움이 필요한 사람에게 도움을 줄 수 있는 사랑의 능력입니다.

모든 권위 행사는 자신뿐 아니라 타자의 생명을 살리고 번영케 하도록 사용되어야 합니다. 바울은 천하의 로마 황제라도 가장 연약한 생명에게까지 권위를 선하게 활용해야 한다는 '천부권위설'을 선포했습니다. 권위는 무소불위한 전가(傳家)의 보도(寶刀)가 아닙니다. 권위가 클수록 하나님 앞에 책임도 큽니다. 타자에게 폭력적으로 행사되는 권위는 하나님에 대한 심각한 도전입니다. 자신에게 주어진 권위를 두려운 마음으로 행사해야 합니다.

Prayer　사랑의 하나님, 내 권위로 타자의 생명을 번영케 하소서.

겸손하게 행사하는 권위

그는 근본 하나님의 본체시나 하나님과 동등됨을 취할 것으로 여기지 아니하시고 (빌립보서 2:6)

자신의 권위로 타자의 생명을 번영케 하려면 겸손하게 권위를 행사해야 합니다. 권위의 일차적 수혜자는 권위가 행사되는 대상이지 권위를 행사하는 당사자가 되어서는 안 됩니다. 이기적으로 권위를 행사하는 사람은 기독교 신앙을 모르는 사람입니다. 기독교의 중심인 예수 그리스도는 자신의 신적 권위를 스스로 포기하고 종의 형체를 가진 사람으로 이 땅에 오셨습니다. 심지어 무죄 반론권도 버리고 하나님의 뜻대로 십자가에서 죽으셨습니다. 그리스도의 가장 겸손한 권위 행사로 우리가 영원한 생명을 얻는 길이 열렸습니다.

겸손이란 자신에게 주어진 권위를 자기를 위해 우선 활용하지 않는 자세입니다. 하나님의 형상으로 창조된 사람은 하나님 본체의 형상이신(히브리서 1:3) 그리스도를 본받아 겸손하게 권위를 행사할 때 원래의 자기로 살아갑니다. 겸손한 권위는 그리스도인의 일차적 표지입니다. 일터에서 위압적으로 권위를 부리는 사람은 그리스도인이라 불릴 자격이 없습니다. 권위는 공중의 비눗방울 만지듯 아주 조심스럽게 다뤄야 모두에게 복이 됩니다.

Prayer　겸손의 왕 예수님, 내 권위를 겸손하게 행사하게 하소서.

선한 능력의 권위

예수께서 열두 제자를 불러 모으사 모든 귀신을 제어하며 병을 고치는 능력과 권위를 주시고 (누가복음 9:1)

하나님은 우리에게 선한 창조 세계를 다스리는 제사장적 권위(authority)를 주셨습니다. 이 권위는 악을 물리치고 선을 세우는 능력(power)입니다. 이 능력은 하나님의 말씀에 순종하는 모든 사람들에게 주어집니다. 안타깝게도 첫 사람 아담이 권위를 잘못 행사해 뱀(악)의 유혹으로부터 선한 창조 세계를 지켜내지 못했습니다. 권위가 악에 흔들렸습니다. 거짓과 살인, 전쟁, 질병, 죽음과 같은 악한 능력이 창조 세계를 뒤덮어버렸습니다. 우리는 이러한 세상에서 살면서 선한 능력을 발휘할 수 있는 권위를 스스로 사장시켰습니다.

예수님은 우리에게 선한 능력을 행할 제사장적 권위를 회복시켜주셨습니다. 예수님의 제자들은 이 권위를 받아 병든 세상을 치유하고 사람들을 악으로부터 해방시켰습니다. 악한 세계를 치유하고 해방시키는 권위는 오직 믿음과 순종으로 받습니다. 그리스도인의 제사장적 권위가 가장 필요한 곳이 일터입니다. 악한 돈을 선한 돈으로 회복하는 능력의 권위가 절실합니다. 권위 있는 그리스도인이 가는 곳마다 예수님은 선한 영향력을 발휘합니다.

Prayer 능력의 예수님, 주님께서 주신 권위로 선한 영향력을 발휘하게 하소서.

십자가의 탁월한 권위

그러나 내게는 우리 주 예수 그리스도의 십자가 외에 결코 자랑할 것이 없으니 그리스도로 말미암아 세상이 나를 대하여 십자가에 못 박히고 내가 또한 세상을 대하여 그러하니라 (갈라디아서 6:14)

그리스도인이 세상에 대해 가진 권위는 그리스도의 십자가에서 나옵니다. 그리스도는 십자가에서 자신의 죽음으로 우리의 죽음을 이기고 생명을 주셨습니다. 에덴동산에서 잃었던 아담의 권위는 십자가에서 성도의 권위로 부활했습니다. 십자가 권위는 세상의 상식을 뒤집고 세상이 모르는 새로운 세상을 만들어냅니다. 십자가 권위로 사는 성도는 자신의 강함이 아니라 약함을 자랑합니다. 풍요만을 쫓지 않고 때론 빈곤을 자청합니다. 내 안에 계시는 그리스도의 탁월하신 능력이 내 밖으로 드러나도록.

죄인들을 향한 하나님의 끝없는 인내와 양보와 용서를 담고 있는 십자가 권위는 세상에 아름다운 감동을 줍니다. 자기 십자가를 짊어지고 '바보처럼' 그리스도를 따르는 사람들을 통해. 안타깝게도 교회와 가정과 일터에는 감동을 주지 못하는 무색무취 교인들이 많습니다. 그들은 그리스도의 십자가에서 바보 되는 것을 두려워합니다. 실제로 우리의 권위는 세상에 바보처럼 비춰질 때 탁월하고 견고하게 세워집니다.

Prayer 십자가 예수님, 탁월한 십자가 권위로 세상에 바보처럼 살게 하소서.

52주 일터와 일상의 신실함을 위한

말씀묵상

Meditation in the Workplace

일과 사랑

분리되지 않는 정의와 사랑

그는 반석이시니 그가 하신 일이 완전하고 그의 모든 길이 정의롭고 진실하고 거짓이 없으신 하나님이시니 공의로우시고 바르시도다 (신명기 32:4)

정의는 하나님의 성품입니다. 정의는 하나님이 창조하신 세상이 혼란에 빠지지 않고 질서를 유지하는 하나님의 섭리이자 세상을 통치하는 방식입니다. 정의는 평화, 진실, 정직 등과 잘 어울리는 단어입니다. 이 단어는 법정의 심판이나 판정 등의 의미를 가지고 있지만 차가운 균형이 아니라 오히려 정의는 열정적인 사랑입니다. 선하고 순수하고 약한 사람들을 보호하시는 하나님의 사랑은 가장 먼저 정의로 표현됩니다.

정의가 무너지면 힘없고 돈 없고 연약한 사람들이 가장 먼저 생명에 위협을 받습니다. 진정한 정의는 약자들의 생명과 재산을 안전하게 보장합니다. 정의로우신 하나님은 자신의 연약한 피조물들을 불의하게 대하는 사람들을 심판하십니다. 하나님을 믿는 사람이라면 일터에서 약자들에게 권세를 휘두르고 억압하며 일해서는 안 됩니다. 내가 하는 일이 약자들의 생명을 보호하고 그들에게 정당한 이익을 돌려줄 때 정의로워집니다. 강한 자를 불합리하게 적대시하는 것도 정의가 아닙니다. 정의와 사랑은 분리될 수 없는 하나님의 마음입니다.

Prayer 정의의 하나님, 나보다 연약한 사람들에게 특히 정의를 실천하게 하소서.

평화를 낳는 정직한 정의

속이는 저울은 여호와께서 미워하시나 공평한 추는 그가 기뻐하시느니라 (잠언 11:1)

정의로운 사람은 정직합니다. 정직한 사람은 단순히 착한 사람에 그치지 않습니다. 적극적으로 상대방에게 정당한 몫을 보장해 줍니다. 여호와 하나님은 주머니에 두 개의 저울추를 가지고 상대방을 속이는 거짓을 미워하십니다. 하나님은 이스라엘에게 정의로운 공동체를 기대했지만 거짓 저울추로 무너졌습니다(아모스 8:5). 하나님이 기뻐하시는 공평한 추는 나와 상대방이 서로 인정하는 정직한 추입니다. 정직한 사람은 상대방에게 정당한 몫을 보장합니다.

정직한 사람과 일하면 마음이 참 편합니다. 정직은 신뢰 관계를 조성하고 평화를 가져옵니다. 그러나 정직하지 않은 사람은 세상을 신뢰할 수 없는 곳으로 만듭니다. 신뢰를 잃으면 평화가 깨집니다. 불신은 미움을, 미움은 원수를, 원수는 전쟁을 낳습니다. 정직하지 않은 세상에서는 착하고 순진하고 힘없는 사람들이 제일 많이 희생당합니다. 하나님을 믿는다면 정직하지 않은 업무를 거부해야 합니다. 정의로운 세상은 정직한 노동에서 출발합니다. 정직하지 않은 사람들은 일터를 전쟁터로 몰고 갑니다.

Prayer 정의의 하나님, 무슨 일이든 정직과 신뢰로 하게 하소서.

생명을 존중하는 정의

다른 사람의 피를 흘리면 그 사람의 피도 흘릴 것이니 이는 하나님이 자기 형상대로 사람을 지으셨음이니라 (창세기 9:6)

정의는 사람들 사이의 문제 이전에 하나님과 나 사이의 문제입니다. 칼뱅은 "인간에게 해를 끼치면 하나님에게 해를 끼치는 것이다"고 말했습니다. 우리의 가치는 우리 자신에게서 나오지 않습니다. 하나님이 모든 인간에게 '하나님의 형상'이라는 가치를 주셨기 때문에 우리는 예외 없이 신성한 가치를 가지고 있습니다. 사람의 피를 흘리는 행위는 하나님이 그 피에 부여하신 가치를 부정하고 훼손하는 신성모독입니다. 하나님은 이웃의 피를 흘리게 한 사람에게 피를 요구하십니다. 이는 하나님의 형상이 가진 생명의 존엄을 지키는 정의입니다.

우리 일터는 사람을 효용가치나 능력, 신분 등으로 구별하고 차별하는 데 익숙합니다. 그러나 정의로운 사람은 나보다 위에 있는 사람이든 아래에 있는 사람이든 차별 없이 하나님이 주신 신성불가침적 가치를 지닌 존재로 대우합니다. 아래에 있는 사람을 불의하게 대하면 하나님이 대신하여 정의의 심판을 반드시 휘두르십니다. 그래야 하나님이 창조하신 세계가 질서를 유지할 수 있습니다. 정의는 윤리나 정치의 문제 이전에 신앙의 핵심 주제입니다.

Prayer 정의의 하나님, 내가 만나는 모든 사람들을 동일하게 존중하게 하소서.

절대적 사랑을 행하는 정의

나는 너희에게 이르노니 너희 원수를 사랑하며 너희를 박해하는 자를 위하여 기도하라 (마태복음 5:44)

사람들은 일반적으로 이웃은 사랑하되 원수는 미워하는 것이 정의라고 생각합니다. '네가 나에게 하는 만큼 나도 너에게 한다'는 상호주의적 정의입니다. 그러나 예수님은 원수를 사랑하고 박해하는 자를 위해 기도하라고 말씀하셨습니다. 절대주의적 정의입니다. 원수가 나에게 한 행동이 아니라 원수라는 그 사람에게 주목하면 그(녀)를 사랑하지 않을 수 없습니다. 그(녀)도 바로 나와 똑 같은 하나님의 형상입니다. 예수님은 원수를 사랑함이 선택적 자비가 아니라 절대적 의무라고 말씀하셨습니다.

정의는 타인이 가진 권리를 존중하는 행위입니다. 정의로운 사람은 타인이 나에 대해 가지고 있는 상대적인 권리를 무시하지는 않지만 그에 앞서 하나님이 타인에게 부여하신 절대적인 권리를 간과하지 않습니다. 자기 두 아들을 죽인 살인범을 용서하고 양자를 삼은 손양원 목사님은 누구보다 정의로운 사람이었습니다. 성서적 정의는 사람들에 대한 절대적 사랑을 요구합니다. 하나님을 경외하고 경배하는 사람은 상대를 절대적 신적 가치 소유자로 대합니다.

Prayer 정의의 하나님, 이웃이 가진 절대적 권리를 존중하며 사랑하게 하소서.

선(善)을 주고받는 정의

그러므로 무엇이든지 남에게 대접을 받고자 하는 대로 너희도 남을 대접하라 이것이 율법이요 선지자니라 (마태복음 7:12)

황금률로 널리 알려진 이 구절은 피차 평등하게 주고받는 정의에 대한 말씀으로 오해되기 일쑤입니다. 그러나 황금률은 정확하게 말하면 서로를 '좋은 것으로' 대접하라는 뜻입니다. 예수님은 황금률 직전에 하늘 아버지는 구하는 자들에게 항상 좋은 것으로 주신다고 말씀하셨습니다. 하나님에게 좋은 것을 받은 우리가 서로 좋은 것을 주는 것이 정의라는 뜻입니다. 세상 어느 누구도 남이 자신에게 악하게 대접하기를 바라지 않습니다. 좋은 것을 바랍니다.

정의의 목적은 사람을 살리는 것이지 해치는 것이 아닙니다. 정의는 좋은 것을 주고받을 때 성립됩니다. 나쁜 것을 주는 행위는 불의입니다. 기독교의 호혜 평등 정신은 선을 행할 때 이뤄집니다. 악을 악으로 갚는 행위는 정의가 아닙니다. 보복이 일상화된 분노의 시대에 예수님은 세상의 불의를 폭로하고 참된 정의를 보여주기 위해 자기 몸을 우리 대신 어린양으로 바쳤습니다. 예수님을 따르는 제자들은 냉정하고 차가운 일터에서 선을 행하며 정의의 길을 묵묵히 걸어갑니다. 예수님이 없다면 엄두가 나지 않는 길입니다.

Prayer 정의의 하나님, 악도 선으로 갚으며 정의를 실천하게 하소서.

구원하시는 사랑

나 외에 다른 신이 없나니 나는 공의를 행하며 구원을 베푸는 하나님이라 나 외에 다른 이가 없느니라 (이사야 45:21하)

하나님의 공의(righteousness)는 하나님이 하나님 되시는 하나님의 성품입니다. 하나님은 이스라엘에게 약속하신 구원을 신실하게 지키시기에 공의로운 하나님입니다. 하나님은 거짓이 없으십니다. 하나님은 약속대로 430년 만에 이스라엘이 애굽에서 가나안으로 돌아오게 하셨습니다. 선지자들에게 예언하신 대로 바벨론 포로로 끌려간 유다 백성들이 예루살렘으로 돌아오게 하셨습니다. 우리에게 주신 약속의 말씀은 하나님 자신이 상처를 받고 고난을 당하더라도 기필코 선한 열매를 맺습니다.

공의로우신 하나님은 하나님이 보이지 않고 말씀도 들리지 않는 일터에서 하루 종일 애쓰며 살아가는 자기 백성들을 향한 구원의 약속을 지키십니다. 하나님은 약속을 지키심으로써 삶이 우리 뜻이 아니라 하나님 뜻대로 이뤄진다는 지혜를 깨우쳐주십니다. 힘들수록 우리는 공의의 하나님을 바라보며 약속하신 구원을 간구해야 합니다. 우리를 구원하시는 의로운 사랑 때문에 하나님은 두려워 말고 아무것도 염려하지 말라고 거듭 격려해주십니다.

Prayer 공의의 하나님, 신실하고 의로우신 하나님을 믿으며 사랑하게 하소서.

능력 주시는 사랑

또 내 영을 너희 속에 두어 너희로 내 율례를 행하게 하리니 너희가 내 규례를 지켜 행할지라 (에스겔 36:27)

구원하시는 하나님은 백성들에게 구원에 합당한 삶을 살아가도록 능력을 주십니다. 하나님은 우리를 재주껏 알아서 살라고 세상에 방치하지 않으십니다. 하나님은 이스라엘을 회복시켜 주신 뒤에 그들에게 맑은 물을 뿌려 모든 더러운 것들과 우상숭배에서 정결하게 해주셨습니다. 또 하나님의 영을 그들 마음에 부어주셔서 부담과 억지가 아니라 자원과 감사의 마음으로 율법을 지키는 능력을 주셨습니다. 공의로우신 하나님은 우리가 구원받은 백성으로 일상을 살아가도록 능력을 주시는 사랑의 하나님이십니다.

공의의 하나님을 믿는 사람은 일터에서 동료를 경쟁자 보다는 인생길을 함께 걸어가는 동반자로 여깁니다. 대가를 요구하지 않고 친절하게 능력이 부족한 사람을 세워줍니다. 어렵게 얻은 노우하우도 필요하다면 선뜻 내어줍니다. 이 세상은 공의로운 사랑을 자꾸 잃어갑니다. 내 능력과 노력으로만 생존해야 하는 피곤한 세상이 되어가고 있습니다. 동료 사이에 담이 높아집니다. 공의의 하나님을 믿고 불신과 의심과 적대의 담을 허무는 사랑으로 살아갑시다.

Prayer 공의의 하나님, 이웃을 사랑할 수 있는 능력을 주시옵소서.

DATE . . .

함께 번영하는 사랑

타국인에게 네가 꾸어주면 이자를 받아도 되거니와 네 형제에게 꾸어주거든 이자를 받지 말라 그리하면 네 하나님 여호와께서 네가 들어가서 차지할 땅에서 네 손으로 하는 범사에 복을 내리시리라 (신명기 23:20)

하나님의 공의(righteousness)는 율법 곳곳에 담겨있습니다. 이스라엘 백성들이 타국인들과 이자를 주고받는 돈거래는 정당하고 정의로운 경제행위였습니다. 반면에 하나님은 이스라엘 백성들 사이의 돈거래에서는 이자를 엄격하게 금지했습니다. 돈을 꾸어야 할 사람은 가난한 사람들이었습니다. 이들에게는 이자를 받지 않고 돈을 빌려줘 생명을 이어가도록 도와주어야 했습니다. 하나님은 이스라엘 형제들이 일상에서 함께 번영하는 의로운(righteous) 사랑을 나누기 원했습니다. 하나님은 공의로운 백성들에게 범사에 복을 주시겠다고 약속하셨습니다.

빈곤 문제가 아닌 일반적인 경제 행위에서는 각자의 권리와 의무를 지키는 정의의 원칙이 중요합니다. 그러나 어려운 위기에 빠진 사람들에게는 함께 번영하는 길을 추구하는 의로운 사랑이 우선입니다. 도움을 받아 위기를 극복한 사람은 일상에서 사랑하고 감사하는 방법을 배우고 다른 사람에게 그 사랑을 실천합니다. 정의와 공의는 서로 배타적이지 않습니다. 정의와 공의가 함께 있어야 일터에 화평과 사랑의 샘물이 마르지 않습니다.

Prayer 공의의 하나님, 어려운 사람들과 함께 번영하려는 의로운 마음을 주소서.

인내하며 선행하는 사랑

친히 나무에 달려 그 몸으로 우리 죄를 담당하셨으니 이는 우리로 죄에 대하여 죽고 의에 대하여 살게 하려 하심이라 그가 채찍에 맞음으로 너희는 나음을 얻었나니 (베드로전서 2:24)

베드로는 그리스도인이 된 종들에게 까다롭고 힘든 주인에게 순종하라고 권면했습니다. 부당한 고난을 받아도 하나님을 생각하면서 슬픔을 참는 것이 선행이고 은혜라고 했습니다. 그 근거는 우리를 위해 십자가에서 죽으신 예수 그리스도입니다. 예수님은 오직 공의로 심판하시는 하나님께 맡기고 우리를 위해 참으시면서 고난을 당하셨습니다. 이 예수님이 우리가 일터에서 따라야 하는 롤 모델입니다.

부당한 고난을 당하는 그리스도인 종들이 정의의 이름으로 악을 행한다면, 이는 십자가 예수님을 외면하고 따르지 않는 죄와 같습니다. 하지만 억울해도 참고 선을 행한다면, 이는 예수님이 십자가에서 보여주신 공의로운 사랑을 실천하는 것입니다. 공의로운 사람은 자신을 핍박하는 사람이 자신의 인내와 선행을 통해 그리스도를 만나고 구원받기를 소원합니다. 예수님이 채찍에 맞아 우리가 나음을 받았던 것처럼 우리도 억울하지만 인내하며 선을 행함으로 그(녀)가 영혼의 나음을 받는다면, 이는 치욕적인 굴종이 아니라 사랑의 순종입니다.

Prayer 공의의 하나님, 억울해도 인내와 선행으로 공의로운 길을 가게 하소서.

DATE . . .

친구처럼 용서하는 사랑

세 번째 이르시되 요한의 아들 시몬아 네가 나를 사랑하느냐? 하시니 주께서 세 번째 네가 나를 사랑하느냐 하시므로 베드로가 근심하여 이르되 주님 모든 것을 아시오매 내가 주님을 사랑하는 줄을 주님께서 아시나이다 예수께서 이르시되 내 양을 먹이라 (요한복음 21:17)

예수님은 자기 앞에서 세 번이나 자신을 부인한 베드로를 일부러 찾아와 세 번 물으셨습니다. “네가 나를 사랑하느냐?” 베드로는 제자로서의 이름이지만, 시몬은 친구처럼 편하게 부르는 원래 그의 이름이었습니다. 예수님은 베드로를 배신자가 아니라 친구로 만나셨습니다. 세상을 떠나기 전 친구에게 “내 양들을 잘 돌봐 달라”고 당부하셨습니다. 정의의 이름으로 심판해야 마땅할 베드로를 용서하시고 주님의 일을 맡기셨습니다. 친구 사이에는 용서하지 못할 일이 없습니다.

공의로운 사람은 함께 일하는 사람들을 친구로 대합니다. 설령 그(녀)가 나를 배신해도 오히려 긍휼히 여기고 친구처럼 다가가 가볍게 말을 건넵니다. “괜찮아. 다시 시작해보지 뭐.” 예수님은 자기 영광이 아니라 자기를 이 땅에 보내신 하나님의 영광을 구했기에 베드로를 버리지 않았습니다. 우리도 일터에서 예수님처럼 기꺼이 용서할 수 있습니다. 내 자존심보다 나를 보내신 하나님의 뜻과 영광을 먼저 생각한다면.

Prayer 공의의 하나님, 하나님을 닮아 용서하는 사랑으로 살게 하소서.

생명의 숨을 주는 자비

네 하나님 여호와는 자비하신 하나님이심이라 그가 너를 버리지 아니하시며 너를 멸하지 아니하시며 네 조상들에게 맹세하신 언약을 잊지 아니하시리라 (신명기 4:31)

하나님의 자비로우심은 가장 따뜻하고 아름답고 사랑스럽고 풍성합니다. 자비는 받을 자격 없는 사람에게 조건 없이 주는 사랑입니다. 되갚을 수 없는 사랑입니다. 바다처럼 크고 넓고 깊습니다. 하나님이 자비롭게 우리를 용서하고 받아주시기에 우리는 사막처럼 삭막한 세상에서 그나마 살아갑니다. 하나님의 자비는 엄마의 가슴처럼 연약한 생명을 품어 숨 쉬게 합니다. 하나님은 우리를 낳은 창조주이시기에 끝까지 우리를 포기하지 않습니다. 버리지도 멸하지도 잊지도 않으십니다. 하나님의 은혜는 자비입니다.

일터와 자비는 전혀 어울리지 않아 보입니다. 우리는 습관적으로 일터를 이익공동체로 분류합니다. 자비의 은혜가 없는 일터에서는 오직 자기 능력으로 생존합니다. 능력이 부족하면 밀려나고 쫓겨나는 잔인한 세상입니다. 이런 곳에 오래 있으면 영혼의 숨은 물론 육신의 숨조차 제대로 쉬기 어렵습니다. 자비는 막혔던 숨통을 터줍니다. 하나님의 은혜는 숨 막히는 일터에서 숨을 터줍니다. 은혜 받은 우리는 일터에 생명의 숨을 불어넣어주는 사람들입니다.

Prayer 자비의 하나님, 날마다 우리에게 생명의 자비를 베푸소서.

DATE . . .

평화를 세우는 자비

네 포도원의 열매를 다 따지 말며 네 포도원에 떨어진 열매도 줍지 말고 가난한 사람과 거류민을 위하여 버려두라 나는 너희의 하나님 여호와이니라 (레위기 19:10)

"땅에 떨어진 곡식과 과일은 주인 것이 아니므로 줍지 말라." 고대 이스라엘 사회에서 시행하던 낙수추수금지법(落穗秋收禁止法)의 골자입니다. 이 법에 따르면 논밭 가장자리에 열린 곡식과 과일은 아예 따지 않고 남겨두어야 합니다. 그것은 땅이 없는 가난한 사람들과 이방인 나그네들에게 하나님이 주신 정당한 몫입니다. 하나님은 일하는 대로 먹으라는 정의의 원칙 위에 일하지 못하는 자도 먹게 하라는 자비의 원칙을 세우셨습니다.

'있는 자'와 '없는 자'가 평화롭게 어울려 살려면 '있는 자'의 자비가 흘러야 합니다. 하나님은 이 법 말미에 덧붙이셨습니다. "나는 너희의 하나님 여호와이니라." '있는 자'의 자비는 시혜가 아니라 하나님의 명령이라는 뜻입니다. 자비롭지 않은 '있는 자'는 불평등 불공정 구조를 수호하지만, 자비로운 '있는 자'는 자비가 필요한 구조를 적극적으로 개혁합니다. 무엇이든지 내가 더 가지고 있는 것을 덜 가지고 있는 자와 나눠야 평화로워집니다. 우리가 갈망하는 평화는 '있는 자'가 하나님의 명령에 따라 자비를 베풀지 않으면 지속될 수 없습니다.

Prayer 자비의 하나님, 내가 먼저 자비를 베풀어 평화를 세우게 하소서.

허무를 막아주는 자비

어떤 사람은 그 지혜와 지식과 재주를 다하여 수고하였어도 그가 얻은 것을 수고하지 아니한 자에게 그의 몫으로 넘겨주리니 이것도 헛된 것이며 큰 악이로다 (전도서 2:21)

전도자의 이 말씀은 내가 수고해서 번 돈을 수고하지 않은 사람이 쓰게 되는 현실이 헛되고 악하다는 뜻이 아닙니다. 이것을 못마땅하게 생각하는 것이 헛되고 악하다는 말입니다. '내가 수고해서 번 돈은 다 내가 써야 한다'고 생각하는 사람은 자기 돈이 다른 사람에게 가는 것을 억울해 합니다. 이런 사람은 어떻게 해서든 세금을 적게 내거나 아예 내지 않으려 합니다. 자기가 낸 세금으로 어려운 사람들 배를 채워주어도 기뻐하지 않습니다. 이런 사람은 헛되이 돈 벌었다고 탄식합니다.

자비로우신 하나님은 아무런 공로도 없는 우리에게 구원의 자비를 베풀어주십니다. 자비의 사랑은 삶에 충만한 의미와 가치와 보람을 불어넣어줍니다. 내가 수고하여 번 돈의 일부가 수고하지 않은 사람에게 흘러가지 않으면 내 노동에는 생존 이상의 의미가 없습니다. 노동의 열매를 수고하지 않은 사람과 나누면, 노동은 거룩해집니다. 자비는 우리의 일상을 질병처럼 파고드는 허무를 막아주는 사랑입니다. 자비 없는 삶은 결국 허무로 끝납니다.

Prayer 자비의 하나님, 자비를 행하며 인생을 보람 있게 살게 하소서.

노동의 목적인 자비

도둑질하는 자는 다시 도둑질하지 말고 돌이켜 가난한 자에게 구제할 수 있도록 자기 손으로 수고하여 선한 일을 하라 (에베소서 4:28)

어려운 사람을 돕는 구제 행위는 자비로운 사랑입니다. 성경은 구제하기 위해 일하라고 명령합니다. 가난하고 병들고 어렵고 외로운 사람들의 필요를 채워주려면 함께 나눌 수 있는 재물이 있어야 합니다. 우리는 이 재물을 얻기 위해 몸을 부지런히 움직여 일해야 합니다. 성서는 아무런 일이나 해서 구제할 재물을 벌라고 하지 않습니다. 오직 선한 일을 하면서 벌어야 한다고 강조합니다. 일의 과정도 목적도 선해야 한다는 뜻입니다. 악한 일로 재물을 얻는 사람의 구제 활동은 위선입니다. 선과 악은 공존할 수 없습니다.

도둑질은 남의 (현재 또는 미래의) 소유를 부당하게 차지하는 거짓 행위입니다. 야밤에 담을 넘어 물건을 훔치는 절도나 교묘하게 속여 돈을 버는 사업이나 마찬가지로 도둑질입니다. 집값을 올려놓아 서민들과 젊은 부부들이 집을 사지 못하게 만드는 부동산 투기도 도둑질입니다. 성서는 이런 노동을 정죄하고 금지합니다. 이런 노동으로 번 재물이 선한 구제 활동에 사용되어서는 안 됩니다. 노동의 목적은 자비이지 자기 배만 채우는 것이 아닙니다.

Prayer 자비의 하나님, 오직 선한 일을 해서 자비를 베풀게 하소서.

정의보다 우선인 자비

나중 온 이 사람들은 한 시간밖에 일하지 아니하였거늘 그들을 종일 수고하며 더위를 견딘 우리와 같게 하였나이다 (마태복음 20:12)

예수님의 천국 비유 이야기 한 토막입니다. 어떤 포도원 주인이 오후 5시부터 한 시간 일한 품꾼과 오전 6시부터 12시간 일한 품꾼에게 동일한 품삯(한 데나리온)을 지급했습니다. 오래 일한 품꾼들이 정의롭지 않다고 항의했지만 주인은 "계약대로 했다"고 잘라 말했습니다. 주인은 왜 나중에 온 사람들에게 정의의 원칙을 적용하지 않았을까요? 그들은 정의보다 자비가 필요한 사람들이었습니다. 한 데나리온이 있어야 한 가족이 하루 먹고 살기에 주인은 가족들의 생존을 위해 동일한 한 데나리온을 주었습니다.

예수님은 이 비유로 천국에는 정의와 자비가 모두 필요하지만 자비가 우선이라는 메시지를 전하고 있습니다. (비유는 사실이 아니라 메시지를 전달하기 위한 보조수단입니다.) 자비는 위기에 빠진 생명을 살리는 사랑입니다. 그 어떤 것도 생명을 우선할 수 없습니다. 자비가 없는 일터는 누가 죽어도 상관하지 않는 지옥 같은 곳이지만, 자비가 있는 일터는 생명이 번성하도록 돕는 천국 같은 곳입니다. 일터는 정의로워야 하지만 그보다 먼저 자비로워야 합니다.

Prayer 자비의 하나님, 자비의 반석 위에 정의를 세우게 하소서.

사랑하는 습관 만들기

믿음은 바라는 것들의 실상이요 보이지 않는 것들의 증거니 (히브리서 11:1)

그리스도인은 소망으로 기다리는 사람입니다. 하나님이 약속하신 새 하늘과 새 땅이 이 땅에 온전히 세워져 동참할 그 날을 소망합니다. 이 기다림은 허망한 기다림이 아니라 분명히 실현될 역사적 실체에 대한 기다림입니다. 믿음으로 기다립니다. 믿음으로 바라보는 '보이지 않는 것들'은 상상으로 꿈꾸는 나라가 아닙니다. 하나님이 그리스도의 십자가에서 약속하신 영원한 평화와 생명과 사랑의 나라입니다. 믿음은 추상적 사유나 의지적 결단이 아니라 골고다 언덕에서 주신 확고한 약속에 근거합니다.

소망 없는 일상은 쉬이 지루하고 재미없고 피곤해집니다. 가슴을 꿈틀거리게 하는 소망 없이 그저 생존하기 위해 출근하는 일터가 그렇습니다. 소망은 어디서든 변화의 기적을 일으킵니다. 짜증나게 하는 사람을 좀 더 이해하려는 마음이 생깁니다. 사랑의 힘이 작동합니다. 이윤을 찾아 헤매는 굶주린 늑대가 아니라 지혜롭게 이웃을 사랑하고 돌보는 선한 목자로 일하고 싶습니다. 종말의 그 날을 소망하는 믿음으로 사랑하는 습관을 만들어봅시다.

Prayer 소망의 주님, 믿음으로 그 날을 소망하며 사랑하게 하소서.

역방향 인지능력 얻기

우리가 주목하는 것은 보이는 것이 아니요 보이지 않는 것이니 보이는 것은 잠깐이요 보이지 않는 것은 영원함이라 (고린도후서 4:18)

소망은 지금 눈에 보이는 것보다 지금은 눈에 보이지 않는 것에 더 큰 가치와 영광과 의미가 있음을 아는 지혜입니다. 그렇다고 눈에 보이는 것을 버리고 눈에 보이지 않는 것만을 취하는 어리석음은 아닙니다. 소망하는 사람은 눈에 보이지 않는 더 큰 가치를 위해 눈에 보이는 현실에 주목합니다. 날로 새로워지는 속사람으로 낡아지는 겉사람을 바라보면 고귀한 영혼이 보이고 겉사람마저 사랑하게 됩니다. 소망은 이처럼 미래의 영혼으로 현재의 세상을 바라보는 '역방향 인지능력'입니다.

육체적 정신적 능력이 우선시되는 일터에서 눈에 보이지 않는 종말의 그 나라를 소망하면 사람의 인격과 영혼이 보입니다. 인격을 존중하고 영혼을 사랑하면 그(녀)의 육체적 능력도 달리 보입니다. 우리 현실은 어둡고 힘들게 보이기 마련이지만, 소망하는 천국은 늘 밝고 아름답게 보입니다. 지금 눈에 보이지 않는 영원한 천국은 지금 눈에 보이는 잠깐의 세상이 완성될 모습입니다. 소망의 사람은 지금 살고 있는 세상을 천국 쪽으로 조금 더 밀고 갑니다.

Prayer 지혜의 주님, 눈에 보이지 않는 것으로 오늘을 살아가는 지혜를 주소서.

용서로 미래 열기

여호와의 말씀이니라 너희를 향한 나의 생각을 내가 아나니 평안이요 재앙이 아니니라 너희에게 미래와 희망을 주는 것이니라 (예레미야 29:11)

미래를 향한 우리의 희망은 용서로 열립니다. 하나님이 우리 죄를 용서하지 않으시면 우리에겐 재앙의 심판만 남습니다. 아무도 희망하지 않는 미래입니다. 이것은 하나님의 소망이 전혀 아닙니다. 하나님은 우리가 평안한 미래를 향한 소망으로 살기 원하십니다. 바벨론 포로로 끌려간 이스라엘은 오직 용서하시는 하나님에게서 한줄기 희망을 잡을 수 있었습니다. 하나님께서 예수 그리스도를 우리에게 주심도 우리가 죄 용서를 받고 희망찬 미래로 들어가게 하려는 뜻입니다. 이제 우리 미래는 그리스도를 통한 하나님의 용서로 활짝 열렸습니다.

용서받은 사람은 분노하며 좌절하고 보복하려는 재앙의 마음을 돌이켜 미래의 평화와 감사와 화해를 소망합니다. 하나님이 용서로 우리의 미래를 보장하셨으니, 우리도 서로 용서하며 서로의 미래를 보장해야 합니다. 한 번 잘못에 불가역적 징벌을 주는 곳에는 미래와 희망이 없습니다. 용서받고 다시 시작할 수 있다는 믿음이 있는 곳에서는 두려움 없이 감사함으로 미래를 희망하며 뻗어나갑니다. 용서는 미래를 향한 관문입니다.

Prayer 용서의 하나님, 서로 용서하며 미래로 나가게 하소서.

끝까지 하나님과 걷기

내가 너와 함께 있어 네가 어디로 가든지 너를 지키며 너를 이끌어 이 땅으로 돌아오게 할지라 내가 네게 허락한 것을 다 이루기까지 너를 떠나지 아니하리라 (창세기 28:15)

믿음으로 미래를 향해 걷는 길은 모험적이고 위험해 보여도 가장 안전합니다. 하나님이 함께 걸어가십니다. 정말 위험하고 무모한 길은 자기 꾀를 믿고 자기가 원하는 미래에 취해 좌충우돌 달려가는 인생입니다. 야곱은 최악의 고용주 라반의 목장에서 "네가 집으로 돌아올 때까지 내가 함께 하겠다"는 하나님의 약속이 성취되길 소망하며 견디고 끝내 금의환향했습니다. 속임수의 달인 라반은 결국 훌륭한 일꾼과 많은 재산을 잃었습니다.

우리를 일터로 보내신 하나님께서 부르심의 소망을 이루실 때까지 하나님은 우리를 떠나지 않으십니다. 정의의 하나님은 불의하고 악한 사람들로부터 정의로운 일터를 지키라고 우리를 보내십니다. 하나님의 소망이 이뤄질 때까지 함께 하신다는 약속과 함께. 수 백 일을 굴뚝 위에 올라가 빼앗긴 일터를 돌려달라고 외치는 사람들이 있습니다. 굴뚝 위는 매우 위험한 곳이지만 정의로운 일터 회복이라는 소망과 함께 하나님이 계시기에 안전합니다. 부르심의 소망으로 끝까지 하나님과 함께 걷는 길은 위험하고 춥고 외로워도 안전합니다.

Prayer 정의의 하나님, 하나님과 함께 소망하며 끝까지 그 길을 걷게 하소서.

부활의 소망 키워가기

이 썩을 것이 반드시 썩지 아니함을 입겠고 이 죽을 것이 죽지 아니함을 입으리로다 (고린도전서 15:53)

가장 강인한 용기는 부활에 대한 확고한 믿음에서 옵니다. 불타는 화구에서 한 줌 재로 사라지거나 묘지에 묻혀 썩어가는 육신에 익숙한 문화의 사람들은 생각합니다. 죽음 이후 삶은 끝났다고. 그렇지 않습니다. 이천년 전 십자가에서 죽은 그리스도는 자신의 부활로 '죽어서 썩어질 우리 몸은 다시 살아난다'는 묵시록적 계시가 허무한 소망이 아니라 역사적 미래의 사실임을 증명했습니다. 예수님은 그 전에 "선한 일을 행한 자는 생명의 부활로, 악한 일을 행한 자는 심판의 부활로 나오리라(요한복음 5:29)"고 말씀하셨습니다.

죽음을 이길 힘은 오롯이 부활의 소망에 있습니다. 우리가 일터에서 견실하며 흔들리지 않고 항상 주의 말씀대로 일할 수 있는 능력과 동기와 목적도 부활의 소망에 있습니다. 육신의 부활은 한계로 가득 찬 이 짧은 인생의 완성, 곧 영생입니다. 부활은 이미 그리스도 안에서 확고하게 약속돼 있으니 비루하게 살지 말고 담대하게 살아갑시다. 하나님께서 내게 허락하여 주신 가깝고 먼 이웃들을 과감하게 사랑하며 부활의 소망을 키워갑시다.

Prayer　부활의 주님, 몸의 부활을 소망하며 사랑으로 살게 하소서.

52주 일터와 일상의 신실함을 위한

말씀묵상

Meditation in the Workplace

은혜와 감사

하나님의 열심과 추수

밭에 파종하며 포도원을 재배하여 풍성한 소출을 거두게 하시며 (시편 107:37)

햇곡식과 햇과일이 풍성한 추수의 계절이 돌아왔습니다. 겨울 추위와 봄 가뭄과 여름 홍수를 이기고 열린 가을 선물들이 우리를 행복하게 합니다. 우리들의 식탁과 창고는 먹고 남을 만큼 풍성한 열매들로 넘실댑니다. 인류는 수 천, 수 만 년 동안 가을의 추수를 손꼽아 기다리며 고된 날들을 버텨왔습니다. 이 열매를 먹기 위해 우리는 올 한 해도 땀 흘리고 수고했습니다. 우리가 수고한 만큼 소출(所出)이 나오도록 쉬지 않고 우리를 위해 일하고 계신 하나님께 감사를 드립니다.

우리는 우리의 열심 이전에 하나님의 열심 없이 아무것도 먹을 수 없습니다. 우리는 일하는 만큼 비례하여 먹는 것이 아니라 필요한 만큼 먹습니다. 하나님은 매년 전 세계 사람들에게 필요한 만큼 소출을 공급해주십니다. 모든 사람들이 필요를 채움 받고 감사와 경배로 하나님을 예배하도록. 우리의 만족이 하나님의 만족이고, 우리의 기쁨이 하나님의 기쁨입니다. 양극화가 심해지는 요즘, 가을에 거둔 열매로 모두가 함께 웃는 세상이 속히 오는 꿈을 꿉니다.

Prayer 사랑의 하나님, 풍성한 추수를 허락해 주셔서 감사합니다.

 DATE . . .

나할라의 땅과 추수

네 하나님 여호와께서 네게 기업으로 주어 차지하게 하실 땅에 네가 들어가서 거기에 거주할 때에 (신명기 26:1)

고대 이스라엘 백성들에게는 원래 자기 소유 땅이 없었습니다. 그들이 여호수아 영도 아래 차지한 가나안 땅은 오랜 세월 동안 단지 (하나님이 아브라함에게 하신) 약속으로만 주어져 있었습니다. 약속의 땅이 실제 소유권으로 주어질 때 하나님은 조건을 붙이셨습니다. 하나님에 대한 예배와 감사와 이웃사랑입니다. 조건 불이행 시에는 소유권이 회수된다는 경고 조항이 덧붙여져 있었습니다. 땅에 대한 영구한 소유권이 아니라 조건적 소유권을 강조한 신명기의 독특한 관점을 나할라(히브리어로 기업 혹은 상속) 사상이라고 합니다.

하나님은 땅을 주실 때 마음대로 사용하라고 주시지 않았습니다. 성실하게 일해서 맺은 풍성한 열매를 함께 먹고 마시며 즐거워하라는 목적으로 땅을 맡겨주셨습니다. 나할라 사상에는 애초부터 탐욕과 독점과 술수가 들어갈 여지가 없었습니다. 가나안 땅에서 가을 추수는 생명과 사랑과 평화의 상징이었습니다. 가을 추수가 누군가에게 박탈과 한숨과 분노의 상징이 되었을 때, 하나님은 이스라엘의 가나안 땅을 빼앗았습니다. 우리는 어떨까요?

Prayer 신실하신 하나님, 우리의 추수가 생명과 사랑과 평화의 도구로 사용되게 하소서.

안식년의 지혜와 열매

안식년의 소출은 너희가 먹을 것이니 너와 네 남종과 네 여종과 네 품꾼과 너와 함께 거류하는 자들과 네 가축과 네 땅에 있는 들짐승들이 다 그 소출로 먹을 것을 삼을지니라 (레위기 25:6~7)

성서의 안식년은 삶이 근본적으로 은혜라는 사실을 가르치는 제도적 지혜입니다. 하나님은 가나안 땅을 기업으로 받게 될 고대 이스라엘 백성들에게 칠 년마다 한 해씩 농사를 중단하고 땅을 쉬게 하라고 명령하셨습니다. 농부들이 일하는 해보다는 덜 풍성하겠지만, 안식년에도 땅은 여전히 열매를 냅니다. 그 열매는 땅 주인뿐만 아니라 마을에 사는 모든 사람들과 가축, 심지어 들짐승도 먹을 자격이 있었습니다. 안식년에 어떤 피조물이라도 굶주려서는 안 된다는 하나님의 강한 의지가 담겨있습니다.

'내가 소유한 땅에서 나오는 그 어떤 것도 모두 내 것'이라는 현대인들의 절대적 소유권 개념은 성서와 상관이 없습니다. 성서는 들짐승의 먹을 권리까지 인정하는 평화로운 생명 존중 사상을 강조합니다. 우리가 주기적으로 안식년과 안식일을 지키면 삶은 고달픈 노동이 아니라 하나님의 은혜에 달려있다는 사실을 깨닫게 됩니다. 안식년에 담겨있는 은혜를 우리 일터에 창의적으로 적용하려는 노력이 세상을 평화와 생명과 은혜로 충만케 합니다.

Prayer 은혜로우신 하나님, 평화와 생명과 은혜를 주는 안식년의 지혜로 살게 하소서.

은혜롭게 먹는 열매

사람의 마음을 기쁘게 하는 포도주와 사람의 얼굴을 윤택하게 하는 기름과 사람의 마음을 힘 있게 하는 양식을 주셨도다 (시편 104:15)

모든 포도주가 우리 마음을 기쁘게 하지는 않습니다. 아무리 좋은 기름을 바른다고 항상 사람의 얼굴이 빛나지는 않습니다. 양식을 먹어도 힘 빠지질 때가 있습니다. 모든 가을의 결실이 우리를 행복하게 하지는 않습니다. 우리 몸 안으로 들어가는 음식은 영혼을 통해 하나님께 닿을 때 비로소 몸과 마음을 생기로 채웁니다. 하나님이 음식을 통해 우리 안으로 들어와 몸과 마음에 충만할 때, 포도주는 마음을 한없이 기쁘게 하고, 기름은 얼굴을 빛나게 하고, 양식은 최고의 에너지원이 됩니다.

우리에게 열매를 주신 하나님께 감사하고 예배할 때, 포도주 한 모금으로도 우리 마음은 기쁨에 취합니다. 한 방울의 올리브기름으로 얼굴이 밝게 빛납니다. 아담한 삼첩반상 한 끼로 마음이 든든해집니다. 은혜롭게 먹는 땅의 열매가 우리 몸을 아름답게 합니다. 혼자 많이 먹으면 영혼이 상하고 몸이 무너집니다. 갓 도정한 햅쌀 한 톨에서 온 우주를 동원한 하나님의 은혜를 떠올릴 수 있다면, 우리 몸과 영혼은 곱게 익어갈 것입니다.

Prayer　창조의 하나님, 항상 감사와 은혜의 마음으로 음식을 먹게 하소서.

믿음으로 기다리는 열매

비록 무화과나무가 무성하지 못하며 포도나무에 열매가 없으며 감람나무에 소출이 없으며 밭에 먹을 것이 없으며 우리에 양이 없으며 외양간에 소가 없을지라도 (하박국 3:17)

여호와 하나님은 고대 이스라엘의 남 유다 왕국이 거칠고 무자비한 바벨론 군대에 파괴당하고 소개(疏開)될 것이라고 하박국 선지자에게 예언하셨습니다. 앞으로 수 십 년간 유다 땅에서 소출은 얻지 못합니다. 축사도 텅 빕니다. 열매로 풍성해야 하는 가을은 적막감으로 쓸쓸합니다. 우리 삶에도 열매가 빈약하거나 전무할 때가 찾아옵니다. 약속의 말씀을 어긴 내 자신과 세상의 죄가 만들어낸 위기는 언제든 우리를 덮칠 수 있습니다.

충격에 빠졌지만 하박국은 곧바로 노래했습니다. "나는 여호와로 말미암아 즐거워하며 나의 구원의 하나님으로 말미암아 기뻐하리로다. 주 여호와는 나의 힘이시라. 나의 발을 사슴과 같게 하사 나를 나의 높은 곳으로 다니게 하시리로다." 눈으로 보는 열매가 아니라 믿음으로 보는 열매를 기다리는 의인에게 열매는 구원의 약속이었습니다. 텅 빈 창고를 바라보며 한 숨이 나올 때, 우리를 향한 구원의 약속을 결코 잊지도 취소하지도 않으시는 하나님을 믿고 하박국의 기도를 드려봅시다. 구원의 약속은 반드시 실재가 됩니다.

Prayer 구원의 하나님, 믿음으로 열매를 기다리며 노래하게 하소서.

위로부터 오는 축제

맥추절을 지키라 이는 네가 수고하여 밭에 뿌린 것의 첫 열매를 거둠이니라 수장절을 지키라 이는 네가 수고하여 이룬 것을 연말에 밭에서부터 거두어 저장함이니라 (출애굽기 23:16)

여호와 하나님은 보리 첫 수확 날로부터 50일째 되는 날을 맥추절로 지키라고 하셨습니다. 곡식 수확은 하나님이 약속하신 생명의 삶을 상징합니다. 하나님의 모든 백성들이 함께 땅에서 풍성하게 누리며 번성하라고 그들을 애굽에서 구원하셨습니다. 백성은 하나님이 허락하신 땅에서 하나님이 내려주시는 비를 맞고 토실하게 영근 곡식을 먹습니다. 하나님의 은혜 안에서 우리 삶은 축제입니다. 위로부터 내려오는 축제의 기쁨을 누리며 하나님을 찬양하고 감사하고 예배합니다. 창조의 제 칠일에 온 세상이 누렸던 안식이 축제의 날에 재현됩니다.

우리가 열심히 일해서 부유해져도 하나님의 은혜에 감사하고 예배하지 않으면 삶은 팍팍하고 허무합니다. 지금 우리가 일하고 있는 땅, 곧 일터를 허락하신 하나님의 은혜를 인정할 때 축제의 기쁨을 맛볼 수 있습니다. 축제는 선물입니다. 뜻밖의 선물을 받으면 내 영혼에 긴장이 풀어지고 화해와 감사와 사랑이 흐릅니다. 지혜로운 경영자는 직원들을 돈 주고 사는 피고용인이 아니라 하나님의 선물로 받아들이고 환대합니다. 이런 일터는 흥겹습니다.

Prayer　축제의 하나님, 하나님의 은혜로 일하며 축제의 기쁨을 맛보게 하소서.

축제를 주시는 하나님의 열심

내가 이방나라들을 네 앞에서 쫓아내고 네 지경을 넓히리니 네가 매년 세 번씩 여호와 네 하나님을 뵈려고 올 때에 아무도 네 땅을 탐내지 못하리니 (출애굽기 34:24)

하나님은 이스라엘 모든 남자들에게 매년 세 번의 축제(유월절, 맥추절, 수장절) 기간에 하나님 계신 성소에 나와 감사와 속죄의 제사를 드리라고 말씀하셨습니다. 하나님은 백성들이 이 명령을 지킬 수 있도록 두 가지를 약속하셨습니다. 이방인들을 쫓아내 그들이 정착할 땅을 마련해주시고, 먼 길을 걸어 성소에 오갈 때 그들의 고향 성읍을 이방인들의 침략으로부터 보호해주신다는 약속입니다. 이단 종교와 우상은 성도들에게 무조건 바치라고 하지만, 우리 하나님은 우리가 하나님께 바칠 수 있도록 우리보다 앞서 나가 일하십니다.

하나님은 자기만족적 쾌락을 즐기는 디오니소스적 신이 아니라 우리에게 평화와 생명과 충만함의 안식을 주시려고 자기를 내어주는 아가페 하나님입니다. 하나님은 우리가 구원의 삶을 만끽하도록 우리보다 먼저 가서 준비해주십니다. 예수님이 가나의 혼인잔치에서 자기 생명의 날을 단축하면서까지 물로 포도주를 만들어 가난한 사람들의 축제가 중단되지 않게 하셨듯이 말입니다. 우리에게 축제를 주시는 하나님의 열심에 감사할 따름입니다.

Prayer 축제의 하나님, 우리의 축제를 위해 열심히 일하시는 그 사랑에 감사를 드립니다.

일상으로 누리는 축제

너희의 처소에서 십분의 이 에바로 만든 떡 두 개를 가져다가 흔들지니 이는 고운가루에 누룩을 넣어서 구운 것이요 이는 첫 요제로 여호와께 드리는 것이며 (레위기 23:17)

맥추절(칠칠절 혹은 오순절)에는 누룩을 넣어 만든 떡 두 개를 바칩니다. 제사장은 이 떡을 제단 앞에서 흔들어 하나님께 보여드린 뒤에 먹습니다. "이 떡은 특별히 하나님께 구별해 드리는 것"이란 의미로 흔드는 요제입니다. 누룩을 넣은 떡은 유월절에 먹는 무교병과 달리 일상의 삶을 상징합니다. '너희의 처소' 또한 백성들이 사는 일상의 공간입니다. 하나님은 특별한 시간과 공간과 행사를 통해 드리는 축제를 요구하시기도 하지만 하루하루 먹고 살아가는 일상 안에서 구별해 드리는 축제의 삶도 요구하십니다.

성령은 오순절에 마가의 다락방에 모여 숨죽여 기도하는 제자들에게 오셨습니다. 그들은 성령의 권능을 받아 광장으로 뛰쳐나가 복음을 선포했습니다. 광장은 일상의 현장입니다. 일터라는 공공의 장소에 성령이 임하시면 하나님께 드리는 축제의 기쁨과 예배가 흘러넘칩니다. 일상의 모든 것이 하나님께 속해 있고 하나님으로부터 왔습니다. 우리가 일상적으로 먹는 누룩 넣은 떡을 하나님 앞에서 먹을 때 일상은 축제가 됩니다.

Prayer 축제의 하나님, 성령 안에서 매일의 일상이 축제의 현장이 되게 하소서.

가난한 자와 함께 축제를

너희 땅의 곡물을 벨 때에 밭 모퉁이까지 다 베지 말며 떨어진 것을 줍지 말고 그것을 가난한 자와 거류민을 위하여 남겨두라 나는 너희의 하나님 여호와이니라 (레위기 23:22)

맥추절은 땅 가진 자만을 위한 축제가 아니었습니다. 하나님이 주신 땅에서 먹고 사는 모든 이들의 축제였습니다. 맥추절을 지키기 위해 추수하는 동안 땅 주인들은 가난한 자들이 자기 밭에서 떨어진 이삭을 줍도록 허락했습니다. 지주들은 바닥에 떨어진 이삭을 가난한 자들의 몫으로 여겼습니다. 모퉁이나 가장자리는 아예 낫을 대지 않았습니다. 비효율적인 추수이지만 덕분에 배고픈 이들이 자신의 노동으로 주린 배를 채우도록 배려하는 공동체의 지혜였습니다. 축제의 날에 배고파 슬피 우는 이웃들이 없도록 미리 준비하는 제도입니다.

나보다 연약한 사람들을 포용하고 배려할 때 비로소 축제의 기쁨이 충만해집니다. 나의 축제를 위해 타인을 배고프게 하거나 눈물 흘리게 하는 사람은 결코 축제를 기대하거나 기다리지 않습니다. 세상에 나 홀로 즐길 수 있는 축제는 없습니다. 우리가 즐기는 사이에 주변에 배고픈 사람이 있다면 우리가 부당하게 많이 소유하고 있다는 증거입니다. 축제는 가난한 자들과 함께 해야 지속될 수 있습니다.

Prayer 축제의 하나님, 내 주변의 어려운 사람들과 함께 축제의 기쁨을 누리게 하소서.

하나님 앞에서 축제를

네 하나님 여호와 앞에 칠칠절을 지키되 네 하나님 여호와께서 네게 복을 주신대로 네 힘을 헤아려 자원하는 예물을 드리고 (신명기 16:10)

축제의 궁극적 목적은 하나님에 대한 예배입니다. 축제의 종착역은 하나님 앞입니다. 우리에게 축제의 삶을 허락하신 하나님에게 우리 마음을 들어 올리며 제물을 드리는 것이 축제의 핵심이며 의미입니다. 풍성한 곡식을 추수하고 제일 먼저 하나님 앞에 나아가 자원하는 마음으로 첫 수확물을 넉넉하게 하나님께 바칩니다. 칠칠절(맥추절)은 하나님이 복 주시지 않으면 지킬 수 없습니다.

칠칠절은 하루의 축제이지만 이 하루 안에 365일이 압축되어 있습니다. 하루의 축제를 잘 지키면 365일이 축제와 같은 날이 되겠지요. 과거와 현재와 미래의 시간은 서로 개방되고 연결되어 있습니다. 하루를 하나님 앞에서 살아가는 사람이 어찌 나머지 날들을 하나님 뒤에서 살겠습니까? 하나님 앞에 넉넉하게 드린 사람이 어찌 이웃들 앞에서는 인색하겠습니까? 축제의 날에 우리는 넉넉하게 하나님 앞에 서는 훈련을 합니다. 이렇게 하루의 축제는 모든 날의 축제가 됩니다.

Prayer 축제의 하나님, 하나님 앞에서 누리는 축제의 기쁨을 매일 누리며 살게 하소서.

52주 일터와 일상의 신실함을 위한

말씀묵상

Meditation in the Workplace

기다림과 인내

해방의 그날을 기다림

주께서 호령과 천사장의 소리와 하나님의 나팔 소리로 친히 하늘로부터 강림하시리니 그리스도 안에서 죽은 자들이 먼저 일어나고 (데살로니가전서 4:16)

대강절입니다. 그리스도께서 강림(재림)하실 날을 경건한 마음으로 기다리는 절기입니다. 우리는 왜 그분을 기다립니까? 우리는 비록 그분의 십자가 죽음으로 단번에 구원을 받았지만 아직 현실 세계 속에서 완전한 구원을 살아내지 못하고 있습니다. 우리 몸은 여전히 피곤하고 아프다고 말합니다. 대강절은 그리스도께서 하늘에서 강림하시는 순간에 우리 몸이 새 피조물이 되어 삶의 모든 고통에서 해방될 그 날을 손꼽아 기다리는 소망의 시간입니다.

현재의 삶이 영원히 지속되기를 바라는 사람들에게 대강절은 불편한 진실입니다. 대강절은 궁극적으로 악한 자들의 통치 권력은 송두리째 빼앗긴다는 메시지이며 하나님은 악이 편만한 지금의 세계를 용인하지 않으신다는 메시지입니다. 재림은 세상이 하나님의 정의와 공의와 자비로 충만해지기를 꿈꾸는 사람들에게는 최고의 구원 메시지입니다. 재림하실 그리스도의 심판을 받게 될 사람들은 결코 그 날이 오지 않기를 바라겠지요. 오늘도 우리는 수고하고 땀 흘리는 일터에 다시 오시겠다고 약속하신 예수님을 기다립니다.

Prayer　다시 오실 주님, 어서 오셔서 나를 삶의 고통에서 해방하소서.

성령의 도움으로 기다림

사도와 함께 모이사 그들에게 분부하여 이르시되 예루살렘을 떠나지 말고 내게서 들은 바 아버지께서 약속하신 것을 기다리라 (사도행전 1:4)

대강절에 우리는 다시 오실 그리스도를 기다립니다. 그리스도는 승천하기 전에 우리에게 성령 하나님을 보내주시겠다고 약속하셨습니다. 성령 하나님은 다시 오실 주님을 마지막까지 기다리며 살도록 우리를 도우십니다. 주님이 재림할 그 때와 시기는 우리가 도저히 알 수 없습니다. 벌써 이천년이 지났습니다. 그 날만을 기다리다 지쳐 포기할 수 있습니다. 성령 하나님은 스데반 집사에게 보여주셨듯이 우리의 영적 안목을 열어주셔서 하늘 보좌 우편에 계신 그리스도가 지금 우주를 통치하시는 영적 현실을 바라보게 해주십니다.

탁한 현실 속에 치어 살면서 사람들은 선하고 영광스러운 그리스도를 자주 잊습니다. 여전히 죄인들이 득세하고 장수하는 세상에서 잔뜩 위축된 연약한 영혼은 그리스도를 내 마음 안에 가둬두려 합니다. 이럴 때일수록 우리는 성령님의 임재를 간구해야 합니다. 다시 오실 그리스도의 재림을 지치지 않고 기다리려면 지금도 살아계셔서 우주를 가득 채우시고 다스리시는 그리스도를 바라보도록 성령님이 우리의 영적인 눈을 활짝 열어주셔야 합니다.

Prayer 다시 오실 주님, 성령의 도움으로 주님을 기다리게 하소서.

여기 이 땅에서 기다림

이것들을 증언하신 이가 이르시되 내가 진실로 속히 오리라 하시거늘 아멘 주 예수여 오시옵소서 (요한계시록 22:20)

"내가 속히 오리라"는 주님의 말씀은 지금은 쉬고 있지만 미래 어느 시점에 오겠다는 뜻이 아닙니다. 주님이 지금 오고 있다는 현재진행형 서술입니다. '속히'는 시간의 빠름보다는 결코 부인할 수 없는 확고함의 표현입니다. 미래에 강림하실 주님은 여기에 오셔서 자신의 통치 영역을 만드십니다. 주님의 몸인 교회에서 우리는 미래의 완전한 통치를 맛봅니다. 교회에서 드리는 예배와 성찬식에서 우리는 영으로 오시는 주님을 만납니다. 교회는 다시 오실 주님의 예표(豫表)입니다.

주님은 우리에게 가신 그곳으로 따라 오라 하지 않고 우리가 머물고 있는 여기로 오시겠다고 하셨습니다. 그때까지 우리는 이 땅에서 다시 오실 주님을 기다립니다. 잠시 세상을 떠난 영혼도 육신의 옷을 입고 여기 이 땅으로 다시 돌아옵니다. 그 날 온 우주는 악과 죄가 더 이상 없는 하나님 나라로 완성됩니다. 우리 발이 딛고 서 있는 여기는 장차 이뤄질 완전한 그 나라의 영토이고 우리의 영원한 처소입니다. 아멘 주 예수여, 속히 오시옵소서.

Prayer　다시 오실 주님, 이 땅으로 어서 오시옵소서.

깨어 있는 기다림

그런즉 깨어 있으라 너희는 그 날과 그 때를 알지 못하느니라 (마태복음 25:13)

다시 오실 그리스도를 기다림은 평생 걸릴 수도 있습니다. 오래 기다리다 긴장감이 떨어지면 기다림을 잊어버리기도 합니다. 미련한 처녀들처럼 기름이 떨어진 것도 모르고 잠만 자다 막상 신랑이 와도 맞이하러 가지 못할지도 모릅니다. 언제 오실지 모를 주님을 만나 함께 성에 들어가려면 깨어 있어야 합니다. 깨어 있으려면 현실을 무비판적으로 수용하거나 쉽게 타협하지 않아야 합니다. 현실과 갈등하고 대립하는 것을 피하지 않아야 합니다. 성령의 사람은 당연해 보이는 것들을 다시 오실 주님의 뜻으로 재해석하며 자신을 깨웁니다.

승진하고 싶은 욕망이 있다면 왜 승진이 필요한지 다시 오실 주님을 설득해보십시오. 사장과 종업원은 각자의 주장이 다시 오실 주님 앞에서 정당한지 물어보십시오. 정직하면 정말로 손해를 보는지 다시 오실 주님과 대화하십시오. 모든 일을 다시 오실 주님의 뜻대로 하려고 해야 영혼이 잠들지 않습니다. 나를 응시하시는 주님을 나도 응시하며 듣고 질문하고 답변하는 일상 속 영성 훈련을 부단히 해야 합니다. 기다림의 열정이 식지 않으려면.

Prayer 다시 오실 주님, 항상 깨어 살면서 주님을 기다리게 하소서.

싸워 이기는 기다림

또 우리 형제들이 어린 양의 피와 자기들이 증언하는 말씀으로써 그를 이겼으니 그들은 죽기까지 자기들의 생명을 아끼지 아니하였도다 (요한계시록 12:11)

다시 오실 주님을 기다림은 한 폭의 목가적 풍경이 아닙니다. 기다림을 방해하는 사탄의 세력에 맞서 죽을힘을 다 해 싸워야 하는 치열함입니다. 사탄은 때론 재림의 날과 시간을 제시하고 열광적으로 현혹하기도 합니다. 때론 현학적인 화술로 '재림은 패배자의 헛된 기대일 뿐'이라고 비웃습니다. 그러나 주님의 재림과 함께 우리 몸이 부활하지 않는다면 모든 믿음의 수고는 헛것입니다. 기다림은 열광과 비웃음과 싸워 이기는 과정입니다.

주님은 그 날이 올 때까지 어떻게 기다려야 하는지 가르쳐주셨습니다. "내가 너희를 사랑한 것 같이 너희도 서로 사랑하라(요한복음 13:34)." 사탄은 우리가 재림의 소망을 포기하고 더 이상 기다리지 않도록 오해와 불신과 시기와 질투와 분열과 다툼의 씨앗을 마구 뿌려댑니다. 우리는 오직 서로 사랑함으로 이런 것들을 물리치고 끝까지 주님을 기다려야 합니다. 마라토너는 골라인을 통과할 때까지 자기 자신과 싸우며 완주하지만, 우리는 서로의 연약함을 돌보면서 사탄과 싸우며 주님을 기다립니다.

Prayer　다시 오실 주님, 우리 서로 사랑하며 끝까지 기다리게 하소서.

은혜와 진리, 그리고 사랑

말씀이 육신이 되어 우리 가운데 거하시매 우리가 그의 영광을 보니 아버지의 독생자의 영광이요 은혜와 진리가 충만하더라 (요한복음 1:14)

이천 년 전에 우리와 같은 육신으로 땅에 오신 하나님. 예수님은 은혜와 진리가 분리되지 않고 하나 되어 자기 안에 가득 찬 분이셨습니다. 은혜는 창조와 십자가에서 보여주신 '내어주심'이며, 진리는 '내어주는 삶의 도리'입니다. 은혜는 진리의 근거이고, 진리는 은혜의 표현방식입니다. 예수님은 십자가에서 보여주신 아가페 사랑에서 은혜와 진리가 어떻게 결합되는지 보여주셨습니다.

예수님이 우리의 창조자이며 구원자라는 말은, 우리가 예수님의 은혜와 진리로 충만할 때 가장 인간다워진다는 뜻입니다. 예수님은 자신이 창조하신 세상에 피조물의 형체로 오셔서 피조물 인간이 얼마나 아름답고 영광스러운 존재인지 알려주셨습니다. 예수님처럼 자기를 내어주며 살아갈 때, 우리의 인간성은 회복됩니다. 안타깝게도 적지 않은 일터에서 사람들은 아낌없이 주기 보다는 거침없이 흡입합니다. 은혜롭고 진실한 인간성을 잃어가는 삶의 방식입니다. 우리는 어디에서든지 예수님을 따라 은혜와 진리의 인간성을 회복하며 살아야 합니다.

Prayer 은혜와 진리의 예수님, 주님 안에서 은혜롭고 진실한 사람으로 살게 하소서.

은혜와 진리, 그리고 평화

인애와 진리가 같이 만나고 의와 화평이 서로 입맞추었으며 (시편 85:10)

하나님의 신실한 사랑(인애, 헤세드) 안에서 우리는 진리를 따라 살아갑니다. 사랑의 은혜는 자신 없고 불안한 우리 영혼이 감사함으로 당당하게 일어서는 힘입니다. 은혜를 받지 못하고 희생만 하며 의롭게 살려고 하는 사람은 늘 긴장하고 피곤합니다. 이런 사람은 마음 깊은 곳에 "너희도 나처럼 살아야 한다"는 교만을 가지고 있습니다. 죄 많은 우리를 의롭다고 하시는 하나님의 은혜는 우리의 자만심을 꺾고 겸손하고 부드러운 삶을 선물합니다. 진정한 평화는 인애와 진리이신 그리스도에게서 나옵니다.

예수님은 구원을 찾아 다가오는 수고하고 무거운 짐 진 자들에게 진리의 삶을 먼저 요구하지 아니하셨습니다. 예수님은 먼저 그들의 아픔을 고쳐주시고 부족함을 채워주시고 외로움을 안아주셨습니다. 그 뒤에 구원에 합당한 진리의 삶을 당부하셨습니다. 죄에서 자유로워진 삶을 살며 참된 평화를 누리도록. 인애로 진리를 사랑하게 하시고 의로움으로 화평을 사모하게 하시는 예수님이 우리들의 가정과 일터와 사회에 오시기를 간절히 기다립니다.

Prayer　은혜와 진리의 예수님, 우리에게 진정 자유로운 평화를 주시옵소서.

은혜와 진리, 그리고 부활

이를 놀랍게 여기지 말라 무덤 속에 있는 자가 다 그의 음성을 들을 때가 오나니 선한 일을 행한 자는 생명의 부활로, 악한 일을 행한 자는 심판의 부활로 나오리라 (요한복음 5:28~29)

은혜와 진리이신 예수님은 세상의 구원자이십니다. 은혜 없는 세상은 저주이며, 진리를 모르는 세상은 불의합니다. 은혜와 진리의 빛을 비추시는 예수님 쪽에 서서 바라보면 세상은 어둠 속에 있음을 알게 됩니다. 선하신 예수님은 악한 세상을 비추는 거울입니다. 어둠 속에 있는 세상은 우리의 선한 일을 통해 밝아지지만, 어둠은 항상 빛을 덮으려 합니다. 이 어둠의 무게를 이겨내고 선한 일을 행하는 자는 생명의 부활을 소망합니다. 반면 어둠의 무게에 짓눌려 악한 일을 행하는 자는 심판의 부활을 각오해야 합니다.

예수님의 재림과 함께 이뤄질 우리 각자의 운명은 은혜와 진리로 살았는지에 달려 있습니다. 재림하실 예수님을 가장 갈급하게 기다려야 할 곳이 세상 일터입니다. 어떤 사람은 일터에서 생명의 부활을 얻겠지만, 어떤 이는 일터 때문에 심판의 부활을 맞이할지 모릅니다. 일터에서 하는 일을 보면 영원한 내 운명의 그림자가 어느 담장을 넘고 있는지 드러납니다. 언제든지 은혜와 진리이신 예수님을 따라 이 어둠의 세상에서 빛 가운데 걸어야 합니다.

Prayer 은혜와 진리이신 예수님, 생명의 부활을 기다리며 선한 일을 하게 하소서.

은혜와 진리, 그리고 율법

율법은 모세로 말미암아 주어진 것이요 은혜와 진리는 예수 그리스도로 말미암아 온 것이라 (요한복음 1:17)

하나님께서 모세를 통해 옛 이스라엘에게 주신 율법은 하나님의 은혜와 진리였습니다. 당시 문화 속에서 세속과 구별되는 거룩한 공동체를 세우려는 하나님의 뜻이 담겨있는 지혜였습니다. 이제 하나님은 중재자 예수님을 통해 새 이스라엘인 우리에게 은혜와 진리를 보내주셨습니다. 모세의 율법보다 훨씬 뛰어난 하나님의 은혜이며 진리입니다. 은혜와 진리이신 예수님은 율법에 담긴 하나님의 은혜와 진리를 깨닫게 해주셨습니다. 예수님은 율법의 완성이 사랑임을 보여주신 은혜(율법) 위의 은혜이십니다.

사랑 없는 문자적 율법은 세상이 존속하기 위한 최소한도의 필요이지만, 은혜의 율법은 세상을 사랑으로 충만케 합니다. "법대로"를 외치는 세상에서 우리는 법이 원래 목표로 하고 있는 "사랑"을 실천합니다. 비록 우리의 사랑은 부족하고 연약하지만 은혜와 진리이신 예수님이 오늘 우리와 함께 계시기에 소망이 있습니다. 예수님께 자신의 사랑이 부족함을 고백하고 도움을 요청하는 사람은 은혜와 진리의 사랑을 아는 사람입니다.

Prayer 은혜와 진리이신 예수님, 사랑으로 율법을 지키며 살게 하소서.

 DATE . . .

은혜와 진리, 그리고 생명

그 안에 생명이 있었으니 이 생명은 사람들의 빛이라 (요한복음 1:4)

하나님 아버지와 함께 세상을 창조하신 예수님이 사람의 몸으로 이 땅에 오셨습니다. 창조는 하나님이 무의 세상에 생명을 불어넣는 사건이었고, 예수님의 성육신은 생명을 잃어버린 세상에 생명을 회복하는 사건이었습니다. 생명은 오직 은혜로 주어졌습니다. 생명은 진리 안에서만 빛을 발합니다. 은혜와 진리 안에서 생명은 단순히 숨 쉬며 사는 것에 머물지 않고 생명의 근원이신 창조주 하나님의 생명에 참여합니다. 영원 전부터 아버지와 함께 생명이신 예수님을 영접함으로써 우리의 일시적 생명은 영원한 생명으로 승화됩니다.

아프지 않고 건강한 몸, 배고프지 않고 배부른 하루, 슬픔 대신 기쁨으로 가득한 마음, 갈등 없이 평화로 행복한 관계, 불의와 차별보다 정의와 평등이 일상인 일터. 우리가 꿈꾸는 '생명이 충만한 세상'의 일상입니다. 은혜와 진리이신 예수님이 다시 오셔서 완성하실 일상입니다. 예수님은 예전에 오셔서 우리에게 그 일상을 보여주셨습니다. 지금도 우리는 부분적으로 그 일상을 살아갑니다. 그리고 영원히 지속될 그 날을 기다립니다.

Prayer 은혜와 진리이신 예수님, 생명이 충만한 일상을 영원히 살게 하소서.

하나님 없는 반생명적 흑암

여호와께서 모세에게 이르시되 하늘을 향하여 네 손을 내밀어 애굽 땅 위에 흑암이 있게 하라 곧 더듬을 만한 흑암이리라 (출애굽기 10:21)

흑암은 창조 이전에 땅을 뒤덮고 있던 반생명(反生命)적 실체였습니다. 하나님이 생명의 창조를 시작하기 전에 어둠이 땅을 지배하고 있었습니다. 풍요의 땅 애굽을 뒤덮은 흑암은 생명이 살 수 없는 '창조 파괴' 심판을 예고했습니다. 그 흑암이 워낙 짙어서 손으로 만져질 정도였습니다. 생명의 근원이신 하나님이 떠난 세상에서는 생명이 죽음으로 몰락합니다. 단 하루도 무고한 생명들이 죽고 다치는 전쟁과 사건사고가 그치지 않는 이 세상에 과거 애굽 하늘을 덮었던 반생명적 흑암이 깊어지고 있습니다.

흑암이 깊어질수록 빛에 대한 갈망 또한 깊어집니다. 잘 나가던 삶에 흑암의 그늘이 다가오면 우리는 필사적으로 빛을 찾습니다. 생명은 어둠에서 살 수 없습니다. 생명은 어둠에서 빛으로 나오는 현상입니다. 그 반대 현상은 죽음입니다. 하나님을 부인하는 곳마다 죽음의 어둠이 깊어집니다. 출근하기 싫은 일터에서 사람들은 죽음의 냄새를 맡습니다. 얼마나 많은 일터가 암 병동 같은가요. 그곳에 빛이신 그리스도가 오셔야 합니다.

Prayer 빛이신 예수님, 어둠이 깊어지는 세상을 빛으로 비춰주소서.

사랑하게 하시는 빛

그 동안은 사람들이 서로 볼 수 없으며 자기 처소에서 일어나는 자가 없으되 온 이스라엘 자손들이 거주하는 곳에는 빛이 있었더라 (출애굽기 10:23)

바로 왕이 완고하게 하나님의 명령을 거부하던 사흘 동안 애굽에는 깜깜한 어둠이 있었지만, 하나님의 해방을 기다리던 이스라엘의 고센 땅에는 빛이 있었습니다. 어둠 속에서 사람들은 서로 바라볼 수도 없고 움직일 수도 없습니다. 생존하려면 서로 바라보고 움직이며 사랑을 주고받아야 하는데 어둠 속에서는 불가능합니다. 세상이 어두우면 우리 마음도 어두워지고 몸도 꼼짝하기 싫어집니다. 죽음이 다가오는 징조입니다.

하나님의 백성들은 빛 아래에서 서로 바라보고 움직이며 서로의 필요를 채워주기 위해 부지런히 일합니다. 어둠 속에서는 내 마음밖에 보이지 않지만, 빛 아래에서는 '나와 너'의 몸과 마음이 보입니다. 빛이신 예수님은 어둠 속 우리를 발견하시고 먼저 다가와 사랑해주셨습니다. 이제 '나'도 예수님의 빛으로 고독한 군중 속에 우두커니 서있는 '너'를 발견하고 '너'에게 다가가 '너'를 사랑하며 빛이신 예수님을 경배합니다. 빛과 어둠이 대립하는 세상에서 '나'를 사랑하고 나로 하여금 '너'를 사랑하게 하시는 예수님의 빛을 기다립니다.

Prayer 빛이신 예수님, 빛으로 사랑하며 살게 하소서.

어둠의 자식들과 빛의 자녀들

빛이 어둠에 비치되 어둠이 깨닫지 못하더라 (요한복음 1:5)

빛이 오기 전에 어둠이 먼저 있었습니다. 어둠 속에 빛이 왔지 빛의 세계에 어둠이 찾아오지 않았습니다. 그 영문을 알 수 없지만, 이 세상은 빛보다 어둠에 훨씬 더 익숙합니다. 지금도 빛은 어둠을 비치고 있지만 어둠은 물러갈 기미가 없습니다. 빛이 창조된 첫 날에도 곧바로 어둠의 밤이 찾아왔습니다. 빛이신 예수님이 세상에 오셨지만, 세상은 여전히 어두웠고 빛을 죽음의 소화전으로 끄려 했습니다. 어둠은 빛을 결코 이길 수 없지만 쉼 없이 빛을 공격하고 흐리게 합니다.

어둠의 자식들은 빛이신 예수님과 빛의 자녀들을 이해하지 못합니다. 빛을 보면서도 빛을 깨닫지 못합니다. 영혼이 어둠에 사로잡혀 있기에 평화가 무르익어도 여전히 전쟁을 탐합니다. 빛의 자녀들은 언제 어디서든 어둠의 자식들이 걸어오는 도전에 대항해야 합니다. 어둠이 땅에서 완전히 소멸될 종말이 올 때까지. 빛이신 예수님이 어둠의 자식들의 공격을 받고 있는 빛의 자녀들에게 오고 있습니다. 아, 주님은 지금 확실히 오고 있습니다.

Prayer 빛이신 예수님, 빛의 자녀들에게 어서 오시옵소서.

 DATE . . .

빛을 따르며 생명을 심다

예수께서 또 말씀하여 이르시되 나는 세상의 빛이니 나를 따르는 자는 어둠에 다니지 아니하고 생명의 빛을 얻으리라 (요한복음 8:12)

예수님은 가는 곳마다 죽어가는 생명을 회복해 주셨습니다. 시각장애인의 눈을 열어주시고, 중풍병자를 일으키시고, 풍랑 속 제자들을 구해주시고, 배고픈 자들에게 음식을 주셨습니다. 예수님은 세상에 생명을 주시는 빛이십니다. 이 빛을 따르지 않는 자들은 법과 제도의 이름으로 생명을 위협합니다. 그들은 심지어 예수님을 시험하기 위해 매음으로 하루하루 연명하는 불쌍한 여인을 돌로 쳐 죽이려 했습니다. 어둠 속 사람들에게는 자기 생명 외에 다른 생명은 안중에도 없었습니다. 예수님은 다른 생명을 위해 자기 생명을 바치셨는데.

빛은 생명의 조건입니다. 빛 없이 어떤 생명도 살 수 없습니다. 빛을 가리면 생명은 죽어갑니다. 해바라기처럼 생명은 빛을 따라 움직여야 합니다. 아무리 어둠이 짙은 곳일지라도 예수님의 빛을 따르면 그곳에 생명이 움틉니다. 칙칙한 어둠의 손길이 남달리 은밀한 우리 일터에 생명의 빛이 비쳐지기를 간절한 마음으로 기다립니다. 어둠의 시간이 가장 긴 이 겨울에 대강절의 소망과 함께 빛이 비쳐지기를. 빛과 함께 생명이 자라기를.

Prayer 빛이신 예수님, 나도 어둠의 세상에 생명의 빛을 비추게 하소서.

영광과 광명의 그 날

다시는 낮에 해가 네 빛이 되지 아니하며 달도 네게 빛을 비추지 않을 것이요 오직 여호와가 네게 영원한 빛이 되며 네 하나님이 네 영광이 되리니 (이사야 60:19)

해와 달은 낮과 밤을 밝혀주지만 반대편에 그림자를 만듭니다. 피조물이 내는 빛은 한 면만 밝히는 한계가 있습니다. 그러나 하나님은 우리에게 영원한 빛을 비치십니다. 시간과 공간의 한계가 없는 영원함입니다. 하나님의 빛은 어제나 오늘이나 내일에도 동일하게 앞과 뒤, 좌와 우, 위와 아래를 동시에 비칩니다. 그늘이 없습니다. 우리 이성으로 이해할 수 없는 그 빛은 한 번만 쪼이면 순식간에 1%의 부족함도 없는 완전함과 충만함의 영광을 깨닫게 됩니다. 그리스도의 등불이 이 영광을 더욱 아름답고 밝게 합니다.

주님의 재림과 함께 쉐키나(하나님의 임재)의 영광과 광명은 온 우주를 가득 채울 것입니다. 우주에는 오직 창조주 하나님을 찬양하는 노래와 피조물들의 끊이지 않는 기쁨의 웃음과 부족함 없는 사랑이 창조의 아름다움을 밝혀줄 것입니다. 어둠은 한 뼘의 흔적도 찾을 수 없습니다. 오직 진실하고 선하고 아름다운 세상이 펼쳐집니다. 허물 많은 나를 덮어주는 그 날 그 세상. 하나님의 빛이 온 세상을 밝게 비추는 그 세상.

Prayer 빛이신 예수님, 마침내 오셔서 세상을 영원한 광명으로 비추어주소서.

임마누엘, 구원의 하나님

그러므로 주께서 친히 징조를 너희에게 주실 것이라 보라 처녀가 잉태하여 아들을 낳을 것이요 그의 이름을 임마누엘이라 하리라 (이사야 7:14)

예수님의 다른 이름은 임마누엘입니다. 하나님이 우리와 함께 계신다는 뜻입니다. 이 이름은 깊은 어둠과 절망 속에서 주어졌습니다. 주전 8세기 예루살렘 성은 중무장한 시리아와 에브라임 연합군에 정복당하기 일보직전이었습니다. 이사야 선지자는 다윗의 후손들을 향한 하나님의 구원 계획과 함께 그 징조(증거)로 처녀가 낳는 아들을 전해주었습니다. 아들의 탄생은 하나님이 위기에 처한 우리에게 생명의 구원을 주신다는 메시지입니다.

아무리 둘러보아도 도망칠 구멍이 보이지 않을 때, 청천벽력 같이 불치병을 선고받았을 때, 직장에서 갑자기 퇴직 통보를 받았을 때, 배우자로부터 헤어지자는 말을 들었을 때, 짙은 어둠과 함께 절망이 몰려옵니다. 그러나 동시에 구원의 하나님이 한 줄기 빛을 보내주십니다. 이 빛은 처녀 마리아의 품에 안겨 이 땅에 오신 구세주입니다. 잔인하게 어린 생명들을 살해하던 헤롯의 칼날도 이 구원의 빛을 끄지 못했습니다. 어떤 상황에서도 구원의 하나님이 우리와 함께 계십니다. 아기 예수님이 바로 그분입니다.

Prayer 임마누엘 하나님, 매순간 함께 하셔서 구원을 베풀어 주소서.

임마누엘, 우리의 평화

지극히 높은 곳에서는 하나님께 영광이요 땅에서는 하나님이 기뻐하신 사람들 중에 평화로다 (누가복음 2:14)

예수님이 태어나시던 새벽, 천사들이 전해준 첫 번째 메시지는 평화였습니다. 힘 있는 소수의 권력자들에게만 허용됐던 평화가 가장 비천한 신분이던 목자들을 통해 세상 모든 사람들에 선포되었습니다. 이 평화는 타인을 굴복시키는 힘이나 타인에게 굴복하는 비굴함으로는 얻을 수 없습니다. 짐승들의 밥그릇이던 구유에서 삶을 시작한 예수님이 주신 평화는 동물들과도 함께 어울릴 수 있는 겸손과 포용의 평화입니다.

임마누엘 예수님은 땅에서 가장 미천한 자들에게 평화가 보장되지 않는 곳에서는 진정한 평과가 없음을 깨우쳐주셨습니다. 예수님이 젖먹이 아기로 이 땅에 오셔서 자라셨다는 사실은 아기처럼 절대 의존적인 피조물의 생명이 안전하게 자랄 수 있는 세상이 가장 안전한 곳임을 암시합니다. 이 세상의 모든 을(乙)들이 생존의 위협을 느끼지 않을 때 갑(甲)들도 진정한 평화를 누립니다. 임마누엘 예수님은 우리의 평화입니다. 임마누엘을 항상 의식하는 사람들이 훨씬 더 평화에 가깝습니다. 평화를 다시 생각하게 하는 성탄절입니다.

Prayer 임마누엘 하나님, 낮은 자들과 함께 평화를 누리게 하소서.

임마누엘, 교회의 본질

내가 너희에게 분부한 모든 것을 가르쳐 지키게 하라 볼지어다 내가 세상 끝 날까지 너희와 항상 함께 있으리라 하시니라 (마태복음 28:20)

이 땅에 오신 예수님은 다시 하늘로 가셨지만 이 땅에 그의 몸인 교회를 낳으셨습니다. 두세 사람이 예수님의 이름으로 모이는 곳이 교회입니다. 예수님은 거기에 "내가 있겠다"고 하셨습니다(마태복음 18:20). 예수님이 열두 제자를 세우신 목적은 "자기와 함께 있게" 하려는 것이었습니다(마가복음 3:14). 예수님은 세상을 떠나면서 영원히 교회와 함께 하시겠다고 약속하셨습니다. 교회는 삼위일체 하나님이 지금 성도들과 함께 있음을 온 몸과 영혼으로 느끼고 확신하는 곳입니다. 교회의 본질은 우리와 함께 계시는 하나님, 임마누엘입니다.

우리는 교회에서 아무리 열심히 예배하고 봉사해도 임마누엘을 경험하지 못하면 교인(church member)일뿐 하나님의 백성(people of God)이 아닙니다. 우리 가운데 임하시는 하나님을 만나는 기쁨을 누리지 못하면 성경공부와 제자훈련, 선교활동 같은 모든 프로그램들은 종교적 열정에 불과합니다. 모든 교회 활동이 임마누엘 하나님을 만나는데 초점이 맞춰져야 합니다. 이 하나님은 우리와 함께 세상 일터로 들어와 또 다른 교회를 만드십니다.

Prayer 임마누엘 하나님, 우리들이 모이는 곳에 항상 함께 하소서.

임마누엘, 창조의 하나님

배에 함께 오르매 바람이 그치는지라 (마태복음 14:32)

예수님이 물에 빠져 허우적거리는 베드로의 손을 잡고 다른 제자들이 타고 있던 배에 함께 올랐습니다. 놀랍게도 곧바로 풍랑이 그쳤습니다. 배 안에서 풍랑으로 겁에 질려 있던 제자들은 예수님께 절하며 경배했습니다. 이 세상을 창조하신 예수님은 자신의 피조물인 바다가 다른 피조물인 제자들의 생명을 빼앗지 못하도록 잠잠케 하셨습니다. 우리와 함께 계시는 임마누엘 하나님은 세상을 창조하고, 사랑하고, 통제하고, 굴복시키고, 살리시는 하나님입니다.

우리를 창조하신 하나님이 함께 계시니, 우리는 어떤 풍랑에도 두려움 없습니다. 그분이 주신 생명은 안전합니다. 존 웨슬리가 타고 가던 배가 대서양에서 풍랑으로 전복 위험에 처했을 때, 모라비안 교도들은 두려움 없이 시편을 노래하며 창조주 하나님을 찬양했습니다. "우린 설령 여기서 죽을지라도 영원히 죽지 않습니다." 하나님이 함께 계시면, 지금 겪는 위기와 고통과 죽음은 사라질 거품입니다. 임마누엘 하나님은 혹한에서도 땅이 씨앗을 감싸고 봄에 싹을 틔우듯 우리 생명을 보호하십니다. 하나님이 창조한 생명이기에.

Prayer 임마누엘 하나님, 창조하신 우리의 생명을 보호하여 주소서.

임마누엘, 모두의 하나님

하나님이 그 아이와 함께 계시매 그가 장성하여 광야에서 거주하며 활 쏘는 자가 되었더니 (창세기 21:20)

'택함 받은' 아들 이삭의 하나님은 또한 '택함 받지 못한' 이스마엘의 하나님이셨습니다. 아버지 아브라함이 아내 사라의 등살에 못 이겨 이스마엘을 집에서 쫓아냈지만, 하나님은 이스마엘과 함께 계셨습니다. 이스마엘의 후손들도 이삭 못지않게 한 민족을 이루었습니다. 비록 그는 하나님이 언약으로 예정하신 아브라함의 '씨'는 아니었지만. 성서에서 임마누엘의 첫 번째 대상은 놀랍게도 이스마엘이 처음이었습니다. 하나님은 모든 생명들과 함께 하십니다.

아브라함과 이삭과 야곱의 하나님은 또한 롯과 이스마엘과 에서의 하나님이십니다. 유대인과 이방인, 남자와 여자, 종과 주인의 하나님은 다른 하나님이 아닙니다. 한 하나님입니다. 예수님은 땅의 사람들 사이에 세워진 분열의 장벽을 허무시는 임마누엘 하나님으로 오셨습니다. 사람들 사이에 장벽을 세우는 행위는 임마누엘 예수님을 부정하는 것입니다. '나'와 함께 계시는 하나님은 '너'와 함께 계시는 하나님입니다. '나'와 '너'가 함께 어울려 일하는 일터에도 당연히 하나님이 함께 계십니다.

Prayer 임마누엘의 하나님, 우리 모두의 하나님이 되어주소서.

하나님께 일편단심

하나님이여 내 마음을 정하였사오니 내가 노래하며 나의 마음을 다하여 찬양하리로다 (시편 108:1)

한 해의 마지막 날입니다. 첫날을 창조하신 하나님께서 365일 우리와 함께 오늘을 걸으시며 내일의 문을 열어주셨습니다. 이 여정에서 우리는 뜻하지 않은 일들과 사람들을 만났습니다. 즐거운 일들과 괴로운 일들이 씨줄 날줄처럼 짜여 한 해의 모자이크를 그려냈습니다. 돌이켜 보면 우리의 시간은 하나님의 시간이었습니다. 끝없는 은혜로 여기까지 달려왔습니다. 이제는 한 해를 이끌어 오신 하나님께 우리 영혼이 반응할 차례입니다.

올 한 해 지극한 사랑을 부어주신 하나님께 내 마음을 정하여(fix) 드립시다. 하나님께 두 마음이 아니라 한 마음을 가집시다. 아름다운 부부는 젊어서 만난 배우자에게 마지막 순간까지 일편단심 신뢰와 지지와 사랑을 보내듯, 우리도 하나님께 일편단심 믿음과 사랑을 노래합시다. 그분의 이름을 영광중에 찬양합시다. 교회에서, 가정에서, 일터에서, 사회에서. 이제 나에게 남은 삶을 창조주 하나님께서 나를 사랑하사 나를 위해 보내주신 그 아들 예수 그리스도를 믿는 믿음으로 살아갑시다. 일편단심으로. 아멘.

Prayer 창조의 하나님, 내 마음을 정하고 하나님을 찬양합니다.